Klaus Hildebrand

Geschichte des Dritten Reiches

Klaus Hildebrand

Geschichte des Dritten Reiches

Oldenbourg Verlag München 2012

Bibliografische Information der Deutschen Nationalbibliothek

Die Deutsche Nationalbibliothek verzeichnet diese Publikation in der Deutschen Nationalbibliografie; detaillierte bibliografische Daten sind im Internet über <http://dnb.d-nb.de> abrufbar.

© 2012 Oldenbourg Wissenschaftsverlag GmbH, München
Rosenheimer Straße 145, D-81671 München
Internet: oldenbourg.de

Satz: le-tex publishing services GmbH, Leipzig
Druck und Bindung: Grafik+Druck GmbH, München

Titelbild: Blick auf das zerstörte Dresden, Foto, Februar 1945, © akg-images.

ISBN 978-3-486-71344-2
eISBN 978-3-486-71521-7

Inhalt

„Machtergreifung"
und „Gleichschaltung" (1933–1935)

Die Errichtung der totalitären Diktatur

Als Adolf Hitler am 30. Januar 1933 vom Reichspräsidenten Paul von Hindenburg zum Kanzler ernannt wurde, trat er an die Spitze einer Koalitionsregierung der so genannten „nationalen Konzentration". In ihr besaßen die konservativen Vertreter scheinbar eindeutig das Übergewicht. Denn vorerst bekleideten neben Hitler nur zwei weitere Nationalsozialisten Regierungsämter. Das Innenministerium übernahm Wilhelm Frick, der als „Legalist des Unrechtsstaates" (G. Neliba) amtieren sollte. Und Hermann Göring, der durch Machtgier und Eitelkeit charakterisiert war (R.J. Overy), wurde zunächst Minister ohne Portefeuille und Anfang Mai Minister für Luftfahrt, stand gleichzeitig in kommissarischer Funktion dem preußischen Innenministerium vor und wurde am 11. April Ministerpräsident dieses größten Landes im Reich. Selbst als am 13. März Joseph Goebbels, der seiner weltanschaulichen Orientierung nach zeitlebens „Ein nationaler Sozialist" (U. Höver) blieb, an die Spitze des neugeschaffenen „Ministeriums für Volksaufklärung und Propaganda" trat und die nationalsozialistische Fraktion im Kabinett verstärkte, verschoben sich – rein äußerlich gesehen – die Gewichte kaum.

Denn neben den scheinbar starken Männern der Regierung, dem Wirtschafts- und Landwirtschaftsminister Alfred Hugenberg, dem Vizekanzler und Reichskommissar für Preußen, Franz von Papen, standen mit Außenminister Konstantin Freiherr von Neurath, Finanzminister Lutz Graf Schwerin von Krosigk, Justizminister Franz Gürtner und Post- und Verkehrsminister Paul Freiherr von Eltz-Rübenach vier Mitglieder des Papenschen „Kabinetts der Barone" bereit, die zusammen mit Reichswehrminister Werner von Blomberg und dem mit dem Amt des Arbeitsministers betrauten Stahlhelm-Führer Franz Seldte Gewähr dafür bieten sollten, die Nationalsozialisten in der Regierung einzurahmen und in konservativem Sinne zu kontrollieren. Das Zähmungskonzept von Papens schien aufzugehen. „Wir haben ihn uns engagiert" – mit diesen Worten gab er seiner Einschätzung der Lage Ausdruck und wies von konservativer Seite aus vorgebrachte Bedenken gegenüber

Hitler und dem Nationalsozialismus selbstsicher und für die meisten in- und ausländischen Beobachter durchaus glaubhaft zurück: „In zwei Monaten haben wir Hitler in die Ecke gedrückt, dass er quietscht".

Das Gegenteil davon sollte sich einstellen: Der scheinbar überlegene Schachzug der Konservativen entpuppte sich schon bald als „Auslieferung der Macht an die Nationalsozialisten" (B.J. Wendt). Folgenreich stellte das misslungene Experiment einmal mehr unter Beweis, dass politische Extremisten bevorzugt dann zu reüssieren vermögen, wenn etablierte Kräfte ihnen dazu die Hand reichen. Über das zerstörerische Zusammenwirken von Kommunisten und Nationalsozialisten hinaus, dem die Republik von Weimar zum Opfer gefallen war, repräsentierte die nationalsozialistische „Machtergreifung" also auch einen Akt der „Machtübertragung" (U. v. Hehl), mit dem maßgebliche Vertreter des konservativen Deutschland den von Ulrich von Hassell einmal mit bitterbösem Spott als „Proletheus" charakterisierten Hitler selber entfesselten.

In der Tat: Schon am Tage der „Machtergreifung" hatte der nationalsozialistische Parteiführer, unmittelbar vor der Vereidigung der Regierung durch Hindenburg, einen ganz entscheidenden Sieg über seine konservativen Minister und insbesondere über Hugenberg, den Führer der Deutschnationalen Volkspartei, errungen. Bereits jetzt vermochte er zu demonstrieren, dass er keineswegs eine Marionette der Gewaltigen aus Reichswehr und Großagrariertum, Bürokratie und Wirtschaft war. Entgegen einer zwischen der DNVP und der NSDAP in den Koalitionsverhandlungen getroffenen Vereinbarung erhob Hitler nunmehr die Forderung, nach der Bestellung der neuen Regierung den im November 1932 gewählten Reichstag aufzulösen und Neuwahlen auszuschreiben. Mit Recht fürchtete Hugenberg, dass solche Neuwahlen nicht eben zugunsten seiner Partei ausgehen würden. Hinzu kam, dass er grundsätzlich weiteren Wahlen ablehnend gegenüberstand, vielmehr für einen Ausbau der präsidialen Gewalt eintrat. Zudem lag angesichts der Tatsache, dass NSDAP und DNVP seit den letzten Reichstagswahlen zusammen über 42 Prozent der Stimmen verfügten und das Zentrum der Regierung seine tolerierende bzw. aktive Mitarbeit in Aussicht stellte, kein zwingender Grund für Neuwahlen vor. Hitler forderte diese jedoch in der Hoffnung, im Besitz der Regierungsgewalt die Mehrheit zu gewinnen. Er setzte sich gegen Hugenberg durch, da ansonsten die Regierungsbildung gefährdet erschien und man den für die Zeremonie der Amtsübergabe bereit stehenden greisen Hindenburg nicht länger warten lassen wollte.

Am 1. Februar 1933, zwei Tage nach Hitlers Ernennung zum Kanzler, wurde der Reichstag aufgelöst. In dem bis zur Neuwahl am 5. März 1933 andauernden Wahlkampf richtete sich der nunmehr staatlich gedeckte Terror der Nationalsozialisten offen gegen alle politischen Gegner, in erster Linie gegen Kommunisten und Sozialdemokraten. Entscheidend für die jetzt einsetzende und sich stufenweise vollziehende Eroberung der Macht, bei der terroristische und legale Maßnahmen oft nur schwer unterscheidbar ineinander übergingen, war die Tatsache, dass dem totalitären Rezept des modernen Staatsstreiches gemäß die Nationalsozialisten im Reich und in Preußen das Innenministerium besaßen und damit über die Polizeigewalt verfügten. Mehr noch: An der Spitze des preußischen Polizeiapparates stehend, ließ Göring sogar eine Hilfspolizei von 50 000 Mann aufstellen, unter denen sich 40 000 SA- und SS-Angehörige befanden. Die Schlägerbanden der nationalsozialistischen „Bewegung" erhielten damit polizeiliche Befugnisse. Am 17. Februar 1933 forderte Göring sodann in seinem „berüchtigten Schießbefehl" an die preußische Polizei die Beamten „zum fleißigen Gebrauch der Schusswaffe" auf: Von „polizeilichen Beschränkungen und Auflagen darf insoweit nur in dringendsten Fällen Gebrauch gemacht werden".

Schon in den ersten Februartagen des Jahres 1933 begannen die neuen Machthaber anhand von Notverordnungen, die noch auf den Artikel 48 der Weimarer Verfassung gegründet waren, damit, die Tätigkeit der anderen Parteien zu behindern, die Pressefreiheit einzuschränken und sich den Beamtenapparat durch „Säuberungen" verfügbar zu machen. Der Prozess der Unterwerfung und Umgestaltung der bestehenden Bürokratien, der einerseits durch äußere Eingriffe der Partei und andererseits durch innere, politisch bedingte Anpassung der Beamten bewirkt wurde, mündete in das „Gesetz zur Wiederherstellung des Berufsbeamtentums" vom 7. April 1933 ein. Es gab der Partei und dem Staat die vollkommene Macht über missliebige Beamte, da nunmehr jeder vergleichsweise willkürlich entlassen werden konnte, dessen berufliche Eignung angezweifelt wurde, der „nicht arischer Abstammung" war und der aufgrund seiner bisherigen Vergangenheit Anlass zu Bedenken darüber gab, ob er „jederzeit rückhaltlos für den nationalen Staat" eintreten werde. Eine analoge Regelung für Arbeiter und Angestellte im öffentlichen Dienst folgte am 4. Mai 1933.

Den wohl entscheidenden Schritt auf den Stufen zur nahezu uneingeschränkten Macht nahm Hitler jedoch nach dem Reichstagsbrand vom 27. Februar 1933. In diesem Zusammenhang ist nicht in erster Linie die umstrittene Frage nach der Täterschaft wesentlich. Ausschlaggebend ist vielmehr, wie dieses Ereignis von den Nationalsozialisten genutzt wurde, um die Macht zu erobern und zu festigen. Die einen Tag nach dem Reichstagsbrand, der die Bevölkerung zutiefst erschüttert hatte, von Reichspräsident von Hindenburg auf Kabinettsbeschluss hin erlassene „Verordnung zum Schutz von Volk und Staat" setzte praktisch die politischen Grundrechte der Weimarer Verfassung außer Kraft, die ja während der zwölfjährigen Dauer des „Dritten Reiches" formell weiterexistierte. Im Prinzip war damit der permanente Ausnahmezustand erklärt, und die Verfolgung sowie Terrorisierung politischer Gegner durch die Regierung erhielten damit den Schein des Legalen. Die jetzt um sich greifende „Verdrängung rechtsstaatlicher Verfahren durch willkürlichen Polizeiterror" (M. Burleigh) markiert den wesentlichen Bruch zwischen der Demokratie von Weimar und der Diktatur des „Dritten Reiches". Weil im totalitären Unrechtsstaat, diametral verschieden zum demokratischen Rechtsstaat, auch nicht annähernd abzusehen war, was einen bei abweichendem, oppositionellem, gar widerständigem Verhalten erwartete – unter Umständen nichts Ernstes, aber mit gleicher Ungewissheit auch das Schlimmste –, weil tyrannische Willkür berechenbare Verfahren verdrängte, wurden Bürger, weil sie nun einmal Menschen sind, leicht zu „Feiglingen aus Instinkt".

In diesem Klima der gesetzmäßigen Rechtsunsicherheit und des offenen Terrors, der sich erst einmal vornehmlich gegen die KPD richtete, aber auch bereits gegen die SPD und – freilich nicht mit gleicher Schärfe – gegen das Zentrum zielte, fanden die letzten „halbfreien" Wahlen in Deutschland statt. An ihnen konnten die beiden Parteien der politischen Linken, KPD und SPD, allerdings schon nicht mehr regulär teilnehmen. Selbst in diesen im Vergleich mit der Praxis der parlamentarischen Demokratien Europas illegalen Wahlen gewann die NSDAP nur 43,9 Prozent der abgegebenen Stimmen. Sie ist also niemals von der Mehrheit des deutschen Volkes gewählt worden. Denn die Plebiszite während des „Dritten Reiches", die dem „Führer" regelmäßig mit über 90prozentiger Zustimmung akklamierten, fanden unter den spezifischen politischen und psychologischen Bedingungen einer weit vorangeschrittenen bzw. etablierten totalitären Diktatur statt, in der solche Ergebnisse normal sind.

Nicht zu verkennen ist darüber freilich die historische Tatsache, dass Hitler „im Unterschied zu Lenin, Mussolini oder gar Franco seinen Aufstieg wirklich den Wählern zu verdanken hatte, welche seine Partei (die NSDAP) zur mächtigsten Partei des Reichstags machten" (P. Stadler). Opportunisten und Überzeugte trugen gemeinsam dazu bei, dass die amtierende Koalitionsregierung ihre scheinbare Legitimität erhielt, mehr noch: Zunehmend erschien das, was Carl Zuckmayer im Zusammenhang mit den „Märzereignissen" wie der Auftakt zu einem „Hexensabbat des Pöbels" vorkam, einer großen Zahl der auf Veränderung und Erlösung erpichten Deutschen wie die Inkarnation einer säkularisierten Religion, der sie sich, bereitwillig und ängstlich in einem, hingaben, gleichsam „freudeschlotternd", wie Karl Kraus zutreffend spottete.

Durch die Neuwahlen vom 5. März 1933 hatte die Koalitionsregierung von NSDAP und DNVP 51,9 Prozent der Stimmen erhalten. Demgemäß hätte sie im Sinne verfassungsmäßiger Zustände unter der Aufsicht des Reichstages regieren können. Doch über jene am 21. März 1933 von Reichspräsident von Hindenburg erlassene, die „Brandverordnung" vom 28. Februar 1933 ergänzende Verordnung „zur Abwehr heimtückischer Angriffe gegen die Regierung der nationalen Erhebung" (abgelöst am 20. Dezember 1934 durch das so genannte „Heimtückegesetz") hinaus strebte Hitler mit Hilfe des nun vorgelegten „Ermächtigungsgesetzes" danach, das Parlament und die verfassungsmäßigen Kontrollorgane endgültig auszuschalten. Denn das dem Reichstag am 23. März 1933 vorgelegte Gesetz, das der Zustimmung einer Zweidrittelmehrheit der Parlamentarier bedurfte, sah vor, der Regierung vier Jahre lang das Recht einzuräumen, Gesetze ohne die Mitwirkung des Reichstages und des Reichsrates zu erlassen. Das Parlament wurde damit zu einer „Pseudo-Volksvertretung" und fristete von nun an zwölf Jahre lang als „uniformierter Reichstag" (P. Hubert) eine alibihafte Existenz.

Die Parteien von der DNVP über das Zentrum bis hin zu den bürgerlichen Mittelparteien standen vor der Frage, ob sie ihrer Selbstentmachtung zustimmen sollten. Trotz vielfältiger Bedenken willigten sie letztlich in den als unvermeidlich empfundenen Gang der Dinge ein. Dabei leitete sie die Überlegung, dass man nicht durch Ablehnung und Verweigerung, sondern nur durch Zustimmung und Mitarbeit Einfluss auf die Regierung nehmen und Schlimmeres verhüten könne. Auf diese Weise hofften sie, die Regierung auf die Legalität zu verpflichten, auf die Durchführung des Ermächtigungsgesetzes einzuwirken, durch Anpassung den eigenen Parteiapparat zu retten und persönliche Schäden von Parteiführern, -funktionären und -mitgliedern abzuwenden. Im Grunde entsprangen diese Erwartungen einem an den Kategorien des Rechtsstaates orientierten Denken, das die autoritären Kabinette Brüning, von Papen und von Schleicher prinzipiell nicht verletzt hatten und das sich von der Praxis der nationalsozialistischen Diktatur ganz wesentlich abhob. Dass es gegenüber einem totalitären Regime keine Mitgestaltung, sondern lediglich Unterwerfung oder Widerstand geben kann, vermochten sie auf Grund fehlender Erfahrung nicht zu wissen. Allein die SPD unter ihrem Parteivorsitzenden Otto Wels stimmte mutig gegen das „Ermächtigungsgesetz", das schließlich mit der nötigen Zweidrittelmehrheit verabschiedet wurde. Damit schloss, wie es der SPD-Abgeordnete Wilhelm Hoegner einmal ausdrückte, „die Sitzung eines Reichstags, der aus Furcht vor dem Tode Selbstmord beging".

Das „Nein" der Sozialdemokraten bestätigte dem bürgerlichen und konservativen Deutschland wiederum, dass man nach wie vor auf der richtigen Seite der Front aller „nichtmarxistischen" Kräfte unter Führung der NSDAP stehe. Der Gegner befand sich offensichtlich auf der politischen Linken, zumal am 21. März 1933, zwei Tage vor der Abstimmung über das „Ermächtigungsgesetz", dieser Eindruck durch eine große Demonstration der Einheit zwischen Hitlers neuem Deutschland und der althergebrachten Tradition Preußens bestätigt worden war. Während eines feierlich inszenierten Festaktes in der Potsdamer Garnisonskirche hatte dabei der nationalsozialistische Reichskanzler Adolf Hitler dem greisen Generalfeldmarschall und Reichspräsidenten Paul von Hindenburg, einer Symbolfigur für die Mehrheit der Deutschen, die Reverenz erwiesen. Die Versöhnung des alten Preußen mit der jungen „Bewegung" schien vollzogen zu sein, das konservative und bürgerliche Deutschland vereinigte sich mit der Partei des Reichskanzlers und ahnte nicht, dass alles von Goebbels bewusst als „Rührkomödie" geplant und organisiert worden war, um die konservativen Partner Hitlers in Sicherheit zu wiegen und die Seriosität des „Führers" zu unterstreichen.

Dabei war Hitler schon längst nicht mehr das Ross, das die konservativen Herrenreiter gehorsam und rasch an das von ihnen bestimmte Ziel trug. Inzwischen waren die Rollen bereits vertauscht, ohne dass dies im sich etablierenden „Doppelstaat" (E. Fraenkel) so ohne weiteres erkennbar geworden wäre. Denn für die Mehrheit der Bürger war die von Hans Maier einmal so genannte „Maskerade des Bösen" schwer durchschaubar, zumal das Leben normal weiter zu gehen schien und nicht selten ungehinderter ablief als in den stürmischen Zeiten am Ende der Republik. Freilich war der Preis für Ruhe und Ordnung unverhältnismäßig hoch, da im politischen Bereich der Terror an die Stelle des Rechts getreten war.

Die NSDAP begann ihrerseits damit, die Gesellschaft mit einem Netz von Parteigliederungen und -verbänden zu überziehen, die vorerst noch zu bestehenden Einrichtungen in Konkurrenz traten, sich dann aber mehr und mehr durchsetzten und vorhandene Organisationen aufsaugten bzw. verdrängten. Als SA und SS, als HJ und NS-Frauenschaft, als NS-Deutscher Studentenbund und NS-Deutscher Dozentenbund, als NS-Deutscher Ärztebund und NS-Lehrerbund, als Reichsbund der Deutschen Beamten und als NS-Bund Deutscher Technik etc. dienten sie der totalen Organisation und Kontrolle der deutschen Bevölkerung durch die Partei. Dies alles vermittelte erst einmal den Eindruck der so lange vermissten Ordnung, es vollzog sich im Gleichschritt auf einer Einbahnstraße in die Diktatur, es vermied die Unbequemlichkeiten und Unübersichtlichkeiten parlamentarischer Prozedur und war nicht zuletzt deshalb einem großen Teil der Deutschen vertraut und nicht unwillkommen. Die von den Zeitgenossen noch nicht sogleich erkannte Konsequenz dieser Entwicklung fasste Robert Ley, der Leiter der „Deutschen Arbeitsfront", später einmal in der Feststellung zusammen, dass es „in Deutschland ... keine Privatsache mehr [gebe]! Wenn du schläfst, ist das deine Privatsache, sobald du aber wach bist ... musst du eingedenk sein, dass du ein Soldat Adolf Hitlers bist und nach einem Reglement zu leben und zu exerzieren hast, ob Unternehmer, ob Arbeiter, ob Bürger, Bauer oder Beamter. Privatleute haben wir nicht mehr. Die Zeit, wo jeder tun und lassen konnte, was er wollte, ist vorbei".

Auch der „Judenboykott" vom 1. April 1933, der sich am sichtbarsten gegen jüdische Geschäfte richtete und in der Bevölkerung eine insgesamt gemischte Reaktion hervorrief, konnte teilweise an jene Aversionen appellieren, die auch in anderen europäischen Ländern seit langem als „Normalantisemitismus" vorhanden und aktivierbar waren. Während der letzten Jahre der Weimarer Republik hatte sich die NSDAP mit antisemitischer Agitation eher zurückgehalten und den Kampf gegen den Kommunismus als für die konservative Seite überzeugendere Parole betont. Mit anderen Worten: „Was Hitler zwischen 1930 und 1933 öffentlich verkündete, ließ den Kern seiner Überzeugungen kaum erkennen – und das war einer der Gründe des Massenzulaufs zu den Nationalsozialisten" (H.A. Winkler). Jetzt aber brach die antisemitische Komponente der Weltanschauung des Diktators hervor: Der zivilisatorische Firnis wurde brüchig, Antisemitismus avancierte zur „Staatsdoktrin" und stand nunmehr als „Staatsantisemitismus des Dritten Reiches" (E. Wolgast) an der Spitze einer pervertierten Werteordnung. Während die rassische Hetze in ihrer Funktion als „Sündenbockantisemitismus" dazu geeignet war, beispielsweise integrierend auf die unzufrieden und unruhig ihre Bestimmung in Hitlers

Staat suchende SA zu wirken, verwies sie darüber hinaus bereits auf das Bewegungsgesetz des nationalsozialistischen Regimes und auf die radikale Zielsetzung seines „Führers".

Denn gleich nach der „Machtergreifung" wurden auch die ersten eugenischen Maßnahmen der Nationalsozialisten eingeleitet. Diese sahen durch das am 1. Januar 1934 in Kraft tretende Gesetz „zur Verhütung erbkranken Nachwuchses" vom 14. Juli 1933 für Personen, die an Erbkrankheiten wie „1. angeborenem Schwachsinn, 2. Schizophrenie, 3. zirkulärem (manisch-depressivem) Irresein, 4. erblicher Fallsucht, 5. erblichem Veitstanz (Huntingtonsche Chorea), 6. erblicher Blindheit, 7. erblicher Taubheit, 8. schwerer körperlicher Missbildung" sowie „schwerem Alkoholismus" litten, die Zwangssterilisation vor, über die von den am 25. Juli 1933 neu eingerichteten „Erbgesundheitsgerichten" zu entscheiden war. Zusammen mit den „Nürnberger Gesetzen" vom 15. September 1935, die mit dem „Reichsbürgergesetz" und dem „Gesetz zum Schutz des deutschen Blutes und der deutschen Ehre" die jüdische Bevölkerung als bloße „Staatsangehörige" zu Bürgern minderen Rechts herabwürdigten und sie insgesamt diskriminierten bzw. entrechteten, wird damit schon vergleichsweise früh die nationalsozialistische Rassenpolitik Hitlers sichtbar.

Mit ihren Forderungen nach Vernichtung so genannten „unwerten Lebens", einer Vorstufe zur „Endlösung der Judenfrage", und der Züchtung einer überlegenen Rasse, dem noch utopisch fernen Ziel des Diktators, beschrieb sie den historischen Auftrag und die ideologische Richtung, kurzum: die negative Räson des „Dritten Reiches": „Der Weg zum NS-Genozid" (H. Friedlander) jedenfalls war beschritten, ohne dass sich die Mehrheit der Bevölkerung darüber im entfernten klar gewesen wäre. Ja, das Vorgehen der Nationalsozialisten gegen die Juden stieß in der Bevölkerung einerseits zwar durchaus auf Bedenken, andererseits aber war der Antisemitismus bis zu einem gewissen Maße sogar populär.

Auch die nun einsetzende Emigration aus Deutschland und die Hetze gegen dem Regime missliebige Intellektuelle, Schriftsteller und Wissenschaftler, die in der von Goebbels organisierten öffentlichen „Verbrennung undeutschen Schrifttums" durch die nationalsozialistische Studentenführung auf dem Berliner Opernplatz und in vielen anderen Universitätsstädten am 10. Mai 1933 einen ersten Höhepunkt fand, wurden von der Bevölkerung hingenommen und kaum als der Verlust im geistigen Leben der Nation erkannt, als der er sich rückblickend herausstellte. Das kulturelle Leben wurde vom September 1933 an über die am 22. September 1933 neugeschaffene Reichskulturkammer weitgehend von Goebbels im Dienste des nationalsozialistischen Staates gesteuert.

Bedenken gegenüber dem sich immer deutlicher dokumentierenden Monopolanspruch der neuen Machthaber entstanden auch auf konservativer Seite, als auf einer nächsten Stufe der „Machtergreifung" zwischen dem 31. März und dem 7. April 1933 die „Gleichschaltung" der Länder betrieben wurde. Appelle an vorhandene Ressentiments gegenüber dem Partikularismus begleiteten das Vorhaben der Nationalsozialisten, das als Akt der Vereinheitlichung des Reiches propagiert wurde.

Dass an die Stelle der Eigenständigkeit der Länder längst schon der Partikularismus wild wuchernder Ressorts im dualistischen System von Partei und Staat getreten war, spielte in diesem Zusammenhang keine Rolle. Er gehörte ebenso wie eine „eigentümlich anmutende Strukturlosigkeit" (W. Hofer) des nationalsozialistischen Herrschaftssystems als Kennzeichen zur Diktatur Hitlers. Gerade das Kompetenzenchaos der mannigfachen und der einander befehdenden Institutionen erforderte und ermöglichte die jeweils notwendige Führerentscheidung und ist somit in gewisser Hinsicht als Basis der Macht Hitlers einzuschätzen.

Die Länder, auf deren Seiten zuletzt der bayerische Ministerpräsident Held bis zum Sturz seiner Regierung am 9. März 1933 dem Nationalsozialismus entschieden Paroli zu bieten versucht hatte, leisteten auch jetzt Widerstand gegen das „Vorläufige Gesetz zur Gleichschaltung der Länder mit dem Reich" vom 31. März 1933. Letztlich blieb er jedoch deshalb erfolglos, weil die Länder bereits vorher während des soeben vorübergegangenen Wahlkampfes durch den nationalsozialistischen Zugriff auf ihre jeweilige Polizeigewalt einen wesentlichen Teil ihrer Selbständigkeit eingebüßt hatten. Die „Gleichschaltung" erstreckte sich bald auch, wie die „Deutsche Gemeindeordnung" vom 30. Januar 1935 zeigte, auf die kommunale Ebene, fand in der Einsetzung der Reichsstatthalter durch die Gesetze vom 7. April 1933 und vom 30. Januar 1935 ihren Ausdruck und wurde durch das „Gesetz über den Neuaufbau des Reiches" vom 30. Januar 1934 sowie die Aufhebung des Reichsrates am 14. Februar 1934 vervollständigt.

Mochte die „Gleichschaltung" der Länder auch in manchen Kreisen der konservativen Partner Hitlers Ernüchterung bewirkt haben, so fanden die am 2. Mai 1933 gegen die Gewerkschaften durchgeführten Aktionen der Nationalsozialisten, die einen weiteren entscheidenden Schritt zur Errichtung der totalitären Diktatur markierten, in den traditionellen Führungsschichten und im Bürgertum Zustimmung. Offensichtlich hatte die NSDAP die Macht der Gewerkschaften gefürchtet, deren Einfluss sie auch bei den im März 1933 stattfindenden Betriebsratswahlen nicht brechen konnte. Daher vermied sie die Konfrontation mit dem ADGB und der Arbeiterschaft und wählte vorerst eine doppelte Strategie, in der freundschaftliche Gesten der Verfolgung und Gewalt vorausgingen. In diesem Sinne wurde der 1. Mai zum „Tag der nationalen Arbeit" erklärt und im Zusammenwirken mit den Gewerkschaften in riesigen Massenveranstaltungen begangen.

Wie es zuvor schon die Parteien versucht hatten, war jetzt auch der ADGB unter seinem Vorsitzenden Leipart weiterhin darum bemüht, trotz Übergriffen der SA gegen die Gewerkschaften durch Anpassung zu überleben und vor allem das Organisationsgefüge der Gewerkschaften zu retten. In diesem Sinne versicherte der Vorstand der Freien Gewerkschaften, sich aus politischen Fragen völlig herauszuhalten und sich, „gleichviel welcher Art das Staatsregime ist", allein auf den sozialen Bereich beschränken zu wollen. Geleitet wurden die Gewerkschaftsführer dabei von der Hoffnung, die Nationalsozialisten würden eine Einheitsgewerkschaft zulassen. Diese Erwartung schien am 1. Mai tatsächlich noch Aussicht auf Erfolg zu haben und erwies sich doch schon einen Tag darauf als Illusion. Auf die Feiern des 1. Mai folgte nämlich einem geheimen und längst festliegenden Plan zufolge am 2. Mai die gewaltsame Besetzung der Gewerkschaftshäuser und die Verhaftung führender Gewerkschaftsvertreter.

Überführt wurden die Gewerkschaften nunmehr jedoch nicht in die bestehende und entsprechende Organisation der NSDAP, die „Nationalsozialistische Betriebszellenorganisation", sondern in die „Deutsche Arbeitsfront" (DAF), die zu diesem Zweck am 10. Mai gegründet wurde und an deren Spitze der Stabsleiter der Politischen Organisation der NSDAP, Robert Ley, trat. Die DAF war eine – zwar nicht gesetzlich verordnete, aber praktisch existierende – Zwangsvereinigung, in der Unternehmer, Angestellte und Arbeiter, kurzum: alle „im Arbeitsleben stehenden Menschen ohne Unterschied ihrer wirtschaftlichen und sozialen Stellung" (Aufruf vom 27. November 1933) zusammengefasst waren. Mit der Zerschlagung der Gewerkschaften wurde zugleich die Tarifhoheit der Sozialpartner beseitigt. Sie fiel zukünftig der mit dem Gesetz vom 19. Mai 1933 neu geschaffenen Institution des staatlichen „Treuhänders der Arbeit" zu.

Diese Entwicklung zeigt beispielhaft, dass das „Dritte Reich" trotz seiner unternehmerfreundlichen Politik nicht allein und auch nicht in erster Linie als ein Instrument der Gegenrevolution zu begreifen ist. Zum einen sind gerade im Bereich der Arbeits- und Sozialpolitik gewisse Standesunterschiede einebnende Züge nicht zu übersehen, die ihm politische Qualität sui generis verliehen und die es nicht primär als arbeitgeberfreundlich oder arbeitnehmerfeindlich erscheinen lassen. Zum anderen begannen Staat und Partei bereits 1933 damit, ihre Macht auch in den Betrieben den Unternehmern gegenüber darzustellen. Denn trotz aller Begünstigungen der Arbeitgeber in Lohnfragen durch das neue Regime war unübersehbar, dass mit der Einrichtung des staatlichen „Treuhänders der Arbeit", durch die Gewährung von Kündigungsschutz und von bezahltem Urlaub für die Arbeitnehmer und durch die Verpflichtung der Betriebe zu verbesserten sozialen Leistungen der traditionelle „Herr im Haus"-Standpunkt der Unternehmer teilweise entscheidender eingeschränkt wurde als durch die Tätigkeit der Gewerkschaften in den Jahren der Weimarer Republik.

Zudem führte die am 27. November 1933 gegründete Freizeitorganisation „Kraft durch Freude" (KdF) der „Deutschen Arbeitsfront" sozial fortschrittlich empfundene Neuerungen beispielsweise in Bezug auf die Freizeit- und Urlaubsgestaltung breiterer Schichten (bis hin zur KdF-Sparaktion für den Volkswagen) ein, die dazu geeignet waren, die Bevölkerung auf das Regime zu verpflichten. In gesellschaftlicher Hinsicht wirkten sie dazu in gewissem Maße egalisierend und beabsichtigten – wie der zunächst noch freiwillige, aber schon bald für alle Jugendlichen verpflichtende „Reichsarbeitsdienst" – schichten- und klassenbedingte Differenzen in der „Volksgemeinschaft" zu überwinden. Dieser geläufige Begriff markierte ein populäres Ziel, dem sich seit den Tagen des Ersten Weltkrieges alle politischen Richtungen mit Ausnahme der erklärten Marxisten verpflichtet fühlten: „Konservative und Liberale bedienten sich des Wortes ebenso wie Gewerkschaftsführer und sozialdemokratische Reformisten" (H.A. Winkler). Diese sozialen Umgestaltungen zeitigten über den politischen Bereich hinaus wirtschaftliche und gesellschaftliche Wirkungen, deren modernisierende Effekte teilweise erst später erkennbar wurden, wenn sie auch ohne Zweifel insgesamt dazu dienten, das Volk in allen seinen Schichten zu beherrschen und auf die Ziele der Kriegs-, Expansions- und Rassenpolitik festzulegen.

Dabei war allerdings erst einmal gar nicht zu verkennen, dass Hitlers weitgehend von Hjalmar Schacht, dem Reichsbankpräsidenten (seit dem 17. März 1933) und seit dem 2. August 1934 auch – zunächst kommissarischem – Reichswirtschaftsminister und preußischem Wirtschaftsminister, gestaltete Wirtschaftspolitik den Unternehmern weit entgegenkam. So wurden etwa die Löhne auf dem Niveau der Weltwirtschaftskrise vom Jahre 1932 eingefroren. Daran änderte sich auch nicht allzu viel, als in der zweiten Hälfte der dreißiger Jahre Facharbeiter rar wurden und sich ein „grauer Markt" herausbildete, auf dem die Unternehmer die verbotenen direkten Lohnerhöhungen umgingen und durch verschleierte Leistungen und indirekte Zuwendungen Arbeitskräfte zu gewinnen und zu halten versuchten.

Nach der „Machtergreifung" entwickelte sich die deutsche Wirtschaft nach dem vorwaltenden Eindruck der Zeitgenossen, denen das Negative des Gesamten im allgemeinen und der wirtschaftlichen Verhältnisse im besonderen zunächst verschlossen blieb, scheinbar positiv: Was in diesem Zusammenhang vor allem zählte, war die Tatsache, dass die Arbeitslosenzahlen zurückgingen. Vor dem Hintergrund einer sich langsam erholenden Weltwirtschaft knüpfte die neue Regierung tatkräftig an jene Arbeitsbeschaffungsprogramme an, die bereits unter den vorhergehenden Regierungen angelaufen waren. Mit der Forderung, den „Rationalisierungswahnsinn" zu bekämpfen und auf den Einsatz „maschineller Hilfsmittel" zu verzichten, betrieb sie Beschäftigungspolitik. Die Gesetze „zur Verminderung der Arbeitslosigkeit" vom 1. Juni 1933 und 21. September 1933, Ehestandsdarlehen und ein steuerbegünstigtes „Instandsetzungsprogramm" für die private und kommerzielle Bautätigkeit sowie der am 27. Juni 1933 gesetzlich geregelte Bau der Reichsautobahn schufen ebenso Voraussetzungen zur Linderung der Arbeitslosigkeit wie der noch „freiwillige" Arbeitsdienst, die Beschäftigung von Arbeitslosen als gering bezahlte Landhelfer oder ihre Heranziehung „zu schlecht entlohnten Notstandsarbeiten" (W. Hofer).

Zusammen mit den Auswirkungen der am 16. März 1935 eingeführten Wehrpflicht, dem vom 26. Juni 1935 an verpflichtenden „Reichsarbeitsdienst" und mit den sich seit der Jahreswende 1933/34 aus der Aufrüstung ergebenden wirtschaftlichen Konsequenzen halfen sie maßgeblich dabei mit, die Zahl der Arbeitslosen vom Januar 1933 bis zum Juli 1933 um über 1 Million auf unter 5 Millionen Menschen zu senken, sie sodann beständig und rasch auf 1 Million im Herbst 1936 fallen zu lassen. Es waren stets Leistung und Terror, „Verführung und Gewalt" (H.-U. Thamer), „Lockung und Zwang" (A. Kranig), welche die Zustimmung zum Regime erklären und seine Dynamik verständlich machen.

Diese geschichtsmächtige Tendenz ergriff auch weite Teile der ehedem sozialistischen Arbeiterschaft, die sich – wie der mit dem Zentrum oder der BVP verbundene katholische Bevölkerungsteil – „bis zur letzten halbwegs freien Wahl der Weimarer Republik als erheblich resistenter gegenüber dem Nationalsozialismus erwiesen als der Rest der Bevölkerung" (J.W. Falter/D. Hänisch). Im Zeichen der etablierten Diktatur aber arrangierte sich auch der von den Nationalsozialisten auf bevorzugte Art und Weise „umworbene Stand" (E. Heuel), so dass Hitler mehr und mehr „gerade unter den Arbeitern breite Sympathie" (H.A. Winkler) genoss.

Während die Gewerkschaften zwangsweise in der „Deutschen Arbeitsfront" aufgegangen waren, wurden alle agrarischen Interessenverbände in den (durch das Gesetz vom 13. September 1933 gegründeten) „Reichsnährstand" der Bauern übergeleitet. Diese wurden aufgrund der angestrebten landwirtschaftlichen Autarkie und der durch Devisenknappheit beschränkten Lebensmitteleinfuhren zu Lasten der Verbraucher gefördert. Um eine möglichst rasche Steigerung der landwirtschaftlichen Erzeugung zu erreichen, verzichtete die neue Regierung auf die Aufteilung des Großgrundbesitzes. Im Sinne der von Richard Walter Darré, dem Reichsminister für Ernährung und Landwirtschaft und preußischen Landwirtschaftsminister, vertretenen nationalsozialistischen Agrarpolitik, die auf der „Blut und Boden"-Ideologie basierte und „das Bauerntum als Lebensquell der nordischen Rasse" (R. W. Darré) zu sichern plante, wurde indes am 29. September 1933 das „Reichserbhofgesetz" erlassen, „which was often applied less rigorously than it might have been" (J. E. Farquharson). Dadurch wurden Bauernhöfe von mehr als 7,5 und (in der Regel) weniger als 125 Hektar unter der Voraussetzung, dass die „Blutreinheit" der Besitzer bis zum 1. Januar 1800 nachgewiesen war, zu „Erbhöfen" erklärt. Zwar konnten sie von nun an nur noch ungeteilt vererbt werden und waren „grundsätzlich unveräußerlich und unbelastbar". Doch damit wurden sie auch der Kommerzialisierung von Grund und Boden entzogen.

Anders als die Arbeitnehmer- und die Bauernschaft blieb die Großindustrie vom Zugriff der Partei erst einmal verschont. Im Widerspruch zur mittelständischen Ideologie der NSDAP hatten die Großunternehmen, Kaufhäuser und Banken, welche die Existenz des selbständigen Mittelstandes bedrohten, vorläufig nicht mit staatlichen Eingriffen zu rechnen. Ihre Tendenz zur Konzentration kam vielmehr auch im „Dritten Reich" weiter voran, und sie konnten sich einer in anderen gesellschaftlichen Bereichen durchgeführten „Gleichschaltung" vorläufig entziehen. Zwar hieß der „Reichsverband der Deutschen Industrie" in terminologischem Zugeständnis an die weitgehend auf die Propaganda beschränkte Ständeideologie des „Dritten Reiches" vom 19. Juni

1933 an „Reichsstand der Deutschen Industrie", wahrte aber unter der Leitung von Krupp von Bohlen und Halbach vergleichsweise seine Selbständigkeit.

Daran änderte auch das am 27. Februar 1934 verkündete „Gesetz zur Vorbereitung des organischen Aufbaus der deutschen Wirtschaft", das im Grundsatz darauf zielte, die Eigenständigkeit der Wirtschaft zugunsten des Staates erheblich einzuschränken, ebensowenig wie die 1934 vollzogene Neuorganisation der industriellen Verbände in der „Reichsgruppe Industrie". Das „Dritte Reich" war auf die Mitarbeit dieses nach wie vor mächtigen Partners angewiesen und hat ihm eine gewisse Autonomie auch nach der für das Verhältnis von Wirtschaft und Politik entscheidenden Wende im Jahre 1936 belassen. Freilich dokumentierte sie den Primat der Politik gegenüber der Ökonomie deutlich und bezeugte die in politischer Hinsicht die Unternehmer und Arbeiter grundsätzlich gleichermaßen treffende Entrechtung im Zeichen des „full fascism" (A. Schweitzer).

Noch war Hitler auf die freiwillige Mitwirkung der Wirtschaft ebenso wie auf die der Reichswehr in hohem und entscheidendem Maße angewiesen, um seine ebenso ehrgeizigen wie utopischen außen- und rassenpolitischen Ziele ansteuern zu können. Fälschlicherweise glaubte der in den Anfangsjahren des „Dritten Reiches" so allmächtig scheinende „Wirtschaftsdiktator" Schacht, als er mit riskanten Mitteln der Kreditbeschaffung (sogenannte Mefo-Wechsel, die von den Lieferanten des Staates auf eine mit geringem Kapital ausgestattete „Metall-Forschungs-GmbH" gezogen werden konnten, die vom Staat gegenüber der Reichsbank garantiert wurden und zu deren Diskontierung die Reichsbank sich verpflichtete) die Aufrüstung ermöglichte, er könne diese Entwicklung zu dem Zeitpunkt souverän und rationell anhalten, wenn die Volkswirtschaft in genügendem Maße angekurbelt und eine sozialpolitische Konsolidierung erfolgt sei. Erst spät, zu spät, erkannte er, dass sich seine Vorstellungen über Aufrüstung, Wirtschaft und Politik grundsätzlich von denen Hitlers unterschieden, der nicht daran dachte, die Rüstung zu drosseln, als die Wirtschaft sich erholt hatte. Ihm ging es vielmehr darum weiterzurüsten, um Krieg führen zu können, entstehende Schulden durch Beute atavistisch zu decken und endlich die existierende Sozialordnung in nationaler und internationaler Perspektive zu zerstören.

Schacht ahnte nicht, dass er Hitlers Spiel spielte. Sein „Neuer Plan", der seine gesetzliche Grundlage in der am 24. September 1934 in Kraft getretenen „Verordnung über den Warenverkehr" vom 4. September

1934 fand, sah im Kern die Bilateralisierung des Außenhandels vor, regelte quantitative Importbeschränkungen und Einfuhrplanung nach einer „nationalwirtschaftlichen Dringlichkeitsskala" (H. Flaig) und förderte die Ausfuhr auf der Grundlage von Austausch- und Kompensationsgeschäften. Er leitete eine außenwirtschaftliche Exportoffensive ein, die nicht zuletzt auch inneren Motiven der als notwendig erachteten sozialen Konsolidierung diente, dabei außenpolitische Konflikte beispielsweise mit den USA in sich überschneidenden Zonen ökonomischer Expansion (Südosteuropa; Lateinamerika) durchaus riskierte und eine realistischere politische Alternative zu Hitlers weltanschaulichen und kriegerischen Zielen darstellte.

Vorläufig lebte das „Dritte Reich" im Hinblick auf sein Verhältnis zur Wirtschaft in jener Phase des „partial fascism" (A. Schweitzer), in der Hitler gar kein Interesse daran haben konnte, gegenüber der mächtigen Industrie auf Kollisionskurs zu gehen, da sich die Interessen teilweise deckten und die Konservativen durch Mitwirkung in ihrem Bereich die Machtzunahme des Regimes förderten, ja damit ihre eigene Entmachtung betrieben.

Wenn die Kompetenzen der verschiedenen „Reichsgruppen der gewerblichen Wirtschaft" beispielsweise durch das seit dem Sommer 1934 entwickelte System von Überwachungs- und Prüfungsstellen für die Devisen- und Rohstoffzuteilung sowie die Preisgestaltung auch staatlich reglementiert wurden und der Vorwurf der Wirtschaftssabotage stets drohend erhoben werden konnte, so schienen Wirtschaft und Politik, Industrie und NSDAP, die erst in den letzten Wochen der untergehenden Republik zueinander gefunden hatten, doch alles in allem miteinander auszukommen.

Denn es war ja keineswegs so, dass die Großindustrie und „das Kapital" Hitler in entscheidendem Maße an die Macht gebracht hätten. Sie unterstützten ihn vielmehr erst in finanziell erheblicher Weise, als es nach der „Machtergreifung" darum ging, die Kosten der Märzwahlen des Jahres 1933 zu bestreiten. Jetzt flossen den die Regierung unterstützenden Parteien, an der Spitze Hitlers „Bewegung", Mittel in Höhe von 3 Millionen Reichsmark von Seiten der Großindustrie zu, nachdem die NSDAP der politisch entscheidende Faktor geworden war und nachdem Göring den Vertretern aus der Industrie- und Finanzwelt am 20. Februar 1933 anlässlich der Rede des „Führers" vor einem ausgewählten Kreis von Repräsentanten der deutschen Wirtschaft im Reichspräsidenten-Palais versprochen hatte, dass dies für zehn, vielleicht sogar für hundert Jahre die letzten Wahlen sein würden. Am Ende der Weimarer Republik aber, der sie gewiss ablehnend gegenüberstanden, unterstützten die maßgeblichen Vertreter der deutschen Wirtschaft durchweg nicht Hitlers NSDAP, sondern von Papens Modell eines „neuen Staates" und versuchten sich generell mit allen politischen Kräften zu arrangieren, so lange diese nicht die Abschaffung des Privateigentums propagierten.

Vor dem Hintergrund einer im wesentlichen bereits errichteten totalitären Diktatur vollzog sich im Juni und Juli 1933 auch die „Selbstgleichschaltung" der Parteien, die vor der Allmacht und dem Terror der NSDAP resignierten und kapitulierten. Nach dem Verbot der SPD am 22. Juni 1933 – ein förmliches Verbot der KPD hat es dagegen nicht gegeben, doch waren ihre Funktionäre bereits inhaftiert, und ihr Vermögen wurde am 26. Mai 1933 eingezogen – unterwarf sich als letzte der demokratischen Parteien am 5. Juli 1933 das Zentrum dem Monopolanspruch des von den neuen Machthabern bereits am 14. April 1933 proklamierten „Einparteistaates". Einer allerdings umstrittenen wissenschaftlichen These zufolge soll dieser Schritt nicht zuletzt durch die Aussicht auf das der katholischen Kirche günstig erscheinende Konkordat vom 20. Juli 1933 mit veranlasst worden sein, dessen Garantien für den deutschen Katholizismus eine Rechtsbasis für seinen Widerstand gegen das „Dritte Reich" schufen. Das problematische Arrangement mit dem totalitären Staat sollte nach dem Kalkül des Kardinalstaatssekretärs Pacelli gerade dazu dienen, dessen totalitärer Ideologie widerstehen zu können.

Das eigentlich Bemerkenswerte im Hinblick auf das „Ende der Parteien" (E. Matthias/R. Morsey) aber liegt vor dem Hintergrund der allgemeinen Verhältnisse der Zeit darin, dass sie, mit Ausnahme von KPD und SPD, tatsächlich, wie Sebastian Haffners einfühlsame Diagnose lautet, „nicht mehr mitspielen wollten, dass sie zufrieden waren, sich sozusagen ins politische Nichts zurückziehen zu dürfen. Das hängt mit dem zusammen, was man damals die ,nationale Erhebung' oder die ,nationalsozialistische Revolution' nannte, nämlich einem vollkommenen Stimmungswechsel, der sich zwischen den Reichstagswahlen vom 5. März und dem Sommer 1933 in Deutschland vollzog. Das ist etwas, das schwer zu erforschen ist, woran sich aber jeder, der es miterlebt hat, erinnert. Stimmungen lassen sich nun einmal nicht definieren, abgrenzen und festhalten; sie sind atmosphärischer, sozusagen ,gasförmiger' Natur – aber sie sind sehr wichtig. Genau wie die Stimmung des August 1914 war die des Jahres 1933 von großer Bedeutung. Denn dieser Stimmungsumschwung bildete die eigentliche Machtgrundlage für den kommenden Führerstaat. Es war – man kann es nicht anders nennen – ein sehr weit verbreitetes Gefühl der Erlösung und Befreiung von der Demokratie. Was macht eine Demokratie, wenn eine Mehrheit des Volkes sie nicht mehr will? Damals zogen die meisten demokratischen Politiker den Schluss: Wir danken ab, wir ziehen uns aus dem politischen Leben zurück. Es soll uns nicht mehr geben" (S. Haffner). Während die katholische Kirche die Auseinandersetzung mit dem nationalsozialistischen Staat als Kampf um die Nicht-Anpassung an das Regime vergleichsweise geschlossen aufnehmen konnte, war innerhalb der evangelischen Kirche der Konflikt zwischen den verschiedenen älteren und neueren Richtungen, den Anhängern der liberalen Theologie und des religiösen Sozialismus einerseits, den „Jungreformatoren" und den „Evangelischen Nationalsozialisten", die als „Deutsche Christen" auftraten, bereits in vollem Gange, bevor Hitler sich am 25. April 1933 öffentlich hinter die Bewegung der „Deutschen Christen" stellte und den Königsberger Wehrkreispfarrer Ludwig Müller zu seinem „Bevollmächtigten für die Angelegenheiten der evangelischen Kirchen" ernannte. Über die Frage, wer Reichsbischof der geplanten deutschen Reichskirche werden sollte, kam es zwischen „Deutschen Christen", die für Müller eintraten und ihn zum Reichsbischof ausriefen, und dagegen opponierenden Vertretern der evangelischen Landeskirchen, die den Pastor Fritz von Bodelschwingh wählten, zum Konflikt.

Nach staatlichen und parteipolitischen Eingriffen in kirchliche Fragen, die sich nicht zuletzt in der massiven Unterstützung der „Deutschen Christen" durch die NSDAP im Wahlkampf für die Kirchenwahlen vom 23. Juli 1933 niederschlugen, wählte eine von den aus diesen Wahlen siegreich hervorgegangenen „Deutschen Christen" beherrschte Nationalsynode Müller am 27. September 1933 zum Reichsbischof. Der Kirchenkampf in Deutschland, der die Geschichte des „Dritten Reiches" durchzieht, begann damit erst recht. Der Nationalsozialismus, dessen säkularisierter Totalitarismus die eschatologischen und liturgischen Elemente religiöser Heilslehren nachahmte und zugleich eine „fundamental antikirchliche Botschaft verkündete", sah die Kirchen als mächtige Konkurrenten „im Kampf um die Herrschaft über die Herzen und Köpfe der Menschen" (M. Burleigh).

Gegen die neuen Kirchenbehörden und die „Deutschen Christen" organisierte sich der kirchliche Widerstand im Rahmen des von Pfarrer Martin Niemöller am 21. September 1933 in Berlin-Dahlem gegründeten „Pfarrernotbundes", aus dem zu Anfang des Jahres 1934 – als ihm bereits fast die Hälfte der evangelischen Geistlichkeit angehört – die am 22. April in Ulm erstmals gemeinsam auftretende „Bekennende Kirche" hervorging, ebenso wie in Gestalt der Barmer Bekenntnissynode vom 29.-31. Mai 1934, deren Protest für die Entwicklung des Kirchenkampfes bedeutsam wurde. Doch ungeachtet der Tatsache, dass sich erste oppositionelle Stimmen aus dem Lager des konservativen und bürgerlichen Deutschland regten und die grundsätzliche, im Sinne ihrer eigenen absoluten Weltanschauung und totalitären Praxis motivierte Widerstandshaltung der Kommunisten vom Standpunkt verletzter Interessen und missachteter Sachkenntnis aus ergänzten und variierten, ist nicht zu verkennen, dass sie insgesamt mit ihren Vorhaltungen nicht sehr erfolgreich waren (vgl. beispielsweise Franz von Papens Marburger Rede vom 17. Juni 1934).

Nachdem Hitler und Frick bei verschiedenen Gelegenheiten vom Juli 1933 an die Revolution für beendet erklärt hatten, musste der „Führer" noch mit einem ihn herausfordernden Machtfaktor im Lager seiner eigenen „Bewegung" fertigwerden. Es stellte sich nämlich immer drängender die Frage, was mit jener „Sturmabteilung" (SA) werden sollte, die als eine ihrem „Führer" ergebene Bürgerkriegstruppe erheblich dabei mitgeholfen hatte, die Weimarer Republik zu zerstören, politische Gegner auf den Straßen zu bekämpfen und die „Machtergreifung" zu ermöglichen. Jetzt verlangten diese „braunen Bataillone" (P. Longerich) ihren Tribut.

Dumpf drang aus den Reihen der SA-Männer der Ruf nach einer zweiten, einer sozialen Revolution, der, so unartikuliert er sich auch ausnahm, insgesamt doch an die Tradition jener 1930 aus der NSD-AP ausgetretenen bzw. aus ihr entfernten „linken" Nationalsozialisten erinnerte. Die Führer der SA, vor allem ihr Stabschef Ernst Röhm, forderten den Oberbefehl über eine aus revolutionärer SA und konservativem Heer zu bildende Volksmiliz. Dabei sollte der „graue Fels" der Reichswehr in der „braunen Flut" der Parteitruppe untergehen. Diesem Verlangen stand das Offizierkorps unter von Blomberg selbstverständlich misstrauisch und ablehnend gegenüber. Im Hinblick auf die angestrebte möglichst frühzeitige Kriegsbereitschaft des Deutschen Reiches entschied sich Hitler für die Zusammenarbeit mit den konservativen Offizieren und gegen die sozialromantischen Ideen der SA.

Angebliche Putschpläne Röhms wurden zum Vorwand genommen, um die Führung der SA unter Mithilfe und Begünstigung durch die Reichswehr zu beseitigen, Hitlers Macht zu festigen, der konservativen Forderung vom Ende der Revolution nachzukommen, dem Militär die Sorge vor einem lästigen Konkurrenten zu nehmen und den Aufstieg der „Schutzstaffel" (SS) einzuleiten. Sie wurde nicht nur Hitlers Prätorianergarde, sondern mehr und mehr auch ideologische Vorhut und weltanschaulicher Orden für die nationalsozialistische Rassenpolitik. Ja, schon innerhalb des ersten auf die „Machtergreifung" folgenden Jahres gelang es der SS unter Heinrich Himmler, in allen Ländern die Politische Polizei der Kontrolle der SA zu entwinden und sich anzueignen. Selbst in Preußen, wo Hermann Göring Ende April 1933 das „Geheime Staatspolizeiamt" (Gestapa) als ein Willkürinstrument des terroristischen „Maßnahmestaates" (E. Fraenkel) geschaffen und die „Gestapo" unter anderem mit der Errichtung von Konzentrationslagern beauftragt hatte, erlangte die SS den entscheidenden Einfluss auf die Politische Polizei. Im April 1934 musste der durch Gesetz erst im November 1933 zum Chef der „Gestapo" in Preußen ernannte Göring zulassen, dass Himmler Inspekteur der Preußischen Geheimen Staatspolizei wurde, der seinerseits Reinhard Heydrich an die Spitze des Geheimen Staatspolizeiamtes in Berlin stellte. Die Politische Polizei unterstand damit der Führung der SS unter Himmler und Heydrich.

Um den Preis, von nun an unumstrittener Waffenträger der Nation zu sein, aber nahmen es die Reichswehr und ihr Offizierkorps hin, dabei zum Gehilfen zu werden, als im Zuge der sich an den so genannten „Röhm-Putsch" anschließenden, teilweise wahllosen Morde an Regimegegnern durch Görings und Himmlers Schergen die Generäle Kurt von Schleicher und Ferdinand von Bredow umgebracht wurden. Aus den Begebenheiten des so genannten „Röhm-Putsches" ist die Reichswehr zwar äußerlich gestärkt, moralisch jedoch stark korrumpiert hervorgegangen.

Über die Morde innerhalb der SA-Führerschaft hinaus wurden auch missliebige konservative Regimegegner und -kritiker wie Edgar Jung und Herbert von Bose, zwei der engsten Mitarbeiter von Papens, sowie der ehemalige Staatskommissar Gustav Ritter von Kahr und der Leiter der Katholischen Aktion in Berlin, Erich Klausener, getötet. Hitlers Begründung für die Erschießungen der SA-Führer, er habe damit gegen die in diesen Kreisen grassierende Homosexualität einschreiten wollen, war nicht mehr als eine fadenscheinige Schutzbehauptung zur Bemäntelung einer politischen Machtfrage. Diese Tatsache war innerhalb der Bevölkerung nur wenigen klar, und die politisch Verantwortlichen wie beispielsweise von Papen hießen Hitlers Vorgehen gut, das von dem damals führenden deutschen Staatsrechtslehrer Carl Schmitt in einem Artikel mit der Überschrift gerechtfertigt wurde: „Der Führer schützt das Recht".

Darin wurde dem „wahren Führer" die Aufgabe des Richtertums zugesprochen und ihm zugestanden, in Augenblicken der Gefahr „kraft seines Führertums als oberster Gerichtsherr unmittelbar Recht schaffen" zu können und zu müssen. Die Willkür des Diktators wurde damit als „Recht im Unrecht" (M. Stolleis) zum Gesetz erhoben. „Anpassung und Unterwerfung" wurden für die Entwicklung der Justiz im „Dritten Reich" (L. Gruchmann) kennzeichnend. Die Existenz eines „Entarteten Rechts" (B. Rüthers) bot dem totalitären Regime die willkommene Chance, die Grenzen zwischen gut und böse zu öffnen, selbst das Gute für böse und das Böse für gut zu erklären und die Gemüter der Menschen in einem buchstäblich diabolischen Sinn zu verwirren. Hitlers Macht aber war nunmehr im Grundsatz als unumschränkt anerkannt.

Als kurz darauf am 2. August 1934 Reichspräsident von Hindenburg starb und Hitler die Ämter des Reichskanzlers und Reichspräsidenten in Personalunion übernahm, gab es neben ihm im politischen Bereich, was Macht oder Prestige angeht, keine konkurrierende Institution oder Persönlichkeit mehr. Die „Machtergreifung" war abgeschlossen. Noch am 2. August 1934 wurde die Reichswehr auf Hitlers Person vereidigt – eine Maßnahme, die durch den Reichskriegsminister von Blomberg übereilig angeordnet wurde, um der Armee und seiner Person Hitlers Gunst zu sichern. In diesem Zusammenhang war es die Bindung des Eides an die Person des „Führers und Reichskanzlers" und nicht an das Vaterland oder an die Verfassung, die später den Offizieren des Widerstandes so schwere Gewissenskonflikte bereiten sollte. Hitlers Regime aber erschien im Sommer 1934 gefestigt, seine Diktatur über Deutschland war errichtet, und in weitgehend noch traditionellen Formen schritt die „braune Revolution" der Nationalsozialisten voran. Tradition und Revolution gehörten dabei gleichermaßen zum Profil des „Dritten Reiches". Sie waren auch für die Anfänge seiner Außenpolitik kennzeichnend.

Die Anfangsphase
der nationalsozialistischen Außenpolitik

Im außenpolitischen Bereich knüpfte die neue Regierung einerseits an die Revisionsforderungen der Weimarer Kabinette an und verließ deren Linie andererseits in Zielsetzung und Methode doch unübersehbar. Das gilt nicht nur im Vergleich zu Stresemanns nationaler Revisions- und Großmachtpolitik, die stets auf das europäische Zusammenwirken Wert legte und den völkerrechtlichen Rahmen nicht verließ. Vielmehr hob sich Hitlers nationalsozialistische Außenpolitik auch gegenüber der Revisionspolitik der autoritären Kabinette ab, die sich von Stresemanns Kurs bereits so deutlich unterschieden hatte. Im Zeichen der weltwirtschaftlichen Krise waren diese unverkennbar rigoroser als zuvor aufgetreten und hatten im nationalstaatlichen Alleingang die Revision der Versailler Bestimmungen zu erreichen gesucht. Insofern repräsentiert die äußere Politik der Regierungen Brüning, von Papen und von Schleicher, die nationalistisch, aber nicht nationalsozialistisch ausgerichtet war, eine eigenständige Stufe im Verlauf der Geschichte der preußisch-deutschen Außenpolitik. Ihren Platz fand sie zwischen Stresemanns national bestimmtem, stark außenwirtschaftlich prozedierendem und friedlich orientiertem Vorgehen sowie Hitlers rassisch fundierter, expansionistisch ausgerichteter und kriegerisch entworfener Strategie.

Nicht zuletzt aufgrund der Tatsache, dass der konservative Reichsaußenminister von Neurath auch nach dem 30. Januar 1933 an der Spitze des Auswärtigen Amts blieb, erhielten die ausländischen Politiker und Diplomaten den Eindruck einer Kontinuität in der deutschen Außenpolitik über das Datum der „Machtergreifung" hinweg. Die deutsche Diplomatie trug also, wenngleich weitgehend unfreiwillig, dazu bei, den Bruch zwischen der revisionistischen Großmachtpolitik und der nationalsozialistischen Eroberungs- und Rassenpolitik schwerer erkennbar zu machen. Wenn die Beamten des Auswärtigen Amts teilweise auch durchaus darum bemüht waren, einen eigenständigen Kurs zu verfolgen, war doch unübersehbar, dass ihre Übereinstimmung im revisionistischen Bereich mit Teilzielen der Außenpolitik Hitlers einerseits zu groß war, um sich von ihm vorläufig wesentlich unterscheiden zu können und dass der Diktator auf der anderen Seite schon vergleichsweise früh in entscheidenden Fragen – wie der Neuorientierung der deutschen Ostpolitik gegenüber der Sowjetunion und Polen – das Steuer resolut in die Hand nahm.

Die neuen Akzente der nationalsozialistischen Außenpolitik wurden bereits am 3. Februar 1933 erkennbar, als Hitler in einer Ansprache vor den ranghöchsten Offizieren der Reichswehr ausführte, das Ziel der Außenpolitik des „Dritten Reiches" müsse es sein, „neuen Lebensraum im Osten" zu erobern und diesen „rücksichtslos" zu „germanisieren". Dass diese programmatische Forderung einherging mit der von ihm scheinbar gleichberechtigt als außenpolitische Alternative vorgetragenen Überlegung, die so genannte Raumfrage des deutschen Volkes „vielleicht [durch] Erkämpfung neuer Exportmöglichkeiten" zu lösen, steht im Einklang mit entsprechenden Bemühungen Hjalmar Schachts, durch eine außenwirtschaftliche Offensive innen- und außenpolitische, soziale und nationale Probleme des Deutschen Reiches zu lösen.

Hitler unterstützte diese Bemühungen Schachts und ließ ihn so lange gewähren, wie dieser damit seine politischen Pläne, insbesondere der Aufrüstung und der dafür nötigen Devisenbeschaffung, unterstützte. Ferner diente eine solche auf wirtschaftliche Expansionsmöglichkeiten deutscher Außen- und Außenwirtschaftspolitik abhebende Schein-alternative dazu, die Zuhörer neben der Bekanntmachung seiner kriegerischen Absichten immer wieder seiner angeblichen Friedens-liebe zu versichern, die er gerade am Anfang seiner Regierungszeit zu wiederholten Malen, beispielsweise aus Anlass des von Mussoli-ni am 17. März 1933 unterbreiteten Viererpaktvorschlages in seiner Reichstagsrede am 23. März 1933, besonders aber in seiner großen „Friedensrede" vom 17. Mai 1933, vor aller Welt unterstrich.

Dabei knüpfte er im außenpolitischen Bereich, in dem er nahezu absolut ein „persönliches Regiment" führte, sogleich an sein in „Mein Kampf" und im sogenannten „Zweiten Buch" entworfenes außen- und rassenpolitisches „Programm" an. In universaler Perspektive zielte es darauf ab, „durch das siegreiche Schwert eines die Welt in den Dienst einer höheren Kultur nehmenden Herrenvolkes" eine globale „Pax Germanica" zu errichten. Auf den weltanschaulichen Triebkräften des Antisemitismus, des Antibolschewismus und der „Lebensraum"-Er-oberung basierend, erschien darin die Sowjetunion als entscheidender machtpolitischer sowie ideologischer Feind des Deutschen Reiches. Der ins Auge gefasste Krieg gegen Russland sollte den Bolschewismus zerschlagen, damit einhergehend zu einer Lösung der „Judenfrage" führen und dem deutschen Volk den notwendigen „Lebensraum" zur Verfügung stellen. Anders als seine konservativen Partner in der Re-gierung der „nationalen Konzentration" wollte Hitler sich nicht mit der Wiedergewinnung der Grenzen von 1914 und der Wiederherstellung der deutschen Großmachtposition in Europa begnügen. Er strebte vielmehr danach, in Etappen über die Ziele der Revision hinaus die deutsche Vorherrschaft in Mittel- und Ostmitteleuropa zu gewinnen und endlich nach der Eroberung der Sowjetunion an der Spitze eines europäischen Kontinentalimperiums zu stehen, in dem das bislang he-gemoniale Frankreich entweder besiegt oder zur Rolle eines machtlosen Juniorpartners degradiert sein würde.

In säkularer Perspektive ließ Hitler bereits in den zwanziger Jahren erkennen, wohin ihn seine politische Gedankenbildung trieb: An der Spitze eines rassisch höhergezüchteten Europa sollte das deutsche Volk in seinen künftigen Generationen endlich auch dazu fähig sein, selbst den damals von Hitler noch hoch eingeschätzten Vereinigten Staaten von Amerika „die Stirne zu bieten" und in Übersee als Welt- und Flottenmacht aufzutreten. Dass sich Hitlers hypertrophe Ziele gegen die Sowjetunion und die Vereinigten Staaten von Amerika richteten, hatte im allgemeinen Zusammenhang der Zeit nicht zuletzt damit zu tun, dass sich das alte Europa von Osten und Westen her mit zwei Modernisierungsangeboten konfrontiert sah, die dem Adressaten nicht als Chance vorkamen, sondern von dem sich herausgefordert Fühlenden als Attacken auf seine Existenz wahrgenommen wurden. Das gilt für die westeuropäischen Status-quo-Mächte, die sich allem Widerstreben zum Trotz schließlich mit den Protagonisten der liberalen und der kommunistischen Zivilisationsidee arrangierten; das gilt für die revisionistischen Staaten, die sich, mit Hitlers Deutschland an der Spitze, über Ideologie, Machtpolitik und Ökonomie hinaus auch auf einen kulturellen Zweifrontenkrieg gegen die Sowjetunion und die Vereinigten Staaten von Amerika einließen.

Europa drohte, so hatte Gustav Stresemann schon im Sommer 1929 gewarnt, „eine Kolonie derjenigen zu werden, die glücklicher gewesen sind als wir". In der Tat: Die alte Welt sah sich mit der sowjetischen Verheißung konfrontiert, die Menschheit über den Kampf der Klassen ins Paradies zu führen; in dieser Perspektive waren Menschenglück und Sowjetexpansion deckungsgleich. Und sie hatte sich mit dem amerikanischen Traum auseinanderzusetzen, die Menschheit über den Wettbewerb der Märkte ihr Glück finden zu lassen: „Wenn der Krieg vorbei ist", hatte Präsident Wilson im April 1917 erklärt, „können wir sie [die Europäer K. H.] zwingen, sich unserer Denkungsweise anzuschließen, denn bis dahin werden sie nicht nur in finanzieller Hinsicht von uns abhängig sein".

Von zwei Seiten also wurde die alte Welt in ihrer Existenz, in ihrem Kern, in ihrem Wesen angegriffen. Eine „grande peur" griff als verständliche Folge um sich, aus der Adolf Hitler, selbst von abgrundtiefer Existenzangst getrieben, seine perversen Schlüsse zog und das erforderliche Kapital schlug. Europas Angst vor den sowjetischen und amerikanischen Modernisierungsoffensiven erklärt nicht zuletzt, warum Hitler über eine so lange Zeit hinweg frevelhaft handeln konnte, bis im Zweiten Weltkrieg unverkennbar wurde, was der neue „Attila" eigentlich wollte. Gegen die große Koalition aus Ost und West, gegen die kulturellen Attacken von Seiten der Mächte, die sich im Zeichen der Klasse und des Marktes die Welt zu erlösen anschickten, setzte er sich mit seiner ahistorischen Vision der Rassenherrschaft zur Wehr. Mit „Waffenkrieg" und „Rassenkrieg" wollte er den modernen Herausforderungen der Zeit ein für alle Mal entkommen. Ein biologischer Finalzustand sollte an das Ende der Geschichte führen – nicht durch den Kampf der Klassen oder der Märkte, sondern durch den der Rassen.

Die eigene Angst trieb den Diktator, die Angst der Deutschen trug ihn, die Angst Europas förderte ihn – so lange jedenfalls, bis klar wurde, was seine radikale Antwort auf die Herausforderungen der Sowjets und Amerikaner bedeutete. Bis dahin aber instrumentalisierte Hitler die allgemeinen Verhältnisse der Zwischenkriegsära für seine spezifischen Zwecke: „Der Schlüssel zum Weltmarkt", hatte er auf einer Veranstaltung seiner Partei am 17. April 1929 verkündet, als er die mehr als 2000 Teilnehmer mit seiner Warnung vor der „steigenden kapitalistischen Industrieinvasion aus Amerika" einschüchterte – „der Schlüssel zum Weltmarkt hat die Gestalt des Schwertes". Mit anderen Worten: Kampf und Krieg beschrieben Mittel und Zweck der hybriden Existenz des neuen Diktators.

Um sein außenpolitisches „Programm" zu verwirklichen, strebte er nach einem Bündnis mit Großbritannien, das er für die zentrale Phase der in erster Linie gegen die Sowjetunion gerichteten kontinentalen Eroberungspolitik als Eckpfeiler seiner Bündniskonstellation ansah und zäh zu erreichen suchte. Aus ideologischen und machtpolitischen Überlegungen, wie er sie anstellte, schien ihm England der geeignete Partner für seine zukünftige Außenpolitik und Kriegführung zu sein. Angesichts der Tatsache, dass Großbritanniens imperiale Stellung in wirtschaftlicher, militärpolitischer und ideologischer Hinsicht durch die Flügelmächte der Staatenwelt, die USA und die UdSSR bedroht wurde, glaubte Hitler fest daran, England werde seine überlieferte europäische Gleichgewichtspolitik aufgeben, einer von ihm vorgeschlagenen Teilung der gegenseitigen Einflusssphären zustimmen und in das Bündnis mit dem nationalsozialistischen Deutschland einlenken. Das Deutsche Reich sollte dabei „freie Hand" im Osten Europas erhalten, während England sich, durch Flotten- und Kolonialforderungen wilhelminischer Art von Seiten Deutschlands unbehelligt, seinem Weltreich zuwenden könnte. Der Gedanke, mit England zusammenzugehen, übertraf die gleichfalls vorgesehene Annäherung an Mussolinis Italien stets an Bedeutung.

Die Idee des englischen Bündnisses trug Hitler bereits vor der „Machtergreifung" Besuchern aus Großbritannien immer wieder vor und suchte sie nach dem 30. Januar 1933 durch diplomatische, zu

Anfang vor allem aber auch durch recht unorthodox erscheinende Initiativen einiger seiner engeren Mitarbeiter zu verwirklichen. Wenn auch die entsprechenden Englandmissionen dieser inoffiziellen Gesandten Joachim von Ribbentrop und Alfred Rosenberg erst einmal fehlschlugen, so sah er doch in der britischen Außenpolitik, die verständnisvoll Deutschlands Revisionsforderungen als berechtigt anerkannte, scheinbar Anzeichen dafür, dass sein Grundplan aufgehen könne.

Dass Motive und Ziele der britischen Appeasementpolitik sich von Hitlers Bündnisvorhaben grundsätzlich verschieden ausnahmen, wollte er jedoch auch nach dem Besuch des britischen Außenministers Simon am 25./26. März 1935 in Berlin immer noch nicht wahrhaben. Während Hitler darauf spekulierte, England durch ein bilaterales Abkommen an seine Seite zu ziehen, um Krieg gegen die Sowjetunion führen zu können, planten die Briten, Deutschland durch die entgegenkommende Behandlung revisionistischer Forderungen zu multilateralen Vereinbarungen zu bewegen, mit völkerrechtlich verbindlichen Abmachungen festzulegen und auf diesem Weg Europas Frieden zu sichern.

Doch im Vertrauen auf das Einlenken der Briten trieb Hitler erst einmal die für seine Zukunftspläne wichtige Aufrüstung voran, indem er nicht zuletzt auf Drängen seiner konservativen Regierungspartner die Abrüstungskonferenz am 14. Oktober 1933 verließ und gleichzeitig den Austritt aus dem Völkerbund ankündigte, so dass das Reich von den der Aufrüstung angelegten Fesseln befreit wurde. Diese streifte der Diktator dann endgültig ab, als er am 16. März 1935 die militärischen Bestimmungen des Versailler Vertrages beiseite schob und die allgemeine Wehrpflicht in Deutschland wieder einführte.

Während der Anfangsphase der nationalsozialistischen Außenpolitik war Hitler im Zusammenwirken mit den konservativen Repräsentanten seiner Regierung zunächst bestrebt, zwei Ziele zu verfolgen, nämlich auf der einen Seite der drohenden Isolierung des Deutschen Reiches zu entgehen und seinem Konzept der zwanziger Jahre gemäß Bündnispartner zu finden und auf der anderen Seite die seit dem japanischen Ausgriff auf das chinesische Festland im Jahre 1931 die Staatenwelt erschütternden Bewegungen zu forcieren und für seine Ziele auszunützen. Wie er es in „Mein Kampf" entworfen hatte, versuchte er nunmehr, sich Italien zu nähern, was ihm vorläufig jedoch nicht gelang. Denn Mussolini neigte eher dazu, mit den Westmächten zusammenzugehen und zwischen den Status quo-Mächten und dem Reich das „Zünglein an der Waage" im europäischen Mächtegleichgewicht zu spielen.

Anders als Hitler es in „Mein Kampf" vorgesehen hatte, wo er Frankreichs Niederwerfung als Voraussetzung für die Eroberung des „Lebensraumes" im Osten angesehen hatte, begann er nun damit, sich neben seinem Werben um Großbritannien auch um ein gutes Einvernehmen mit Frankreich zu bemühen. Wenn der Wille zu einer begrenzten Zusammenarbeit mit Paris auch niemals den bündnispolitischen Stellenwert seiner Werbungen um Großbritannien besaß, dem für die Verwirklichung seines „Programms" zentrale Bedeutung zukam, erschien ihm ein Zusammengehen mit Frankreich doch aus verschiedenen Motiven heraus willkommen und opportun. Zum einen minderte es die für das „Dritte Reich" bestehenden Gefahren in jener „Risikozone", von der Hitler am 3. Februar 1933 sprach, als er darauf hinwies, dass die Zeit der Aufrüstung insofern gefährlich sei, als in ihr Frankreich mit seinen ostmitteleuropäischen Satelliten über das Reich herfallen könne. Zum anderen schwächte er durch seine Angebote zu friedlicher Zusammenarbeit den französischen Wehr- und Widerstandswillen und verstärkte die in den westlichen Staaten ohnehin stark ausgeprägte Neigung zum Pazifismus.

Letztlich dürfte er wohl die Macht Frankreichs zu Anfang der dreißiger Jahre nicht mehr so hoch eingeschätzt haben, wie er dies noch in den zwanziger Jahren getan hatte. Damals hielt er es für unumgänglich, zuerst Frankreich zu besiegen, um sich den Rücken für den Krieg gegen die Sowjetunion freizukämpfen. Nunmehr scheint er angesichts der innenpolitischen Krisen, die das Land mit Regelmäßigkeit plagten, davon ausgegangen zu sein, dass er – im Einvernehmen mit England – ohne einen Krieg gegen Frankreich, sondern vielmehr nach einer entsprechenden Vereinbarung mit Paris Russland angreifen könne. Sodann aber würde er als Herr über Osteuropa so mächtig sein, dass die anderen Staaten Kontinentaleuropas die Hegemonie des Reiches anzuerkennen hatten. Innerhalb seiner programmatischen außenpolitischen Vorstellungen, die im Hinblick auf den „Lebensraum"-Krieg im Osten, das rassische Dogma, die Errichtung eines Kontinentalimperiums und eines sich später anschließenden Aufbaus einer Weltmachtstellung feststanden, entwickelte Hitler eine hohe Flexibilität des Vorgehens. In diesem Sinne wurde von Seiten des Reiches der am 24. Juni 1931 von der Regierung Brüning verlängerte Berliner Vertrag vom 24. April 1926 mit der Sowjetunion am 5. Mai 1933 ratifiziert und das Konkordat mit dem Vatikan am 20. Juli 1933 abgeschlossen. Weltanschaulich einander so entgegengesetzte und zum Nationalsozialismus konträre Vertragspartner arbeiteten also mit dem „Dritten Reich" politisch zusammen.

Die außenpolitische Zielsetzung seines Regimes aber wurde schon deutlich erkennbar, als Hitler Anfang des Jahres 1934 einen diplomatischen und politischen Schachzug vollführte, der ihn vor der drohenden Isolierung durch die europäischen Mächte bewahrte, das Risiko der zu durchmessenden außenpolitischen Gefahrenzone minderte und den Blick auf seine neue Ostpolitik freigab. Am 26. Januar 1934 schloss er mit dem Polen des autoritär regierenden Marschall Pilsudski einen Nichtangriffspakt ab, der sensationell wirkte, da Hitler mit ihm das „Einmaleins" deutscher Ostpolitik umgekehrt hatte. Denn es war – grob gesagt – bis dahin die Linie der Weimarer Kabinette und des Auswärtigen Amts gewesen, zusammen mit der Sowjetunion antipolnische Politik zu betreiben. Nunmehr wechselte Hitler die Partner und drehte die Stoßrichtung der deutschen Ostpolitik radikal um.

Der Pakt mit Pilsudski half ihm, die französische Umklammerung des Reiches zu durchbrechen und koordinierte Übergriffe Frankreichs zusammen mit seinem ostmitteleuropäischen Ententepartner Polen unmöglich zu machen. Hitlers Entscheidung rief bei den Konservativen Kopfschütteln und Kritik hervor, da sie Polen nach wie vor als Gegner deutscher Ansprüche an der Ostgrenze des Reiches einschätzten. Der Diktator aber leitete damit bereits vergleichsweise deutlich sichtbar seine gegen Russland gerichtete, weltanschaulich motivierte Expansionspolitik ein. Einen großen außenpolitischen Erfolg, dessen innenpolitisch das Regime stabilisierende Wirkungen auf der Hand lagen, erzielte Hitler am 13. Januar 1935, als sich 91 Prozent der abstimmenden Saarländer für die Rückkehr ihrer Heimat in das Reich aussprachen. Gleichzeitig ging sein Bestreben in verstärktem Maße dahin, nach ersten Fehlschlägen und Erfahrungen mit England zu einem Übereinkommen mit den Briten zu gelangen. Schon im November 1934 hatte er gegenüber dem britischen Botschafter in Berlin, Sir Eric Phipps, verlauten lassen, dass das Deutsche Reich England im Hinblick auf eine freiwillig akzeptierte Beschränkung seiner Flottenrüstung entgegenzukommen bereit sei. Großbritannien nahm dieses Angebot auf. Es erschien den Briten im nationalen Interesse günstig zu sein, da es die Gefahr eines erneuten Wettrüstens zur See, die für die internationale Situation vor dem Ersten Weltkrieg so charakteristisch und ruinös gewesen war, vermeiden konnte. In diesem speziellen Fall gelang es Hitler tatsächlich, Großbritannien vom Prinzip multilateraler Vereinbarungen abzubringen und ein bilaterales Abkommen mit England zu schließen.

Darin verpflichtete sich das Deutsche Reich im wesentlichen darauf, nur bis zu 35 Prozent des Bestandes der britischen Seestreitkräfte aufzurüsten und in Bezug auf die U-Boot-Stärken vorerst ein Verhältnis von 45 Prozent zu akzeptieren. Englands Vorteile lagen angesichts der globalen Überforderung des Landes auf der Hand. Ja, es bemühte sich bereits seit 1934 darum, ein ähnliches Abkommen für die Aufrüstung der Luftwaffen beider Nationen zu erreichen – ein Vorschlag, auf den Hitler bezeichnenderweise nie ernsthaft einging. Während der Vertrag vom 18. Juni 1935 die Briten über die getroffenen Abmachungen im engeren Sinne hinaus zu nichts verpflichtete, glaubten Hitler und sein Sonderbevollmächtigter von Ribbentrop, trotz aller Rückschläge im einzelnen, dass man auch zu jenem großen Interessenausgleich in weiterem Sinne kommen werde, der Hitler stets vorschwebte.

Es schien zuweilen so, als habe Hitlers außenpolitisches „Programm" Chancen verwirklicht zu werden, da es weder auf konservativer Seite in Deutschland noch bei den verantwortlichen Staatsmännern im Ausland in seinen weitreichenden Zielsetzungen erkannt wurde, in vielem auch nicht erkannt werden konnte. Zwar wurden die innenpolitischen Auswüchse des „Dritten Reiches" im westlichen Ausland mit Abscheu betrachtet, und auf die Wiedereinführung der allgemeinen Wehrpflicht in Deutschland am 16. März 1935 reagierten die Westmächte, wenn letztlich auch wirkungslos, mit der Bildung der so genannten „Stresafront" im April 1935 (Konferenz der Regierungschefs von Großbritannien, Frankreich und Italien in Stresa vom 11. bis 14. April 1935), die das deutsche Vorgehen in dieser Frage verurteilte und sich gegen die einseitige Aufkündigung von Verträgen wandte. Doch die auswärtigen Mächte wurden immer wieder dadurch beruhigt, dass alle Schritte des neuen Regimes von den Friedensbeteuerungen des Diktators und seiner Diplomatie begleitet waren.

Ohne es zu wollen, verhalfen die konservativen Repräsentanten des Auswärtigen Amts Hitlers „Strategie grandioser Selbstverharmlosung" (H.-A. Jacobsen) zum Erfolg. Dass die rassistischen Exzesse in der Innenpolitik des Regimes sozusagen schon auf die andere, die ideologische Seite nationalsozialistischer Außenpolitik verwiesen und den Blick auf das Bewegungsgesetz der Diktatur Hitlers freigaben, wurde noch kaum irgendeinem Beobachter so recht klar, der die verwirrende Szene deutscher Außenpolitik damals betrachtete. Denn neben Hitler und dem Auswärtigen Amt betrieben die „Dienststelle Ribbentrop" und das „Amt Rosenberg" sowie bald auch Dienststellen der SS und das Propagandaministerium quasi ihre eigene Außenpolitik. Diese Aktivitäten liefen ohne Zweifel oftmals durcheinander, entwickelten eine teilweise recht ungezügelte Beschleunigung und provozierten Begebenheiten, die etwa im nationalsozialistischen Putsch in Wien vom 25. Juli 1934 ihren Ausdruck fanden und die Hitler zu diesem Zeitpunkt wohl noch nicht erwünscht waren. Mag die vom nationalsozialistischen Ämterchaos im außenpolitischen Bereich freigesetzte Dynamik den Diktator manchmal auch fortgerissen haben, im Prinzip mündete sie immer wieder in die von ihm gesteuerte Richtung der „großen Politik".

Resümee

Aus der Darstellung der Geschichte des „Dritten Reiches" während der Jahre 1933–1935 ergeben sich folgende Resultate und Schlussfolgerungen:

Hitlers Ernennung zum Reichskanzler am 30. Januar 1933 markierte das Ende der Weimarer Republik und leitete eine neue Periode der deutschen Geschichte ein. Dass sie darüber hinaus den Auftakt zum Untergang des 1871 gegründeten preußisch-deutschen Nationalstaates legte, war damals nur wenigen Zeitgenossen so klar wie uns heute. Wohl keiner der Miterlebenden hatte das katastrophale Ende des Deutschen Reiches vor Augen, als die nationalsozialistische Führung der neuen Regierung der „nationalen Konzentration" im Zuge einer gleitenden, scheinbar legal ablaufenden Revolution, unter Verwendung der in erster Linie antimarxistisch verstandenen Einigungsparole von der „nationalen Erhebung" des deutschen Volkes und auf dem Wege der „Gleichschaltung" des politischen, gesellschaftlichen und öffentlichen Lebens im Deutschen Reich daran ging, nach und nach alle Macht zu erobern, Deutschland tiefgreifend umzugestalten und diese alle Bereiche einbeziehende „Machtergreifung" im großen und ganzen mit erstaunlicher Schnelligkeit vollendete.

In den Begriffen „Gleichschaltung" und „Machtergreifung", die uns heute durchweg negativ und abstoßend vorkommen, und die zeitgenössisch doch so weitgehend positiven und gewinnenden Klang besaßen, fand der Macht- und Monopolanspruch der NSDAP und ihres „Führers" Adolf Hitler seinen Ausdruck. Unmittelbar im Anschluss an den Regierungswechsel vom 30. Januar 1933 setzte ein Prozess zur Durchsetzung dieser Zielvorstellungen ein. In vergleichsweise kurzer Zeit unterwarf er das Deutsche Reich dem Willen seiner neuen Herren. In seinem Verlauf wurden missliebige Persönlichkeiten des alten Staates entweder durch terroristische Mittel aus ihren Positionen vertrieben, oder die nationalsozialistischen Machthaber machten sich diese traditionellen Kräfte verfügbar. Der Vorgang der „Machtergreifung" war im Prinzip schon am 2. August 1934 abgeschlossen, als Hitler nach Hindenburgs Tod neben dem Amt des Kanzlers auch das des Reichspräsidenten übernahm.

Zumindest vorläufig konnten sich aber, von den Kirchen einmal abgesehen, noch zwei große und wesentliche gesellschaftliche und politische Kräfte, die Wirtschaft und das Militär, dem im Grundsatz totalitären Machtanspruch der Regierung entziehen, ehe auch sie 1936 bzw. 1938 das Diktat der nationalsozialistischen Partei und des „Führerstaates" stärker zu spüren bekamen. Solange allerdings die unübersehbare Teilidentität der Interessen zwischen den Belangen der Wirtschaft und des Militärs einerseits und den Zielen Hitlers andererseits die erst später klarer zutage tretenden Gegensätze verdeckte, vermochte sich die wirtschaftliche wie die militärische Elite eine vergleichsweise hohe Selbständigkeit zu bewahren. Das Regime hatte mit ihnen als Machtfaktoren nach wie vor zu rechnen und respektierte sie in gewissem Maße bis auf weiteres, um mit ihnen zusammenarbeiten zu können.

Der im August 1934 im wesentlichen abgeschlossene Prozess der „Machtergreifung" und „Gleichschaltung" fand danach allerdings in zweifacher Weise seine charakteristische Fortsetzung: Zum einen war das Regime grundsätzlich weiter darum bemüht, bislang mehr oder minder unbehelligt fortbestehende Bereiche, Institutionen, Verbände und Vereine in Staat und Gesellschaft zu erfassen und sich willfährig zu machen. Zum anderen schritt der unmittelbar 1933 eingeleitete Vorgang beständig voran, das gesamte Land mit nationalsozialistischen Organisationen zu überziehen, die nicht zuletzt in Konkurrenz zu bestehenden Einrichtungen des Staates traten. Trotz propagandistischer Beteuerungen von der Geschlossenheit des „Dritten Reiches" ließen sie den Dualismus zwischen Partei und Staat zum Kennzeichen nationalsozialistischer Herrschaft werden und dienten dem weltanschaulichen Führungsanspruch der Partei im neuen Staat.

Das Spezifische der „legalen Revolution" Hitlers lag allerdings nicht allein darin, dass vorhandene Bürokratien durchdrungen, umorientiert und benutzt wurden, allerdings dabei auch noch für geraume Zeit Freiräume bargen, die zumindest in begrenztem Maße Gelegenheit für eigenständige, sich dem Regime entziehende und verweigernde Aktivitäten beließen. Charakteristisch für den am 14. Juli 1933 proklamierten „Einparteistaat", in dem das Ämterchaos die Grundlage und das Mittel des stets in maßgeblichen Fragen dominierenden „Führerwillens" bildete, war vielmehr die Tatsache, dass sich das Revolutionäre der „Machtergreifung" im Gewande der Tradition vollzog. Das Nebeneinander von überkommenen und neuen Elementen, von Überlieferung und Revolution, von Legalität und Terror kennzeichnete die „nationale Erhebung" der Nationalsozialisten.

In diesem Sinne wurden „Machtergreifung" und „Gleichschaltung" „1. durch die Nutzung legaler Mittel, 2. durch ständiges Ausweiten der legalen Möglichkeiten, 3. durch Schaffung neuer Instanzen und 4. durch organisierte und durch spontane Aktionen von unten, von der Straße her unter Anleitung nationalsozialistischer Führer" (G. Schulz) langfristig entworfen und improvisiert verwirklicht. Insofern handelte es sich bei Hitlers „Machtergreifung" um einen tiefgreifenden, in seinen politischen, sozialen und wirtschaftlichen Auswirkungen teilweise erst Jahre später erkennbar werdenden Vorgang der innen- und außenpolitischen Umgestaltung eines Verfassungs- und Rechtsstaates zu einem totalitären „Doppelstaat". Er bewahrte die Werkzeuge des hergebrachten „Normenstaates" so weit, wie sie ihm für die Erreichung seiner nicht zuletzt weltanschaulich entworfenen Ziele dienlich und als Maske willkommen waren. Dahinter aber verbarg sich die andere, für die Geschichte des „Dritten Reiches" bestimmende Seite des terroristischen „Maßnahmestaates" und blieb doch genügend deutlich erkennbar, um stets drohend gegenwärtig zu sein.

Alles in allem handelte es sich bei der nationalsozialistischen „Machtergreifung" um einen jener „revolutionäre[n] Vorgänge des 20. Jahrhunderts, die bewusst und betont mit neuartigen Mitteln des Terrors, der Massensuggestion und -kommunikation, der Kontrolle und des Zwanges arbeiteten" (K.D. Bracher). Dass es sich bei dem, was sich seit dem 30. Januar 1933 in Deutschland vollzog, ungeachtet der traditionellen Verhältnisse, welche die Existenz und Entwicklung des „Dritten Reiches" begleiteten, im Kern tatsächlich um eine Revolution, die nationalsozialistische Revolution, gehandelt hat, war über den entsprechenden Eigenanspruch der „braunen Bewegung" hinaus bereits den zeitgenössischen Betrachtern klar, welche die sich überschlagenden Ereignisse distanziert beurteilten: „Ich gehörte zu jenen", schreibt etwa Raymond Aron im Rückblick auf seine Zeitzeugenschaft im Berlin des Jahres 1933, „die die These der Revolution ... vertraten. Ein plötzlicher, von mehr oder weniger Gewalt begleiteter Wandel, die Ersetzung einer politischen Klasse, einer Ideologie, einer Form des Regierens durch eine andere wird Revolution genannt. Von März 1933 und besonders von Juni 1934 an vollzog der an der Macht befindliche

Nationalsozialismus eine Revolution, und sicherlich keine Restauration" (R. Aron). Vor diesem Hintergrund versprach die Parole von der „nationalen Erhebung" der Bevölkerung und ihren Führungsschichten Befreiung von jener Friedensordnung von Versailles, die allgemein als außenpolitische Schmach und Demütigung empfunden wurde. Und der Tatbestand einer sich scheinbar legal vollziehenden Revolution vermied es, gerade einem damals den Werten von Ordnung und Gesetz so anhängenden Volk wie dem deutschen als Rechtsbruch verdächtig zu werden. Dadurch, dass Recht im Namen des Gesetzes gebrochen wurde, erhielt die „Machtergreifung" den Verwirrung stiftenden und Vertrauen heischenden Schein der Legalität, hinter dem Hitlers totalitäre Diktatur errichtet wurde. Als es darum ging, den parlamentarischen Verfassungsstaat zu überwinden, bestand das Rezept des nationalsozialistischen Erfolges darin, mit dem Terror zu drohen und ihn auch tatsächlich dort einzusetzen, wo die bis zum äußersten ausgedehnten Mittel der Legalität nicht mehr ausreichten. Ebenso entscheidend aber wurde auch die unverkennbare Sehnsucht vieler Deutscher nach Erlösung vom Vergangenen, die sich im ersten Halbjahr 1933 zu einer mächtigen, Hitlers „Bewegung" weit in die Zukunft hinein tragenden Stimmungswoge auftürmte.

Dass in diesem Zusammenhang die weitgehend antiparlamentarische Orientierung der deutschen Eliten den Vorgang der „Machtergreifung" erleichterte, begünstigte und förderte, liegt ebenso auf der Hand, wie ein nicht zuletzt auch von der weltwirtschaftlichen Entwicklung mitgetragener Aufschwung der Volkswirtschaft der nationalsozialistischen Politik in der Anfangsphase des „Dritten Reiches" zugute kam. Die Tatsache, dass dabei eine wirtschaftliche Konjunktur entfacht wurde, die, wie sich in der zweiten Hälfte der dreißiger Jahre zeigte, in hohem Maße von der Rüstungswirtschaft mit ihren verhängnisvollen Begünstigungen der Kriegspolitik Hitlers abhängig war, wollten diejenigen, die sie nach der „Machtergreifung" in Gang setzten und souverän zu steuern glaubten, lange Zeit nicht sehen. Und dass der Zustand der trügerischen Ruhe, der in Deutschland einkehrte, damit erkauft wurde, dass der terroristische Ausnahmezustand an die Stelle des bürgerlichen Rechtsstaates trat, haben viele der konservativen Förderer und Partner Hitlers, die ihm zur Macht verhalfen und danach mit ihm zusammenarbeiteten, später mit dem Tode bezahlen müssen.

Noch bestanden indes die nicht zu übersehenden konservativen Bastionen im „Führerstaat" Hitlers, der mit der Aktion des so genannten „Judenboykotts" am 1. April 1933, dem Erlass des Gesetzes „zur Verhütung erbkranken Nachwuchses" am 14. Juli 1933 und der so genannten „Nürnberger Gesetze" am 15. September 1935 schon weit über die Gegenwart hinausweisend seine rassistische Zielsetzung als Triebkraft und Bewegungsgesetz des „Dritten Reiches" zu erkennen gab. Während Vertreter der alten Führungsschichten noch davon ausgingen, Hitler und seine „Bewegung" in sozialkonservativem Sinne zur Bewahrung der überlieferten Ordnung benutzen zu können, hatten er und seine Partei den Spieß bereits umgedreht und bedienten sich der traditionellen Eliten, ihres Sachverstandes und ihres Einflusses, so lange, wie sie ihnen nützlich sein konnten und wie man auf sie angewiesen war. Charakteristisch für die Anfangsphase der Geschichte des „Dritten Reiches" war eine sich aus unübersehbarer Interessenidentität ergebende Kooperation zwischen Nationalsozialisten und Konservativen, deren Zusammengehen letztlich das Schicksal der von beiden Partnern abgelehnten Weimarer Demokratie besiegelt hatte.

Neben allgemeinen Voraussetzungen der deutschen politischen Kultur und den planenden Absichten Hitlers kamen den Nationalsozialisten in den stürmischen Monaten der „Machtergreifung" und „Gleichschaltung" ohne Zweifel auch unvorhergesehene Situationen und historische Zufälle zu Hilfe. Sie wurden von der auf die Eroberung der Macht gerichteten Partei zwar improvisiert, aber doch gezielt genutzt. Mit der festen, wenn auch inhaltlich kaum klar umrissenen Absicht vor Augen, Deutschland grundsätzlich umzugestalten, der Partei und ihrem „Führer" im Inneren das unbestrittene Machtmonopol zu verschaffen und in außenpolitischer Hinsicht den internationalen Status quo weit über die revisionistischen Zielsetzungen des Weimarer Staates und des konservativen Deutschland hinaus zu revolutionieren, um endlich – in weiter Ferne – unter innen- und außenpolitischem Gesichtspunkt das utopische Ziel einer Rassendiktatur in globalem Maßstab zu verwirklichen, wurde aus sich jeweils ergebenden Gelegenheiten Kapital geschlagen und mit diabolischer Meisterschaft das Zufällige mit dem Beabsichtigten vereinbart.

Die Vorbereitung des Krieges (1936–1939)

Deutsche Außenpolitik zwischen Revision und Expansion

Vier weltpolitisch wirksame Faktoren trugen während der dreißiger Jahre in entscheidendem Maße dazu bei, dass Hitler seine revisionistisch erscheinende Expansionspolitik eine geraume Zeitlang, zweifellos erfolgreich und vergleichsweise ungestört, verfolgen konnte:

1. Die Aufmerksamkeit der Mächte, insbesondere Großbritanniens und der Vereinigten Staaten von Amerika, wurde immer wieder auf die ostasiatische Dauerkrise gelenkt. Sie war im September 1931 durch Japans kriegerisches Vorgehen gegen China in der Mandschurei zum Ausbruch gekommen und steigerte sich durch den japanischen Überfall auf Luk'ou-tchio vom 7. Juli 1937 zur bewaffneten Auseinandersetzung zwischen Japan und China.

2. Der Mittelmeerraum war durch den Krieg Italiens gegen Abessinien (Oktober 1935 – Juli 1936) und durch den Spanischen Bürgerkrieg (Juli 1936 – März 1939), der alle Großmächte Europas ebenso wie die UdSSR und die USA mehr oder minder intensiv einbezog, zumindest aber in ihrer Aufmerksamkeit beschäftigte, zu einem weltpolitischen Krisenzentrum geworden: Neben dem ostasiatischen und dem kontinentaleuropäischen Schauplatz war es vor allem für die Wahrung der britischen Weltmachtinteressen maßgebend und beanspruchte Englands Engagement durchgehend.

3. In den dreißiger Jahren erwies sich zunehmend mehr, wie problematisch und „künstlich" (R. Aron) sich das Pariser Friedenswerk (1919/20) ausnahm, da es zu viele Konflikte „zwischen etablierten Siegern, zu kurz gekommenen Siegern und Besiegten" (A. Hillgruber) ungelöst gelassen bzw. geschaffen hatte.

4. Der britisch-sowjetische Weltgegensatz, der sich in Ostasien, im Mittelmeerraum und in Kontinentaleuropa auswirkte, begünstigte die revisionistische und expansionistische Politik des deutschen Diktators. Im Grunde konnte er erst im Jahre 1941 notdürftig überbrückt und vorläufig vertagt werden, als sich Hitlers kriegerische Herausforderung gleichzeitig gegen Großbritannien und die Sowjetunion richtete und

die ideologischen sowie machtpolitischen Rivalen der Staatenwelt in eine Partnerschaft zwang.

Unter Ausnutzung und im Windschatten dieser Spannungen, Krisen und Kriege verfolgte das „Dritte Reich" in den Jahren von 1936 bis 1939, zielstrebig und elastisch zugleich, die programmatische Politik seines Diktators. Um sie zu verwirklichen, bemühte es sich in erster Linie darum, Großbritannien und angesichts des englischen Zögerns mehr und mehr auch Italien und Japan für seine Strategie zu gewinnen, die bevorzugt gegen die Sowjetunion zielte.

Dabei unternahm Hitler nach der ersten (1933–1935) erfolglos verlaufenen Phase des Werbens um Großbritannien zwischen 1935 und 1937 den Versuch, England auch durch Drohungen gefügig zu machen, indem er beispielsweise am 7. März 1936 zum ersten Mal offiziell für das Deutsche Reich koloniale Revision verlangte. Als mögliches Sanktionsmittel sollte diese Forderung Großbritannien zum Einlenken in Hitlers Bündnisplan bewegen, während sie als Fernziel der Politik des „Dritten Reiches" erst nach der Verwirklichung der kontinentaleuropäischen Eroberungen Aktualität gewinnen sollte. Vom Jahresende 1937 an steuerte Hitler gegenüber Großbritannien einen ambivalenten Kurs, den er in gewisser Hinsicht sogar noch nach dem 3. September 1939 weiter verfolgte.

Einerseits arbeitete der Diktator nach wie vor auf die Ideallösung eines Bündnisses mit England hin, andererseits gewöhnte er sich nicht zuletzt auch unter dem Einfluss seines außenpolitischen Beraters von Ribbentrop mehr und mehr an den Gedanken, seine politischen Ziele möglicherweise an England vorbei bzw. sogar gegen Großbritannien durchsetzen zu müssen. Im Zuge seines Planes, zwischen der See- und Kolonialmacht England und der Land- und Hegemonialmacht Deutschland machtpolitische Interessensphären aufzuteilen, erachtete Hitler es als selbstverständlich, dass Großbritannien sich seiner Forderung nach Revision des Versailler Vertrages und seinen mittel- sowie osteuropäischen Expansionsvorhaben nicht entgegenstellen werde. Sein Bemühen um Englands Freundschaft, das im Zentrum seiner Bündnispolitik stand, konnte Hitlers Selbstverständnis gemäß nicht damit erkauft werden, dass er im kontinental- und osteuropäischen Bereich stillhielt. In diesem Sinne bewertete er jeden Schritt, den er nunmehr in der aktiven Phase seiner Außenpolitik unternahm, als einen Test auf Englands Haltung gegenüber seinen außenpolitischen Plänen, über deren Endziele die Briten lange Zeit im dunkeln tappten.

Schon anlässlich seines Besuches am 25./26. März 1935 in Berlin hatte Außenminister Simon erkennen lassen, dass Großbritannien in Mittel- und Ostmitteleuropa den deutschen Forderungen entgegenzukommen bereit sein würde. Als Mussolini dann am 6. Januar 1936 dem deutschen Botschafter in Rom, Ulrich von Hassell, erklärte, Italien habe nichts dagegen einzuwenden, dass Österreich ein „Satellit" des Reiches werde, war eine Entwicklungslinie internationaler Politik vorgezeichnet. Zwar kam es aufgrund des deutsch-österreichischen Abkommens über die Wiederherstellung freundschaftlicher Beziehungen vom 11. Juli 1936 scheinbar zu einer diplomatischen Normalisierung zwischen Wien und Berlin. Doch das, was zwischen den ungleichen Partnern nunmehr geregelt wurde, stellte nach dem entlarvenden Urteil von Joseph Goebbels nur „die Voraussetzung für einen 30. Jänner 1933 in Österreich" dar. Denn es ist gar nicht zu übersehen, dass sich die österreichische Regierung im öffentlichen Teil des „Juli-Abkommens" dazu verpflichtete, in ihrer Politik der Tatsache Rechnung zu tragen, „dass Österreich sich als deutscher Staat bekennt". Und im vertraulichen Teil der Abmachungen hatte sie zudem zu versprechen, ihre Außenpolitik „unter Bedachtnahme auf die friedlichen Bestrebungen der Außenpolitik der deutschen Reichsregierung zu führen". Mit dem „Anschluss" Österreichs an das Deutsche Reich im März 1938 fand diese Politik ihren Endpunkt. Die Konzession Mussolinis war nicht zuletzt auch das Resultat eines von Hitler raffiniert betriebenen Doppelspiels, mit dem er im Abessinienkrieg agierte. Einerseits bestärkte er den „Duce" in seinem militärischen Vorgehen gegen Äthiopien und lieferte andererseits dem abessinischen Negus für seinen Kampf gegen die Italiener heimlich Waffen. Auf diesem Weg gedachte Hitler, den afrikanischen Konflikt möglichst zu verlängern, das Interesse der beiden Westmächte auf den mittelmeerisch-afrikanischen Bereich zu lenken, Mussolinis nicht zuletzt wehrwirtschaftlich bedingte Abhängigkeit vom „Dritten Reich" zu vergrößern und Rom dadurch an die Seite Berlins zu ziehen.

Kaum nennenswerten Widerstand leisteten die Briten, als Hitler im Schatten des abessinischen Krieges in einem Überraschungscoup am 7. März 1936 die entmilitarisierte Zone des Rheinlandes wiederbesetzen ließ, da dieser Schritt die Interessen der englischen Weltmacht kaum wesentlich zu berühren schien. Nachdrücklich wurde der Diktator bei diesem Unternehmen von seinen konservativen Regierungspartnern bestärkt, als er die Unterzeichnung des französisch-sowjetischen Beistandspaktes vom 2. Mai 1935 zum Anlass nahm, sich im Westen die für seine Ostpolitik notwendige Rückenfreiheit zu schaffen. Frankreichs Reaktionsvermögen war aus innen- und militärpolitischen Gründen gelähmt, und Großbritannien demonstrierte sein Desinteresse gegenüber einer Aktion der Deutschen, deren gewaltsame Methode es zwar verurteilte, dessen Ziel es jedoch im Grunde billigte. Insgesamt vermochte diese Begebenheit England jedenfalls nicht an dem Versuch zu hindern, mit Hitler doch noch zu einem friedlichen „settlement" zu kommen. Der Diktator aber hatte ein entscheidendes Revisionsziel erreicht, das seine Popularität in der Bevölkerung steigerte.

Wenn die Spitzen der Wehrmacht und des Auswärtigen Amts auch wichtige Rollen im Zusammenhang mit der Rheinlandbesetzung gespielt hatten, so war doch unübersehbar, dass Hitler zunehmend souverän über die Außenpolitik des Reiches bestimmte, deren antisowjetische Ausrichtung gerade im Verlauf des Jahres 1936 immer deutlicher hervortrat. In Gegenwart von Goebbels', von Papens und von Ribbentrops reflektierte er am 8. Juni 1936 auf einen „im Fernen Osten" heraufziehenden Konflikt. In seinem Verlauf werde „Japan ... Russland verdreschen", so dass „dieser Koloss" daraufhin „ins Wanken kommen" werde. „Und dann ist unsere große Stunde da", hielt der Reichspropagandaminister dasjenige fest, worauf Hitler fanatisch hoffte: „Dann müssen wir uns für 100 Jahre an Land eindecken".

Und dementsprechend äußerte der Diktator fünf Tage nach dem Ausbruch des Bürgerkrieges in Spanien gegenüber dem japanischen Militärattaché General Oshima am 22. Juli 1936 in Bayreuth seine programmatisch festliegende Absicht, wonach „der Riesenblock Russland wieder in seine ursprünglichen historischen Teile zerlegt" werden müsse. Im Zusammenhang damit ist auch die im August und September 1936 forcierte Propaganda des nationalsozialistischen Regimes gegen den Weltkommunismus und die Sowjetunion zu sehen. Einerseits war sie Ausdruck der ideologischen Ziele Hitlers, und andererseits sollte sie die Funktion erfüllen, das Deutsche Reich als Garanten einer großangelegten antibolschewistischen Politik in erster Linie für die Westmächte, insbesondere für Großbritannien, und im Falle eines Misserfolgs in dieser Beziehung ersatzweise auch für Japan und Italien als den einzig in Frage kommenden Bündnispartner erscheinen zu lassen.

Das erhoffte Einvernehmen mit Großbritannien stellte sich jedoch vorläufig nicht ein. Daher wählte Hitler mit der von Mussolini in seiner Mailänder Rede am 1. November 1936 proklamierten „Achse Berlin – Rom" und mit dem am 25. November 1936 mit Japan abgeschlossenen „Antikomintern-Pakt" vorläufige Aushilfslösungen, die folgenden

Zielen dienen sollten: Zum einen sahen die Geheimklauseln des Vertrages mit Japan vor, gegenseitig wohlwollende Neutralität zu wahren, falls einer der vertragschließenden Partner in einen Krieg mit der Sowjetunion gerate. Zum anderen gewann die Annäherung an Japan und Italien in Hitlers Gedankenbildung gewissermaßen Ersatzfunktion für den Fall, dass sich England nicht zum Bündnis bewegen lassen werde.

Damit einhergehend erhielt insbesondere die deutsche Japanpolitik in von Ribbentrops Überlegungen jetzt bereits die Bedeutung einer alternativ entworfenen Konzeption zu Hitlers „Programm". Sie war ausgesprochen antienglisch orientiert und spekulierte auf eine kontinentale Machtzusammenballung gegen Großbritannien (und die Vereinigten Staaten von Amerika), die sich von Japan bis Spanien erstrecken sollte. Während Hitlers Politik antisowjetisch und probritisch orientiert war, steuerte von Ribbentrop (ab 1938/39 deutlicher sichtbar als zuvor) längerfristig einen eher auf die Bewahrung der sowjetischen Neutralität gerichteten und antienglisch bestimmten Kurs in der deutschen Außenpolitik. Die Verfolgung dieser Vorstellungen hinderte von Ribbentrop freilich nicht daran, als Botschafter des Deutschen Reiches in London von 1936 bis 1938 ganz im Sinne Hitlers um Verständnis für Deutschlands Ostpolitik zu werben.

Denn diesen Auftrag, ihm endlich das englische Bündnis zu bringen, hatte Hitler von Ribbentrop erteilt, als er ihn im August 1936 zum Nachfolger Leopold von Hoeschs auf den Londoner Botschafterposten berief. Seinen Wunsch nach „freier Hand" im Osten Europas bekräftigte Hitler auch im Gespräch mit dem neu ins Amt gekommenen italienischen Außenminister Graf Ciano, als dieser ihn am 24. Oktober 1936 auf dem Berghof besuchte und als im Verlauf der Unterredung der Mittelmeerraum, der Balkan und der Nahe Osten zum italienischen Einflussgebiet gezählt wurden.

Hitlers antikommunistische und antisowjetische Orientierung zeigte sich erneut deutlich, als er am 25. Juli 1936 dem Hilfeersuchen von General Franco nachkam und sich dazu entschloss, auf Seiten der Rebellen in den Spanischen Bürgerkrieg einzugreifen – ein Schritt, der für den Sieg Francos wesentlich werden sollte. Erst nachdem Hitler sich aus politischen Gründen für diese Intervention entschieden hatte, wurde Spanien das Betätigungsfeld mannigfacher, vornehmlich von Hermann Göring betriebener wirtschaftlicher Aktivitäten, die jedoch für den Entschluss des Diktators sekundär blieben. Maßgeblich für die Entscheidung Hitlers war in erster Linie die politische Überlegung, angesichts der seit dem Juni 1936 in Frankreich amtierenden Volksfrontregierung zu verhindern, dass möglicherweise auch Spanien einen innenpolitischen Weg einschlagen würde, der das Land eher an die Sowjetunion als an das Deutsche Reich heranführen und der Deutschland seiner Rückenfreiheit für den beabsichtigten Schlag gegen die UdSSR berauben könne. „Gelingt es wirklich, ein kommunistisches Spanien zu schaffen", begründete der Diktator seinen Interventionsentschluss, „so ist bei der derzeitigen Lage in Frankreich die Bolschewisierung auch dieses Landes nur eine Frage kurzer Zeit und dann kann Deutschland ‚einpacken'. Eingekeilt zwischen dem gewaltigen Sowjetblock im Osten und einem starken kommunistischen französisch-spanischen Block im Westen könnten wir kaum noch etwas ausrichten, falls es Moskau gefällt, gegen Deutschland vorzugehen".

In ideologischer und machtpolitischer Hinsicht ist die Intervention des „Dritten Reiches" in Spanien daher unter dem programmatischen Gesichtspunkt der gegen die Sowjetunion ausgerichteten Politik Hitlers zu beurteilen. Hinzu kam, dass sich Mussolini mit seinem Eingreifen auf der iberischen Halbinsel in wehrwirtschaftlicher Hinsicht übernahm und sich für Hitler daraus erneut die Chance ergab, das auf deutsche Unterstützung angewiesene Italien stärker an die Seite des Reiches zu ziehen. Mit Interesse wurde in Berlin darüber hinaus Englands Haltung zum Spanischen Bürgerkrieg beobachtet und auch im Hinblick auf diesen Testfall festgestellt, dass Großbritannien vor allen Dingen darauf bedacht war, einen großen Krieg in Europa zu vermeiden und Hitler ebenso wie Mussolini, aber auch Stalin in Spanien gewähren ließ. Im übrigen diente der sich hinziehende spanische Konflikt dazu, die Aufmerksamkeit der europäischen Großmächte zu fesseln und sie möglicherweise sogar militärisch zu beanspruchen. Die deutsche Hilfe für Franco stellt sich mithin als eine Funktion der Außenpolitik Hitlers dar, die gegen die Sowjetunion gerichtet und für die Realisierung der kontinentaleuropäischen „Blitzfeldzüge" Voraussetzungen zu schaffen bestrebt war.

Ihr Ziel wurde auch in jener Denkschrift zum „Vierjahresplan" deutlich, in der Hitler Ende August 1936 forderte: „Die deutsche Armee muss in vier Jahren einsatzfähig, die deutsche Wirtschaft in vier Jahren kriegsfähig sein". Noch glaubte er daran, dass es ihm gelingen werde, Großbritannien für seinen Bündnisplan zu gewinnen – eine Annahme, in der er beispielsweise durch den aus seiner Sicht erfolgreich verlaufenen Besuch des ehemaligen britischen Premierministers Lloyd George am 4. September 1936 auf dem Obersalzberg bestätigt wurde. Allein, bereits im Herbst des Jahres zeigte er sich über das spröde England enttäuscht: „Es will und will nicht", hielt Goebbels die Klage Hitlers fest: „Seine Führung hat keinen Instinkt".

Dass die im Mai 1937 ins Amt gekommene konservative Regierung Großbritanniens unter Neville Chamberlain durch eine systematisch betriebene Politik des „Appeasement" auf friedlichem Weg zu einem „European settlement" kommen wollte, das sich grundsätzlich von Hitlers kriegerischer Methode und expansiven Plänen unterschied, erkannte und verstand er niemals. Klarer wurde ihm jedoch im Verlaufe des Jahres 1937, dass England seinen Vorhaben Schwierigkeiten machte und Frankreich gleichzeitig mehr und mehr in die Abhängigkeit der britischen Politik geriet. Daher schloss Hitler seit Ende des Jahres 1937 nicht mehr länger aus, im Notfall an England vorbei oder „ohne England" handeln zu müssen. Ja, im Hinblick auf die „Ersatzlösung" (A. Hillgruber) des von von Ribbentrop konstruierten „weltpolitischen Dreiecks" Berlin – Rom – Tokio wurde jetzt auch die Möglichkeit erwogen, sogar eine gegen England gerichtete Politik zu verfolgen, wenn der Diktator auch weiterhin durch Interviews, Gespräche und Kontakte darum bemüht war, das Bündnis mit Großbritannien doch noch zu erreichen.

Das Jahr 1937, das zwischen den „Überraschungen" in der Anfangszeit des „Dritten Reiches" und den Krisen während der Zeit unmittelbar vor dem Kriegsausbruch lag, wurde für Hitler in gewissem Maße zu einem „Wendejahr". Zwar hielt er programmatisch an der Idee des „Lebensraum"-Krieges fest, überdachte jedoch unter dem Eindruck der ihn befallenden Zeitnot die bündnispolitischen Voraussetzungen und veränderte sie schließlich notgedrungen.

Insgesamt zeichnete sich damals im Rahmen des internationalen Systems eine den Gang der Weltpolitik beschleunigende Dynamik ab, die für Hitlers revisionistisch aussehende Expansionspolitik vorteilhaft war, und die durchaus nicht allein auf Europa beschränkt blieb. Denn nicht nur der italienische Überfall auf Abessinien und der Spanische Bürgerkrieg hatten die internationale Ordnung erheblich erschüttert. Die Schwäche Frankreichs als europäische Vormacht und kontinentale Garantiemacht der Friedensverträge von 1919/20 war inzwischen auffällig enthüllt worden, der von Paris aus in erster Linie gegen Deutschland in Ostmitteleuropa errichtete Cordon sanitaire" hatte sich nicht zuletzt angesichts des alles überlagernden britisch-sowjetischen Gegensatzes als recht fragwürdiges Abwehrinstrument erwiesen. Und in ebenso unverkennbarem wie entscheidendem Maße war Englands attentistische Haltung gegenüber allen Fragen der internationalen Politik hervorgetreten, die militärische Konsequenzen nach sich ziehen konnten. Darüber hinaus war seit der japanischen Invasion in der Mandschurei vom 18. September 1931 von Ostasien aus der globale Status quo schwerwiegend beeinträchtigt worden, und seit dem 7. Juli 1937 rückte der japanisch-chinesische Kriegsschauplatz durch den Zwischenfall an der Pekinger Marco-Polo-Brücke erneut ins Blickfeld. In kaum zu unterschätzender Weise band er die Aufmerksamkeit Großbritanniens und der Vereinigten Staaten von Amerika.

Im andauernden ostasiatischen Konflikt entschied Hitler – entgegen der traditionellen Linie des Auswärtigen Amts – am 18. Oktober 1937, nicht mehr länger China zu unterstützen und im japanisch-chinesischen Konflikt zu vermitteln, sondern künftig eindeutig zugunsten Japans Stellung zu nehmen. Ebenso wie im Falle des italienischen Beitritts zum „Antikomintern-Pakt" vom 6. November 1937 war dabei neben den Möglichkeiten antisowjetisch orientierter Politik nicht zu übersehen, dass nach Englands Zögern, auf das angebotene Bündnis einzugehen, eine antibritische Ausrichtung deutscher Außenpolitik erkennbar wurde. Hitlers Selbstverständnis zufolge – und anders als von Ribbentrop es damals schon plante – vermochte sie allerdings niemals das eigentliche ideologische und machtpolitische Ziel des „Dritten Reiches", die Eroberung von „Lebensraum" im Osten des europäischen Kontinents und die Zerstörung der Sowjetunion, zu verdrängen.

In diesem Sinne wurde der Kampf gegen den Kommunismus auch weiterhin lautstark propagiert und politisch verfolgt. In seiner Rede auf dem „Reichsparteitag der Arbeit" am 7. September 1937 sprach Hitler vom „germanischen Reich", das die deutsche Nation bekommen habe und das Bolschewismus und Judentum trotzen werde. Es waren mithin die ideologischen Triebkräfte des Antibolschewismus, der „Lebensraum"-Eroberung und des Rassismus, die für die Gestaltung der Außenpolitik des Deutschen Reiches letztlich ausschlaggebend waren. Sie bestimmten Hitler dazu, einen „Waffenstaat" aufzubauen, um das Raumproblem zu lösen, wie er es anlässlich der Einweihung der Ordensburg Sonthofen am 23. November 1937 in einer Geheimrede programmatisch verkündete.

Als eines der Grundmotive nationalsozialistischer Außenpolitik klang die „Lebensraum"-Frage auch in Hitlers geheimer Ansprache vor Reichsaußenminister von Neurath und den Oberbefehlshabern der drei Wehrmachtteile am 5. November 1937 an. In dieser Rede, deren von Oberst Friedrich Hoßbach, dem Wehrmachtadjutanten Hitlers, angefertigte Niederschrift quellenkritisch nicht unproblematisch ist, inhaltlich allerdings mit zahlreichen anderen „Schlüsseldokumenten" zur nationalsozialistischen Außenpolitik übereinstimmt, nahm Hitler Ziele seiner geplanten Expansionspolitik in Ostmitteleuropa, insbesondere im Hinblick auf Österreich und die Tschechoslowakei, ins Visier, die er möglichst im Verlauf des Sommers 1938 verwirklichen wollte. Darüber hinaus sprach er jedoch generell davon, dass die „Raumfrage" bis zum Zeitpunkt der Jahre 1943/45 gelöst sein müsse, da dann der Höhepunkt der militärischen Macht Deutschlands erreicht sein werde. Hitler fühlte sich unter Zeitdruck. Das entsprang Überlegungen persönlich-biographischer Natur, hing aber auch mit der zukünftig für das Reich wahrscheinlich ungünstigen Entwicklung der Weltpolitik zusammen.

Denn einen Monat vor Hitlers grundsätzlichen Ausführungen vom 5. November 1937 über den forciert zu verfolgenden Expansionskurs des Deutschen Reiches in den kommenden Jahren hatte der amerikanische Präsident Roosevelt in seiner „Quarantäne-Rede" in Chicago am 5. Oktober 1937 eine Warnung an die revisionistischen Staaten der Welt ausgesprochen, den Zusammenschluss aller friedlichen Nationen gefordert, mit dem Ausschluss der Rechtsbrecher aus der Völkerfamilie gedroht und zumindest versuchsweise seine Entschlossenheit demonstriert, die Vereinigten Staaten von Amerika aus ihrer politischen Abstinenz gegenüber den globalen Konflikten herauszuführen und Amerikas weltpolitische Rolle zu aktivieren. Doch entscheidender als die vorläufig fern und dumpf drohende amerikanische Union und die gegenwärtig nicht zuletzt aufgrund der blutigen „Säuberungen" Stalins in der Roten Armee militärisch gering eingeschätzte Sowjetunion war für Hitler der „Faktor Großbritannien". England aber musste der Diktator erst einmal unter die möglichen Gegner des Reiches rechnen. Nach wie vor war Großbritannien der Schlüssel zu Hitlers Außenpolitik. Mittlerweile hatte er sich dazu entschlossen, die nicht zur Annäherung bereiten Briten durch eine Politik des Druckes zumindest im Windschatten der internationalen Politik zu halten, um seine Pläne verwirklichen zu können.

Als am 19. November 1937 Lord Halifax als Emissär der Regierung Chamberlain auf den Berghof kam und den „Führer" des Deutschen Reiches mit der vom neuen britischen Kabinett konzipierten Appeasementpolitik in Umrissen bekanntmachte, waren die territorialen Veränderungsmöglichkeiten (Regelung der österreichischen, tschechischen und Danziger Frage in deutschem Sinne), die er Hitler als Konzessionen Londons in Ostmitteleuropa in Aussicht stellte, um das Deutsche Reich dafür in eine dauerhafte europäische Friedensordnung einzubinden, für den Diktator kaum noch interessant, da er Ostmitteleuropa ohnehin schon als Einfluss- und Hegemonialbereich Deutschlands ansah. Hitler verlangte „Alles oder Nichts". Er erstrebte das englische Bündnis sowie „freie Hand" im Osten, er scheute aber auch nicht länger davor zurück, gegebenenfalls im Konflikt mit Großbritannien seine programmatischen Ziele zu verwirklichen.

Zum Einlenken in das Bündnis bzw. zur stillschweigenden Tolerierung seiner geplanten Ostpolitik war die Regierung Chamberlain auf gar keinen Fall bereit, und Hitlers Skepsis gegenüber England wuchs. Bestärkt wurde er in dieser Haltung durch von Ribbentrops großen Bericht über die außenpolitische Lage und über Deutschlands Verhältnis zu England, den dieser als Fazit seiner Londoner Botschaftertätigkeit im Dezember 1937 verfasste. Darin sprach von Ribbentrop über die Aussichtslosigkeit, in deutschem Sinne mit Großbritannien ein Übereinkommen zu finden. Vielmehr empfahl er, sich darauf einzurichten, gegen England Front machen zu müssen. Hitlers bündnispolitischer Plan wankte bedenklich, wurde durch politische Ersatzlösungen (Italien und Japan) unzulänglich substituiert und im Hinblick auf Großbritannien vom Diktator auch zukünftig versuchsweise immer wieder verfolgt.

Nach den Umgestaltungen im Bereich der Wirtschaft, der Wehrmacht und des Auswärtigen Amts Ende 1937/Anfang 1938, mit der Entlassung Schachts als Reichswirtschaftsminister am 26. November 1937, mit den Veränderungen in der Wehrmacht im Zuge der so genannten „Blomberg-Fritsch-Krise" im Januar/Februar 1938 sowie mit der gleichzeitig damit einhergehenden Ersetzung von Neuraths als Außenminister durch von Ribbentrop waren die internen Voraussetzungen für die gewaltsame Verwirklichung der Politik territorialer Veränderungen in Ostmitteleuropa geschaffen. Daneben dienten diese spektakulären Aktionen jedoch auch dazu, die 1937/38 immer wieder aufbrechenden Spannungen in der deutschen Führungsspitze über den innen-, außen- und wirtschaftspolitischen Kurs des Deutschen Reiches zu verdecken und die Autorität des „Führers" zu stärken.

Der erste außenpolitische Schlag des „Dritten Reiches" richtete sich sodann gegen Österreich, mit dem erst am 11. Juli 1936 ein die beiderseitigen Beziehungen regelndes Abkommen geschlossen worden war. Noch Ende Dezember 1937 hatte Hitler in Bezug auf die österreichische Frage geäußert, keine „Brachiallösung" herbeiführen zu wollen. Offenbar schwebte ihm vor, in Österreich den Nationalsozialisten zu einer ähnlich angelegten „Machtergreifung" zu verhelfen, wie sie in Deutschland stattgefunden hatte. Zur Regelung des mittlerweile gespannten Verhältnisses zwischen den beiden Staaten gelang es dem deutschen Botschafter in Wien, von Papen, ein Treffen zwischen Hitler und dem österreichischen Bundeskanzler Kurt von Schuschnigg auf dem Obersalzberg bei Berchtesgaden zu arrangieren, das am 12. Februar 1938 stattfand. In äußerst rüdem Ton sprang der deutsche Diktator dabei mit von Schuschnigg um und oktroyierte ihm eine einseitig abgefasste Vereinbarung. Sie sah vor, die österreichischen Nationalsozialisten an der Regierung zu beteiligen, ihnen mit der Übernahme des Innenministeriums die Polizeigewalt zu übergeben und der Partei freie Betätigung zu erlauben. Um eine nationalsozialistische Machtübernahme zu verhindern, ergriff der österreichische Bundeskanzler am 9. März 1938 die Flucht nach vorn und beraumte für den 12. März 1938 eine Volksabstimmung an. In ihr sollten die Österreicher sich „Für ein freies und deutsches, unabhängiges und soziales, für ein christliches und einiges Österreich!" entscheiden. Das Wahlalter der Bevölkerung wurde auf 24 Jahre heraufgesetzt, um die zu großen Teilen vom Deutschen Reich und vom Nationalsozialismus begeisterte Jugend an der Stimmabgabe zu hindern. Improvisationen in der mangelhaften Wahlvorbereitung waren unübersehbar, und sie gaben Hitler endlich den Vorwand, von Schuschnigg zu einem Verzicht auf die Volksabstimmung zu zwingen.

Inzwischen drängten Göring und von Ribbentrop auf einen militärischen Einmarsch in Österreich. Mussolini erklärte Hitler, er werde anders als 1934 dieses Mal in die österreichischen Angelegenheiten nicht eingreifen. Die „Achse Berlin – Rom" erwies sich also tatsächlich, wie der Schweizer Historiker J. R. von Salis es bildhaft umschrieben hat, als der Spieß, an dem die Alpenrepublik so lange „braun gebraten" wurde, bis sie von Hitlers Deutschland verspeist werden konnte: Am 11. März wich der österreichische Bundeskanzler dem Druck eines deutschen Ultimatums, das mit dem Einsatz von Truppen für den Fall drohte, dass er nicht zurücktreten und dem Nationalsozialisten Arthur Seyß-Inquart sein Amt übergeben werde. Schuschniggs verzweifelter Appell an die europäischen Mächte verhallte ergebnislos, und Seyß-Inquart trat an seine Stelle. Als nun aber der österreichische Bundespräsident Wilhelm Miklas sich weigerte, den Nationalsozialisten zum Bundeskanzler zu ernennen, gab Hitler am 11. März 1938 den Befehl zum Einmarsch. Selbst ein spätes Einlenken des österreichischen Bundespräsidenten in der Nacht vom 11. auf den 12. März 1938 konnte die militärische Lösung nicht mehr verhindern. Den Vorwand lieferte ein von Göring veranlasstes Telegramm, in dem der zur neuen österreichischen Regierung entsandte SS-Obergruppenführer Wilhelm Keppler einen unautorisierten Hilferuf der österreichischen Regierung an das Reich nach Berlin abgab.

Am 12. März 1938 marschierten Verbände der deutschen Wehrmacht nach Österreich ein, nachdem von Ribbentrop aus London Göring telefonisch versichert hatte, England werde nicht intervenieren. Während Hitler bei Beginn des Einmarsches noch vorhatte, Österreich im Zuge einer Union mit Deutschland zu verbinden, entschloss er sich angesichts des ihn und die deutschen Truppen empfangenden Jubels der Bevölkerung spontan, Österreich durch einen völligen „Anschluss" mit dem Deutschen Reich zu vereinigen. Im Prinzip war es aus seiner Sicht nicht entscheidend, in welcher Form Österreich dem „Dritten Reich" angeschlossen wurde, wenn es der deutschen Großmacht nur zur strategischen Umklammerung der Tschechoslowakei und als Satellit für die kommenden Auseinandersetzungen zur Verfügung stand.

Nunmehr dominierte das Deutsche Reich in Kontinentaleuropa ganz unübersehbar und schien zusammen mit Italien und Japan die Geschicke der Welt souverän zu steuern. Zwar verurteilte Großbritannien die Art und Weise des deutschen Vorgehens, erkannte jedoch den „Anschluss" innerhalb von vierzehn Tagen an. Hitler hatte erfahren, dass er auf Mussolini zu zählen vermochte und dass England offensichtlich zu kämpfen nicht bereit war. Krieg zu führen, so lautete die damals in Großbritannien allgemein vorwaltende Überzeugung, würde selbst im Fall eines militärischen Erfolges „so viel kosten", hatte sogar der schärfste Kritiker der Appeasementpolitik, Winston Churchill, im März 1937 eingeräumt, „dass der Sieg wie eine Niederlage aussehen würde". Mehr noch: Hitler konnte auch darauf vertrauen, dass Japan, dessen Satellitenregime in Mandschukuo er am 17. Februar 1938 anzuerkennen bereit war, an seiner Seite stand und dass Amerikas Aufmerksamkeit durch Japan von Europa auf Ostasien gelenkt schien.

Vor diesem weltpolitischen Hintergrund fasste er am 28. März 1938 den Entschluss, die tschechoslowakische Frage „in nicht allzu langer Zeit zu lösen". Europa stand eine weitere Krise bevor, und Hitlers nächstes Ziel in Ostmitteleuropa rückte in Reichweite, während in Deutschland die Rüstung auf Hochtouren lief, die flotten- und kolonialpolitischen Vorbereitungen bereits auf die überseeische Stufe deutscher Weltmachtpolitik verwiesen und die rassenpolitischen „Maßnahmen" des Regimes auf das Bewegungsgesetz der Politik des „Dritten Reiches" hindeuteten.

Und an eben jenem 28. März 1938 empfing Hitler den Führer der Sudetendeutschen Partei, Konrad Henlein, empfahl ihm, stets höhere Forderungen zu stellen, als die Tschechen erfüllen könnten, und plante, die vom tschechoslowakischen Staat benachteiligten Sudetendeutschen als Sprengsatz seiner expansiven Politik zu benutzen. Die so genannte „Sudetenkrise" nahm ihren von Deutschland aus gesteuerten Verlauf. Nachdem die Tschechen am 20. Mai 1938 in der unzutreffenden Annahme, ein deutscher Angriff stehe unmittelbar bevor, mobilisiert hatten, gleichzeitig England unter der Bedingung, dass auch Frankreich die Tschechoslowakei unterstützen werde, in Berlin Entschlossenheit zum Kampf bekundet hatte – während es ansonsten alles tat, das ohnehin schon zurückhaltende Frankreich zum Stillhalten zu bewegen – und alles in allem die europäische Öffentlichkeit den Eindruck gewonnen hatte, Hitler sei vor den Tschechen und Briten zurückgewichen, forcierte der Diktator das Tempo der Krise. Am 30. Mai erging seine Weisung an die Wehrmacht, dass es sein „unabänderlicher Entschluss" sei, „die Tschechoslowakei in absehbarer Zeit durch eine militärische Aktion zu zerschlagen". Dazu ließ er die Wehrmacht für den 1. Oktober 1938 in Bereitschaft versetzen. Im gleichzeitig anlaufenden Propagandafeldzug wurde immer wieder beteuert, die Abtretung des Sudetenlandes sei die letzte territoriale Forderung des Deutschen Reiches.

Die Krise spitzte sich zu, und alle Welt blickte auf England, dessen Regierung kühle Zurückhaltung wahrte gegenüber den gleichzeitig an sie herangetragenen Bitten des sich formierenden konservativen Widerstandes in Deutschland, Hitler dieses Mal entschiedener entgegenzutreten, um ihm eine außenpolitische Niederlage zu bereiten und um dadurch die Voraussetzung für einen innenpolitischen Umsturz in Deutschland zu schaffen. Neville Chamberlain war aus außen- und innenpolitischen Gründen nach wie vor eher daran interessiert, Europas Frieden offiziell im Zusammenwirken mit der deutschen Regierung und nicht konspirativ mit den oppositionellen „Jakobiten am Hof von Frankreich", als die ihm die Sendboten der Verschwörer vorkamen, zu bewahren. Er war dazu bereit, Deutschlands Wünschen nach Veränderungen des Status quo in Mittel- und Ostmitteleuropa großzügig entgegenzukommen sowie über wirtschaftliche Vergünstigungen und koloniale Entschädigungen für das Reich zu verhandeln, um den europäischen und globalen Status quo im großen und ganzen zu sichern und um vor allem der für England und das Empire als tödlich angesehenen Kriegsgefahr zu entgehen.

Daher flog der britische Premierminister auf dem Höhepunkt der Krise, nachdem Hitler auf dem Nürnberger Parteitag mit dem Einmarsch in die Tschechoslowakei gedroht hatte, am 15. September 1938 zu dem deutschen Diktator, um ihm auf dem Obersalzberg in persönlichen Verhandlungen die Übergabe der sudetendeutschen Territorien anzubieten, um damit zu verhindern, dass das Deutsche Reich sich den tschechoslowakischen Staat insgesamt einverleibte, und um den „Führer" vor allem von kriegerischen Schritten fernzuhalten.

Als er nach Beratungen mit seinem Kabinett am 22. September 1938 wiederum in Deutschland, diesmal in Bad Godesberg, mit Hitler zusammentraf und die eine Woche zuvor ausgehandelte Anerkennung auf das Selbstbestimmungsrecht der Sudetendeutschen und die Abtretung der Region nunmehr auch offiziell von Seiten des britischen Kabinetts gebilligt worden waren, verlangte Hitler von den Regierungen der beiden Westmächte darüber hinaus den unmittelbaren Einmarsch der Wehrmacht und eine Abstimmung in einem nicht genau fixierten Territorium; ferner ermunterte er Polen und Ungarn dazu, ihrerseits Gebietsforderungen gegenüber der tschechoslowakischen Republik zu erheben.

Wenn es auch so schien, dass nach dem Scheitern der Godesberger Konferenz (22.–24. 9.1938) Europa der Krieg nicht länger erspart bleiben würde, so hatte sich doch faktisch für die englische Seite kaum etwas geändert: Britische Interessen schienen nicht wesentlich verletzt und mithin war kein neuer Grund zum Krieg gegen Deutschland entstanden. Vor dem Hintergrund eines auf den 28. September befristeten Ultimatums des Deutschen Reiches und der Kriegsvorbereitungen der Westmächte bat die britische Regierung den italienischen Diktator Mussolini um Vermittlung. Das Ergebnis war die Münchener Konferenz vom 29. September 1938.

Dort unterbreitete der „Duce" Großbritannien, Frankreich und dem Deutschen Reich einen Vorschlag, der von deutscher Seite aus vorbereitet worden war. Er kam aus jenen Kreisen im Auswärtigen Amt um Staatssekretär Ernst Freiherr von Weizsäcker und in den Stäben des „Vierjahresplanes" um Hermann Göring, die ein Interesse daran hatten, den Krieg zu vermeiden. Anders als Hitler, der nunmehr unter Einsatz militärischer Mittel dazu übergehen wollte, die zentraleuropäischen Bedingungen für seinen Eroberungs- und Rassenkrieg gegen die Sowjetunion zu schaffen, waren sie die Vertreter einer eher traditionell ausgerichteten Großmachtpolitik. Sie strebten durchaus nach europäischer Vorherrschaft und kolonialen Ergänzungsräumen für das Deutsche Reich, aber sie rechneten damit, dass ihnen Großbritannien auch ohne und vielleicht gerade für den Fall des Verzichts auf kriegerische Lösungen angemessen entgegenkommen werde. In einem gar nicht zu übersehenden Gegensatz zu Hitlers Kriegskurs übermittelten sie ihre alternativen Pläne dem gleichfalls auf Friedensbewahrung bedachten Mussolini, der sie sodann als Vermittler vorlegte.

Den Tschechen wurde im wesentlichen auferlegt, im Zeitraum vom 1. bis zum 10. Oktober 1938 das Sudetengebiet an das Deutsche Reich zu übergeben und sich mit weiteren Gebietsabtretungen an Polen und Ungarn abzufinden. Dafür sollten sie von den Großmächten eine Garantie auf die Existenz ihres Reststaates erhalten.

Der Friede Europas und der Welt war noch einmal gerettet worden, und die am 30. September 1938 von Chamberlain und Hitler unterzeichnete zusätzliche deutsch-britische Konsultationserklärung bestärkte den englischen Premierminister in seinem festen Glauben, der deutsche Diktator werde letztlich doch noch in ein „general and European settlement" einwilligen und sich durch Angebote des „economic" und „colonial appeasement" befrieden lassen. „Welch ein Trick", vertraute Thomas Mann im Zusammenhang mit den dramatischen Begebenheiten der tschechoslowakischen Krise seinem Tagebuch an, „ein Groß-Reich aufzurichten durch Erpressung des pazifistischen Reifezustandes der anderen!"

Dass Hitler aber nach wie vor seinen Kurs verfolgte, der gegen die Sowjetunion gerichtet war und auf „Lebensraum"-Eroberung im Osten Europas zielte, zeigte sich schon sehr bald in den Verhandlungen zwischen von Ribbentrop und dem französischen Außenminister Bonnet, die in gewisser Parallelität zu der zwischen Hitler und Chamberlain am 30. September 1938 in München ausgetauschten deutsch-britischen Erklärung am 6. Dezember 1938 zu einer deutsch-französischen Erklärung führten. In diesem Zusammenhang bestand der deutsche Außenminister hartnäckig und, wie er subjektiv fälschlicherweise annahm, auch erfolgreich auf dem französischen Einverständnis zu einer deutschen Politik der „freien Hand" in Osteuropa.

Die übergreifenden Ergebnisse und Konsequenzen der Münchener Konferenz lassen sich im Hinblick auf die deutsche und europäische Politik am Vorabend des Zweiten Weltkrieges so zusammenfassen:

1. Die Ereignisse der tschechoslowakischen Krise hatten Hitlers Kriegswillen deutlich werden lassen. Der Diktator gedachte, im Vertrauen auf Englands Neutralität die europäischen Etappen als Voraussetzungen seiner gegen Russland gerichteten Politik mit militärischen Mitteln zu erreichen. Großbritannien sollte dabei auf den maritimen und überseeischen Bereich beschränkt werden. Daneben versuchte er, mit Frankreich ein Einvernehmen herzustellen, glaubte dann wieder daran, dieses unverkennbar geschwächte Land einfach

ignorieren zu können, und erwog auch die zuvor schon einmal überlegte Möglichkeit aufs neue, den Nachbarn im Westen noch vor seinem Ausgreifen nach dem Osten Europas zu überfallen.

Gleichzeitig ließ er bereits auf kolonial-, flotten- und rassenpolitischem Sektor Instrumentarien bereitstellen und Lösungen erörtern, um im Sinne der Realisierung seines „Programms" gerüstet zu sein. Denn es wurde immer deutlicher, dass sich der außen- und rassenpolitische Grundplan des Diktators in zeitlicher Perspektive beträchtlich zusammenziehen würde. Die ursprünglich viel langfristiger entworfenen überseeischen Weltmachtpläne des Deutschen Reiches rückten schon für die zweite Hälfte der vierziger Jahre, nachdem die Eroberung des Kontinentalimperiums im Osten Europas Hitlers Vorstellungen gemäß vollendet sein würde, ins Blickfeld der deutschen Führung.

Darüber hinaus aber hatten die Ereignisse vom Herbst 1938 gezeigt, dass es auf deutscher Seite im außenpolitischen Feld unterschiedliche Strömungen gab. Über einige von ihnen konnte man zeitgenössisch kaum unterscheidend sagen, ob sie Hitlers Plänen dienten und zur Dynamik seines Vorgehens beitrugen oder ob sie als Alternativen einer auf Friedensbewahrung angelegten, für die übrigen Mächte akzeptableren Großmachtpolitik anzusehen waren und vor allem der radikalen und utopischen, der globalen und rassischen Züge der Hitlerschen Gedankenbildung entbehrten. Heute wissen wir, dass auch sie letztlich, wenn freilich zuweilen wider den Willen oder ohne das Wissen ihrer Träger, mithalfen, das „Programm" des Diktators zu verfolgen.

2. Für den Fortgang der europäischen Großmachtpolitik entscheidend wurde die Tatsache, dass die Sowjetunion nicht an der Münchener Konferenz beteiligt worden war. Der englische Premierminister Chamberlain war bestrebt, sowohl die Vereinigten Staaten von Amerika als auch die Sowjetunion vom Geschehen in Europa fernzuhalten, das er nach wie vor als Zentrum der Welt ansah. Er wollte es vermeiden, dem wirtschaftlichen und imperialen Konkurrenzdruck der USA unmittelbar ausgesetzt zu sein, die sich anschickten, Großbritannien als Weltmacht abzulösen. Und er wollte dem ideologischen und machtpolitischen Ausgreifen der Sowjetunion, die er stets in höchstem Maße misstrauisch und ablehnend beobachtete, nach Zentraleuropa hinein vorbeugen.

Stalin seinerseits zog aus dieser „Auskreisung" seines Landes aus dem Konzert der europäischen Mächte die Konsequenz, die seit 1934/35 von der Sowjetunion betriebene Politik der „kollektiven Sicherheit" als gescheitert zu betrachten. Er argwöhnte ein Zusammengehen der kapitalistisch-revisionistischen mit den kapitalistisch-nichtrevisionistischen Staaten gegen die kommunistische Sowjetunion. Daher folgerte er, es sei nunmehr dringend notwendig, eine von ihm auch bereits zuvor in den dreißiger Jahren gegenüber Deutschland in Erwägung gezogene und versuchsweise angedeutete Neuorientierung der sowjetischen Außenpolitik einzuleiten. Sie führte endlich dazu, sich aus einem subjektiv begreiflichen Sicherheitsbedürfnis heraus Hitlers Deutschland zu nähern, um der Gefahr einer gegen die Sowjetunion gerichteten „Einheitsfront" der kapitalistischen Staaten zu entgehen und um diese vielmehr ihrerseits untereinander in einen Krieg zu verwickeln. In München wurden mithin Grundlagen für den Abschluss des deutsch-sowjetischen Nichtangriffspaktes vom 23. August 1939 gelegt.

3. Durch die Beschlüsse der Münchener Konferenz war deutlich geworden, dass Chamberlain und sein „inneres Kabinett" um nahezu keinen Preis, gewiss aber nicht um den territorialer Zugeständnisse an das Reich in Mittel- und Ostmitteleuropa sowie der mehr oder minder offenen Hegemonie Deutschlands in dieser Region, von ihrem Konzept des „Appeasement" als einer systematisch verfolgten und durch elementare Interessen englischer Außen- und Innenpolitik bestimmten Strategie abzubringen waren. Offensichtlich hatte der Premierminister die drohende Kriegsgefahr im September 1938 erfolgreich beigelegt, und es kam seinem Verständnis nach jetzt darauf an, die noch zwischen dem Deutschen Reich und Großbritannien stehenden Probleme auf kolonial-, wirtschafts- und rüstungspolitischem Sektor vernünftig und unter Vermeidung schwerer Konflikte zu regeln.

4. Japan, dessen ostasiatische Expansion nicht nur die Aufmerksamkeit der Sowjetunion band, sondern auch Großbritannien und die Vereinigten Staaten von Amerika beschäftigte, verkündete im Gefolge des in München sichtbar gewordenen Zurückweichens der Westmächte vor Hitlers Deutschland am 22. Dezember 1938 die „Neue Ordnung Ostasiens": Von China, das vom Kaiserreich seit dem Sommer 1937 mit Krieg überzogen wurde, wollte der neue Hegemon nicht mehr lassen. Dennoch: Insgesamt war es das „Dritte Reich", welches das europäische Zentrum der Weltpolitik weit gefährlicher herausforderte, als Japan das ostasiatische Teilsystem bedrohte.

Hitler stand im Herbst 1938 auf einem Höhepunkt seiner Macht und Popularität. Auf revisionistischem Gebiet hatte er erreicht, wovon die Mehrzahl der Politiker und der Bevölkerung in Deutschland seit 1919 geträumt hatte, und er hatte es ohne Krieg erreicht. Allzu leicht ging im Rausch des Erfolges freilich die Einsicht verloren, dass sich das „Dritte Reich", selbst in seiner großdeutsch gedehnten Gestalt und ungeachtet eines triumphalen Machtzuwachses, zwischen dem Block der Angelsachsen und der Sowjets wie ein mit gefährlicher Künstlichkeit zu unnatürlicher Stärke gelangter Zwerg ausnahm, eingepfercht, hochgerüstet und angriffslustig. Dass der Diktator die friedliche Lösung von München nicht eben schätzte, wussten damals freilich nur wenige Eingeweihte in Berlin. Doch die Triebkräfte der nationalsozialistischen Außenpolitik strebten über die revisionistische Dimension hinaus zur Verwirklichung der programmatischen Ziele Hitlers.

1938 begann die Marine damit, sich mit den Problemen einer Seekriegführung gegen England zu beschäftigen und über die kontinentalen Vorhaben deutscher Außenpolitik hinaus den Blick auf die in Hitlers Gedankenbildung vorläufig noch nicht aktuelle überseeische Weltmachtpolitik zu richten: „Wenn Deutschland nach dem Willen des Führers eine in sich gesicherte Weltmacht-Stellung erwerben soll", so heißt es in der Stellungnahme von Admiral Rolf Carls zur „Entwurfsstudie Seekriegführung gegen England" vom September 1938, „bedarf es neben genügendem Kolonialbesitz gesicherter Seeverbindungen und gesicherten Zugangs zum freien Ozean".

Es ist nicht bekannt, ob Carls von Hitlers Vorstellungen, eine Weltmachtstellung durch Unterwerfung Europas (einschließlich der Sowjetunion) und durch ein anschließendes Ausgreifen nach Übersee zu schaffen, im einzelnen wusste. Wahrscheinlich war dies nicht der Fall. Wichtig ist aber, dass er mit seinen Gedanken Hitlers um den Globus schweifenden Fernzielvorstellungen durchaus entgegenkam und empfahl, sie in die Planungen der Marine einzubeziehen.

Der Diktator selbst gab kurz darauf mit seiner Entscheidung für den Bau einer großen Überwasserflotte, dem sogenannten „Z-Plan" der Marineführung, Ende Januar 1939 zu erkennen, dass er – anders als er es ursprünglich in den zwanziger Jahren entworfen hatte – noch mit den Vorbereitungen für die Verwirklichung der kontinentaleuropäischen Stufe seines „Programms" beschäftigt, dessen überseeische Etappe bereits ins Auge nahm. Dem Entschluss, den Aufbau der deutschen Flotte bis zur Mitte der vierziger Jahre zu vollenden, lagen sowohl defensive als auch offensive Motive zugrunde. Gewiss sollte dieses militärische Instrument dazu dienen, den nach wie vor nicht erwünschten, möglicherweise aber unvermeidbaren Krieg gegen England, falls sich dieses den kontinentaleuropäischen Zielen Hitlers widersetzen würde, zu führen bzw. durch seine Existenz Großbritannien von einem Eingreifen gegen das Reich abzuschrecken. Neben dieser eher traditionellen Funktion war im Zusammenhang mit anderen, gleichzeitig anlaufenden Planungen des „Dritten Reiches" jedoch nicht zu übersehen, dass Deutschland sich für die Zukunft als Führungsmacht des europäischen Kontinentalimperiums auf die als sicher erwartete globale Auseinandersetzung mit der Weltmacht Amerika einrichtete.

In diesem Rahmen sind auch die verstärkten Aktivitäten des Kolonialpolitischen Amtes zu beachten, das als Kern des zukünftigen Kolonialministeriums fungierte. Im Zuge der kolonialen Propaganda und Forderungen, die einerseits ein taktisches Mittel der deutschen Außenpolitik gegenüber England darstellten, um Großbritannien zur Akzeptierung der kontinentaleuropäischen Ziele Hitlers zu veranlassen, und die andererseits auf die außenpolitische Stoßrichtung der deutschen Kontinentalmacht für die Zeit nach einem Feldzug gegen die Sowjetunion verwiesen, wurden die überseeischen Ziele des „Dritten Reiches" erkennbar. Im Auftrag Hitlers erhielt der designierte Kolonialminister Franz Xaver Ritter von Epp vom Chef der Reichskanzlei, Hans Heinrich Lammers, am 9. März 1939 die Weisung, die Arbeiten „für eine koloniale Landnahme" in Afrika zügig voranzutreiben. Die Umrisse des „großdeutschen Weltreiches" zeichneten sich ab, wenn Goebbels nach der Einnahme Prags am 15. März 1939 die Presse auch ermahnte, den Gebrauch dieses Begriffs späteren Gelegenheiten vorzubehalten.

Gleichfalls von Weltmachtvorstellungen sprach der Reichsführer-SS, Himmler, gegenüber seinen „lieben Männern" in einer Rede, die er am 8. November 1938, also zu dem Zeitpunkt hielt, als Hitler in seiner traditionellen Ansprache im Münchener Bürgerbräukeller die Wehrmacht als das Vehikel seiner Großmachtpolitik pries. Himmler verkündete seinen SS-Führern, die Zukunft werde für Deutschland entweder das großgermanische Imperium oder das Nichts bringen – eine Alternative, die verblüffend an Hitlers Maxime in „Mein Kampf" erinnerte, Deutschland werde entweder Weltmacht oder überhaupt nicht sein. Himmler versprach bei dieser Gelegenheit, der „Führer" werde das „größte Reich" schaffen, das „von dieser Menschheit errichtet wurde und das die Erde je gesehen hat".

Der Reichsführer-SS, Vorkämpfer jener im letzten das rationale Kalkül der Machtpolitik des nationalsozialistischen Staates dominierenden und zugleich unterlaufenden Ideologie vom neuen, rassisch höherstehenden Menschen, spielte mit diesen Worten, seinem rassischen Dogma gemäß, wohl auf Weltherrschaftsideen eines zukünftig rassereinen germanischen Reiches an. Ob Himmler den weitgehend traditionell-machtpolitisch orientierten „Stufenplan" (A. Hillgruber)

Hitlers kannte, der praktisch kaum Züge einer biologisch-revolutionären Politik zu erkennen gab, ist ungewiss. Mit den außenpolitischen Vorstellungen Himmlers und der SS aber wurden neben den Planungen der eher konservativen Marine und des Auswärtigen Amts jene für den Verlauf des „Dritten Reiches" so typischen sowohl revolutionären als auch traditionellen Elemente seiner Außenpolitik deutlich, die zu ihrer Dynamik beitrugen, vorläufig einander noch ergänzten und Hitlers Politik und Kriegführung trugen.

Der Diktator aber forderte am Tag nach dem zeitgenössisch als „Reichskristallnacht" charakterisierten Pogrom vom 9. November 1938 in einer Geheimrede vor Vertretern der deutschen Presse, von der Friedenspropaganda abzugehen und von nun an den Krieg auch psychologisch vorzubereiten. Die gelenkten antijüdischen Ausschreitungen dieser so genannten „Reichskristallnacht", die als Folge der Ermordung des deutschen Diplomaten Ernst vom Rath in Paris durch den Juden Herschel Grynszpan pogromartige Ausmaße erhielten, verwiesen auf die maßgebliche Triebkraft in der Politik des „Dritten Reiches".

Denn für das nationalsozialistische Deutschland Hitlers war der Antisemitismus, anders als in der bisherigen Geschichte Europas, weit mehr als nur ein gesellschaftliches und politisches Integrationsinstrument. Er erwies sich vielmehr als das zentrale Bewegungsgesetz und Ziel der Außenpolitik des Diktators und seines Regimes. Noch konkurrierten zwar divergierende Überlegungen und Pläne, die innerhalb der traditionellen und der nationalsozialistischen Elite im „Doppelstaat" Hitlers erörtert wurden, über verschiedene Lösungsmöglichkeiten der „Judenfrage" miteinander. Sie erstreckten sich von Auswanderungs- und Deportationsplänen, die Hermann Göring unter dem Gesichtspunkt der für das Reich so entscheidenden Devisenfrage behandelte, bis zu dem Vorhaben des Chefs des Sicherheitsdienstes und der Geheimen Staatspolizei, Reinhard Heydrich, die jüdische Bevölkerung aus dem Reich zu verdrängen und im Zusammenwirken mit zionistischen Organisationen die Auswanderung nach Palästina zu fördern.

Im Rückblick stellen sie Zwischenstufen auf dem Weg zu der prinzipiell in Hitlers Gedankenbildung stets vorhandenen und bereits angelegten „Endlösung" dar, die er als „die radikale rassenideologische Zielsetzung des kommenden Krieges" (A. Hillgruber) vor dem Reichstag am 30. Januar 1939 zu erkennen gab. Dunkel drohte er damals, der zukünftige Krieg werde „die Vernichtung der jüdischen Rasse in Europa" zur Folge haben. Es war der öffentlich bekundete und ständig wirkende Wille Hitlers, die „Judenfrage" möglichst total zu lösen, der entscheidend dafür war, dass später in den Jahren des Zweiten Weltkrieges ganz unterschiedliche Gelegenheiten und Anlässe dazu benutzt werden konnten, die „jüdische Frage" in ständiger Steigerung ihrer Vernichtungsintensität zu „lösen".

Aber noch lagen die machtpolitisch zu verwirklichenden Aufgaben vor Hitler, die seinem Ausgriff nach Osten vorangehen sollten und die immer wieder das Problem der englischen Reaktion aufwarfen. Denn der Diktator jagte weiterhin territorialen Zielen nach, die selbst mit Chamberlains Politik des „Appeasement" immer schwerer vereinbar wurden. Misstrauisch beobachteten die Briten zudem die Flottenrüstung und die kolonialpolitischen Vorbereitungen des Reiches, während Hitler seinen Blick auf die Zerschlagung der „Resttschechei" richtete und die „Lösung" der polnischen Frage bereits anvisierte.

Seit dem 24. Oktober 1938 bemühte sich das Deutsche Reich, erneut und intensiver als zuvor, bis zur polnischen Ablehnung des deutschen Angebotes vom 21. März 1939 am 26. März 1939 darum, Polen in eine gegen die Sowjetunion gerichtete Bündniskonstellation einzubeziehen, und stellte Warschau dafür territoriale Gewinne auf Kosten der Sowjetunion in der Ukraine in Aussicht. Zu Anfang des Jahres 1939 zeichnete sich für die deutsche Seite immer klarer die Alternative ab, entweder zusammen mit Polen gegen die Sowjetunion Krieg zu führen oder aber in einer lokalisierten Aktion Polen niederzuwerfen und danach die Sowjetunion anzugreifen. Während die polnische Führung immer noch versuchte, zwischen beiden Großmächten in Ost und West einen unabhängigen Kurs zu verfolgen, ließ Hitler, über revisionistische und ethnische Forderungen erstmals eindeutig hinausgehend, den tschechoslowakischen Reststaat erobern.

Am 15. März 1939 marschierten deutsche Truppen in Prag ein, es wurde das Protektorat Böhmen und Mähren errichtet, und die Slowakei trat mit dem Abschluss des „Vertrages über das Schutzverhältnis zwischen dem Deutschen Reich und dem Slowakischen Staat" vom 23. März 1939 in ein Vasallenverhältnis zu Hitlers Deutschland. Die Tschechoslowakei, von der nationalsozialistischen Propaganda stets als das „Flugzeugmutterschiff der Sowjetunion" angegriffen, war zerstört. Hitlers Vorgehen stellte einen offenen Vertragsbruch dar und wurde von der Weltöffentlichkeit, insbesondere von den westlichen Demokratien, verurteilt. Doch trotz der Rede Chamberlains vom 17. März 1939 in Birmingham, deren improvisierte Passagen durchaus entschieden, ja hart ausfielen, änderte sich im Prinzip nichts an dem Bemühen des englischen Premierministers, mit dem Reich zu einer umfassenden Verständigung zu kommen.

Gewiss, es war die Grenze des für Großbritannien Zumutbaren erreicht, und stärker noch als bisher wurde in der englischen Regierung nunmehr auch die Möglichkeit einer Auseinandersetzung mit Deutschland in Betracht gezogen. Das Foreign Office hatte mit seiner Hitlers Deutschland gegenüber insgesamt skeptischen Haltung recht behalten und wurde in seinem unübersehbaren Oppositionskurs gegen Chamberlains Appeasementpolitik bestärkt. Die öffentliche Meinung des Landes begann sich von dem Premierminister und seiner Beschwichtigungspolitik abzuwenden, und der Kreis derjenigen, die ihn im Kabinett und im Parlament unterstützten, wurde im Laufe des Jahres 1939 zunehmend kleiner. Grundsätzlich aber gab es zumindest bis zum Beginn des Krieges im September 1939 für die britische Regierung keine Alternative zur weiterhin zäh verfolgten Appeasementpolitik. Freilich war England dazu entschlossen, sich nicht gewaltsam weitere, als untragbar eingeschätzte Konzessionen abtrotzen zu lassen.

Auch im Sinne dieser Haltung garantierte Großbritannien am 31. März 1939 Polens Unabhängigkeit. Dieser Schritt ist nicht als ein Zeichen unbedingter Entschlossenheit der Briten zum Krieg mit Deutschland zu verstehen, sondern als allerletztes Warnsignal, um Hitler von weiteren kriegerischen Schritten abzuhalten, um ihn für Verhandlungen zu gewinnen und um das Reich doch noch in eine allgemeine Friedensordnung einzufügen. „Das Hauptziel unserer Garantie an Polen lag darin", fasste Unterstaatssekretär Cadogan die Motive seiner Regierung zusammen, „Deutschland von weiteren Aggressionsakten abzuschrecken und durch die Erlangung einer umgekehrten Garantie von Polen sicherzustellen, dass Deutschland, falls es doch zum Krieg kommen sollte, an zwei Fronten zu kämpfen hätte."

Während der Präsident der Vereinigten Staaten von Amerika ungeachtet des nach wie vor andauernden Isolationismus seines Landes im Vorfeld des in der alten Welt heraufziehenden Krieges die Partei der Westmächte ergriff, bemühten sich Großbritannien und die Sowjetunion jeweils auf ihre eigene Art darum, mit Hitlers Deutschland zu einer ihnen vorteilhaften Regelung zu kommen. Während Versuche, die alte Vorkriegsallianz zwischen England und Russland wiederzubeleben, im Verlauf des Sommers 1939 scheiterten, war Hitler nach wie vor dazu bereit, sich im Sinne seiner Vorstellungen eines „Ausgleichs" mit Großbritannien zu verbünden. Im Hinblick auf die nunmehr für Deutschland zur Disposition stehende polnische Frage schien jedoch ein Zusammengehen mit der Sowjetunion günstiger zu sein. Denn anders als die englische Regierung, die sich dazu verpflichtet hatte, für den Bestand Polens, falls er eindeutig bedroht sein sollte, einzutreten, näherte sich Stalin dem bislang als Todfeind propagierten nationalsozialistischen Deutschland. Schon am 10. März 1939 hatte er auf dem 18. Parteitag einen entsprechenden Fühler ausgestreckt, als er betonte, die Ukraine fühle sich vom Deutschen Reich keineswegs bedroht.

Mit den Sondierungen von sowjetischer Seite, die vom 17. April 1939 an begannen, wurde die Chance eines befristeten Arrangements zwischen Hitler und Stalin nach und nach wahrscheinlicher. Obwohl deutsch-englische Ausgleichsbemühungen auf verschiedenen Ebenen weitergingen, die teilweise im Umkreis Görings als eine friedliche Alternative im Gegensatz zu dem im Zusammenwirken mit der Sowjetunion verfolgten Kriegskurs Hitlers gefördert, teilweise vom „Führer" selbst als Versuche, doch noch in seinem Sinne zum Übereinkommen mit England zu gelangen, betrieben wurden, erschien dem deutschen Diktator die Option für ein Übereinkommen mit Stalin immer verlockender.

Daher wurde der Abschluss des durch von Ribbentrop lancierten großen Bündnisplanes zwischen Deutschland, Italien und Japan, über den seit dem Sommer 1938 verhandelt wurde, erst einmal zugunsten des sich abzeichnenden Paktes mit der UdSSR zurückgestellt. Die Sowjetunion und Japan standen sich in Ostasien in einem kriegerischen Konflikt als Gegner gegenüber. Daher beschränkte sich das Deutsche Reich darauf, am 22. Mai 1939 jenes für Hitlers Politik vorerst nicht allzu wertvolle Militärbündnis, den „Stahlpakt", mit Italien abzuschließen, das bei dieser Gelegenheit erklärte, nicht vor dem Jahre 1942 kriegsbreit zu sein. Das Arrangement mit der Sowjetunion dagegen eröffnete dem „Dritten Reich" die Möglichkeit, Krieg gegen Polen zu führen, ohne fürchten zu müssen, von der Sowjetunion und den Westmächten zugleich in die Zange genommen zu werden. Es legte ferner die Hoffnung nahe, der Pakt zwischen Berlin und Moskau werde England und Frankreich doch noch von einem Kriegseintritt abhalten, und es bot Hitler endlich die Chance, Rohstoffe, die für seine Rüstungsproduktion und Kriegführung notwendig waren, durch Lieferungen aus der Sowjetunion zu erhalten.

Auf dem Weg zum deutschen „Blitzkrieg" gegen Polen, der die „vierte Teilung" des Landes und die Aufteilung Ostmitteleuropas in eine deutsche und eine sowjetische Einflusssphäre einleitete, besetzten deutsche Truppen am 23. März 1939 das Memelgebiet. Am gleichen Tag schloss das Deutsche Reich einen Wirtschaftsvertrag mit Rumänien ab, der in

Hitlers Selbstverständnis, anders als es für Göring und Repräsentanten aus dessen Umgebung der Fall gewesen sein mag, nicht eine friedliche Alternative zum Kriegskurs des „Dritten Reiches" darstellte, sondern die wehrwirtschaftlichen Bedingungen für die ins Auge genommenen „Blitzfeldzüge" verbesserte. Am 27. März 1939 trat Spanien dem „Antikomintern-Pakt" bei. Eindrucksvoll und furchterregend demonstrierte das Deutsche Reich vor aller Welt, dass das Gesetz des Handelns in Europa offensichtlich bei den „Achsenmächten" lag.

Am 23. Mai 1939 erklärte Hitler vor den Oberbefehlshabern der Wehrmacht seinen Entschluss, Polen militärisch niederwerfen zu wollen. Die Verhandlungen mit der Sowjetunion, die am 23. August 1939 zum Abschluss des deutsch-sowjetischen Nichtangriffspakts führten, schufen dafür die notwendigen Voraussetzungen. In einem geheimen Zusatzprotokoll zum „Hitler-Stalin-Pakt" erklärte das Deutsche Reich, dass Estland, Lettland, Finnland, Bessarabien und Polen östlich der Flüsse Narew, Weichsel und San außerhalb seiner Interessensphäre lägen. Die Sowjetunion bestätigte dafür ihr Desinteresse an dem polnischen Territorium westlich dieser Linie sowie an Litauen.

Hitlers machtpolitische Option zugunsten der Sowjetunion war keineswegs gleichbedeutend mit einer grundsätzlichen Revision seiner nach wie vor antisowjetischen Haltung. Die Überzeugung „einer niemals zu überbrückenden Weltentfernung" (A. Hitler) zwischen Nationalsozialismus und Kommunismus trat lediglich zeitweise zurück, wich aber keineswegs auf Dauer. Nach dem Abschluss des Nichtangriffsvertrages sprach der Diktator denn auch bezeichnenderweise davon, er habe einen „Pakt mit [dem] Satan" geschlossen, „um [den] Teufel auszutreiben".

Dass Hitler an seiner Lieblingsidee eines Zusammengehens mit England nach wie vor festhielt, demonstrierte sein an Großbritannien gerichtetes „umfassendes" Angebot vom 25. August 1939. In ihm stellte er den Briten für die Zeit nach der Niederwerfung Polens erneut eine den europäischen Kontinent und die überseeische Welt in eine deutsche und eine englische Interessensphäre aufteilende Zusammenarbeit in Aussicht. Nach dem Paktabschluss mit Stalin scheint Hitler in gewissem Maße darauf gehofft zu haben, England werde seine gegen Polen gerichtete Politik und Kriegführung letztlich doch tolerieren. Diese vage Hoffnung trog ebenso, wie die von Göring geförderten Friedensinitiativen des schwedischen Industriellen Birger Dahlerus fehlschlugen, der sogar über den Kriegsausbruch hinaus zwischen Berlin und London zu vermitteln bemüht blieb.

Als England und wenige Stunden darauf auch Frankreich am 3. September 1939 auf Hitlers militärischen Angriff gegen Polen vom 1. September 1939 mit ihren Kriegserklärungen an das Deutsche Reich reagierten, befand sich Hitler – gemessen an seinem ursprünglich entworfenen Bündniskonzept – in einer politisch „verkehrten" Frontstellung. Sie brachte es mit sich, dass Stalin in Europa eine Schlüsselposition einnahm, die er bereits seit den zwanziger Jahren erstrebt hatte. Die „imperialistischen" Staaten lagen nunmehr miteinander im Krieg, und die Sowjetunion konnte die Entwicklung als tertius gaudens abwarten.

Der Feldzug gegen Polen, der den Auftakt zum Zweiten Weltkrieg bildete, war, durch Stalins Partnerschaft mit dem „Dritten Reich" unmittelbar ermöglicht, auf Hitlers Kriegswillen zurückzuführen. Mit dem Abschluss des deutsch-sowjetischen Nichtangriffspaktes vom 23. August 1939 hatte Stalin seine Absicht bekundet, den sich im Sommer 1939 deutlich abzeichnenden Krieg nicht zu verhindern, „sondern ihn indirekt auszulösen, mit Hitler als Handelndem, der die ‚Entfesselung' besorgte" (A. Hillgruber), weil Krieg das Programm des deutschen Diktators war. Als Hitlers maßgebliche Motive und Ziele für den Beginn des Krieges sind dabei seine außen- und rassenpolitischen Vorstellungen zu werten. Dagegen sind wirtschaftspolitische Gründe, auf die er in seiner Ansprache vor den Oberbefehlshabern der Wehrmacht am 23. August 1939 als scheinbar objektive, zum Krieg treibende Motive hinwies und die doch lediglich als Folgen der mehr und mehr forcierten und sich bald schon überschlagenden Rüstungskonjunktur anzusehen sind, ihrer abgeleiteten Natur gemäß kaum als wesentlich für den Beginn des Feldzuges gegen Polen einzuschätzen. Hitlers kriegerische Politik und die in diesem Zusammenhang von ihm initiierte Rüstungswirtschaft des „Dritten Reiches" bewirkten jene im folgenden noch näher zu betrachtenden wirtschaftlichen und gesellschaftlichen Konsequenzen, die den vom Diktator eingeschlagenen und gesteuerten Kurs zwar verschärften, ohne ihn jedoch verursacht zu haben und ohne ihn wesentlich verändern zu können.

Politische Herrschaft, gesellschaftliche
Mobilisierung und wirtschaftliche Militarisierung

Die innenpolitische Entwicklung des „Dritten Reiches" stand während der Phase der Kriegsvorbereitung zwischen 1936 und 1939 im Zeichen der außen- und rassenpolitischen Zielsetzungen des Regimes. Trotz aller Wechselwirkungen zwischen der inneren und äußeren Politik des nationalsozialistischen Deutschland waren und blieben die politische Herrschaft, die gesellschaftliche Mobilisierung und die wirtschaftliche Militarisierung sowohl eine Funktion als auch eine Folge der kriegerischen Außenpolitik Hitlers.

In diesem Sinne sind auch die Vorgänge im Zusammenhang mit der nationalsozialistischen Einflussnahme auf die Wirtschaft, die Wehrmacht und das Auswärtige Amt in der Zeit zwischen dem Sommer 1936 und dem Winter 1937/38 zu beurteilen. Der Herrschaftsausbau der nationalsozialistischen Diktatur gegenüber diesen drei Bereichen und Institutionen des gesellschaftlichen und politischen Lebens ging in diesen Jahren einher mit parallelen Bestrebungen des „Dritten Reiches" gegenüber beiden christlichen Kirchen, mit den sich steigernden Angriffen gegen die jüdische Bevölkerung des Reiches und mit der wachsenden Beeinflussung der Bevölkerung.

Zunehmend mehr gehörten Terror und Verfolgung zum Alltag der Diktatur, verkamen Justiz und Polizei zu Instrumenten des Unrechtsstaates, arbeiteten die Geheime Staatspolizei des Regimes und das Denunziantentum der Untertanen Hand in Hand: Die kleine Niedertracht der Regierten begünstigte das große Verbrechen der Regierenden, die, vor allem vom Jahre 1935 an, auf Hitlers „ausdrücklichen Willen" hin das „System der deutschen Konzentrationslager" (J. Tuchel) auf- und ausbauten.

In der Auseinandersetzung mit der katholischen Kirche hielt sich der nationalsozialistische Staat nicht an die Vereinbarungen des Konkordats vom 20. Juli 1933. Beispiel hierfür ist das Vorgehen gegen die katholische Bekenntnisschule seit 1935. Schon von September 1933 an musste der Vatikan laufend Beschwerde führen über Verletzungen des Konkordats durch das „Dritte Reich". Durch die Enzyklika „Mit brennender Sorge", in welcher der Papst am 14. März 1937 „die Lage der Katholischen Kirche im Deutschen Reich" „mit steigendem Befremden" beobachtete, den „Leidensweg" der Kirche beklagte und das antichristliche Regime angriff, erreichte der im Winter 1933/34 einsetzende Kampf zwischen katholischer Kirche und „Drittem Reich", zwischen Katholizismus und Nationalsozialismus einen Höhepunkt. Zunehmend deutlich trat insgesamt die Unvereinbarkeit zwischen nationalsozialistischer Rassenpolitik und katholischer Wertewelt zutage.

Durch die Haltung der Widerstandsgruppen der evangelischen Kirche, die auf der zweiten Dahlemer Bekenntnissynode vom 19./20. Oktober 1934 ein „Kirchliches Notrecht" in der Auseinandersetzung mit dem totalitären Staat für sich in Anspruch nahm, war die Kluft zwischen den verschiedenen, sich nach und nach in der „Bekennenden Kirche" sammelnden Protestanten und der nationalsozialistischen Diktatur, zwischen dem „Rat der Evangelischen Kirche", der sich als „Vorläufige Kirchenleitung" konstituierte, und der Reichskirchenregierung unüberbrückbar geworden. Besonders scharf wurde die nationalsozialistische Weltanschauung als Wahnglaube und Antichristentum durch ein Wort der Bekenntnissynode der evangelischen Kirche der Altpreußischen Union an ihre Gemeinden vom 4./5. März 1935 gegeißelt und dabei insgesamt schon auf die Grenzen des Gehorsams des Christen gegenüber dem Staat hingewiesen. In diesem Zusammenhang hieß es, auch der Eid finde seine Grenze darin, dass allein Gottes Wort unbedingt bindend sei.

Um zwischen den kirchlichen Widerstandsgruppen und dem Regime zu vermitteln und die kirchliche Opposition unter anderem durch „Verordnungen mit rechtsverbindlicher Kraft" zu bändigen, wurde am 16. Juli 1935 Hanns Kerrl als „Reichsminister für kirchliche Angelegenheiten" eingesetzt. Erfolg war dem neuen Reichskirchenminister allerdings nur teilweise beschieden. Ein Teil der „Bekennenden Kirche" war zwar in gewissem Maße zur Zusammenarbeit in den zahlreichen, von Kerrl eingesetzten Kirchenausschüssen bereit, doch ein anderer Teil versagte sich vom Februar 1936 an dieser Mitarbeit entschieden. Einen Gipfel erreichte der Kampf zwischen der protestantischen Kirchenopposition und dem „Dritten Reich" gleichfalls im Jahre 1937. Zahlreiche Erlasse des Regimes höhlten die Autonomie der Kirchen aus, und eine Verhaftungswelle erfasste im Laufe des Jahres an die 800 Mitglieder der „Bekennenden Kirche".

Der kirchenfeindliche Kurs des „Dritten Reiches" wurde, ohne dass sich in dieser Beziehung eine echte Liberalisierung abgezeichnet hätte, erst mit Beginn und in manchen Phasen des Krieges zumindest äußerlich kaschiert, um „Spannungen in der Volksgemeinschaft" abzubauen, während er tatsächlich weiterverfolgt wurde, um für die Zeit nach dem Sieg darauf vorbereitet zu sein, die Kirchen endgültig zu beseitigen.

Mit umgekehrter Intensität verlief die „Judenpolitik" des Regimes. Sie erreichte erst im Krieg ihre grausamste Ausformung. Bis zum Kriegsbeginn 1939 wurden in Ausführung und Weiterverfolgung der „Nürnberger Gesetze" vom 15. September 1935 in einer Flut von Gesetzen, Verordnungen, Verfügungen, Erlassen und Anordnungen die Juden aus zahlreichen Berufssparten gedrängt sowie des Rechtsschutzes beraubt. Vom Jahre 1938 an wurde unter dem Druck der radikalen Antisemiten in der Führungsspitze der NSDAP (Goebbels, Ley) nunmehr auch die Stellung der Juden in der deutschen Wirtschaft mehr und mehr beeinträchtigt, indem ihnen viele Tätigkeitsbereiche entzogen wurden und jüdische Geschäftsleute aus Industrie, Bankwesen und Handel auszuscheiden hatten.

Verfolgung aus rassischen und weltanschaulichen Gründen grassierte: Über die jüdische Bevölkerung hinaus wurden Zigeuner, Sorben und Kaschuben, „Rheinlandbastarde", Homosexuelle und „Erbkranke", „Asoziale", „Gewohnheitsverbrecher" und „Gemeinschaftsfremde" mit voranschreitender Radikalisierung der nationalsozialistischen Diktatur aus der „Volksgemeinschaft" ausgegrenzt. Als Opfergruppen wurden sie rechtlichen Diskriminierungen und eugenischen „Maßnahmen" des Regimes unterworfen, die sich, vor allem im Verlauf des Zweiten Weltkrieges, bis hin zu ihrer Ermordung im Zuge der verharmlosend so genannten „Euthanasie" und der „Endlösung" steigerten.

Trotz Benachteiligung, Ausgrenzung und Verfolgung wanderten bis zum Pogrom der „Reichskristallnacht" vom 9. November 1938 nur etwa 170 000 Juden, d. h. rund ein Drittel des jüdischen Anteils der deutschen Bevölkerung aus.

Im Rahmen der Ausschreitungen in der Nacht vom 9. zum 10. November 1938, die Goebbels nach ausdrücklichen Weisungen Hitlers steuerte, wurden „nahe an 100 jüdische Deutsche ermordet, über 26 000 Männer in Konzentrationslager verschleppt, Hunderte von Synagogen in Brand gesetzt und Tausende von Geschäften und Wohnungen geplündert und zerstört" (U. v. Hehl). Der Sachschaden belief sich auf mehrere hundert Millionen Reichsmark.

Im Anschluss an das Pogrom wurden innerhalb der nationalsozialistischen Führungsgruppe und Regierung verschiedene Möglichkeiten erörtert, die „Judenfrage" im Zuge der Auswanderung zu lösen. Schon vor Kriegsausbruch lebte die überwiegende Mehrheit des jüdischen Bevölkerungsanteils im „Großdeutschen Reich" ohne Rechtsschutz, ohne Möglichkeit der Berufsausübung und daher auf Zwangsarbeit angewiesen, in einem „Ghetto ohne Mauern" (W. Hofer). Das fand seinen nicht

nur organisatorischen Ausdruck in der Umbenennung der „Reichs-
vertretung der deutschen Juden" in „Reichsvereinigung der Juden in
Deutschland" und ihrer Unterstellung unter das Reichsinnenministeri-
um resp. den Chef des Sicherheitsdienstes, Heydrich, am 4. Juli 1939.

Repression und Gewalt beschreiben die eine Seite der etablierten
Diktatur, die sich durch indoktrinierende Einflussnahme und werbende
Verführung auf der anderen Seite ihre massenwirksame Zustimmung
sicherte. Mobilisiert wurde die Gesellschaft des „Dritten Reiches" in
allen öffentlichen, kulturellen und lebensweltlichen Bereichen, die
der Lenkung des Staates und der Partei unterworfen waren. Das erstreckte sich von der vor allem durch Goebbels erfolgreich gesteuerten
Kulturpolitik über die grandiosen Selbstinszenierungen des nationalsozialistischen „Bewegungsregimes" (P. Reichel) auf Reichsparteitagen
und in der Propagierung des Führermythos bis hin zur manipulierten
Propaganda und Unterhaltung durch Presse, Rundfunk und Film.

Arbeitswelt und Freizeitgestaltung, in deren Rahmen die „Schönheit
der Arbeit" an die Stelle der Idee vom Klassenkampf gerückt wurde und
die Organisation „Kraft durch Freude" als ein Instrument der „Wohl-
fahrtspolitik im NS-Staat" auf die Anfänge der Freizeitgesellschaft
verwies, unterwarfen sich die „braunen" Machthaber gleichermaßen
wie das Bauen und Wohnen mit den verlockenden Angeboten der
Reichsautobahnen, mit einer sowohl monumentalen als auch volks-
tümlichen Architektur und mit den modernen Produktangeboten vom
Volksempfänger bis zum Volkswagen. Dichtung und Schauspiel, Mu-
sik und bildende Kunst dienten dem „Führerstaat" als „missbrauchte
Musen" (M.H. Kater).

Herrschaft und Magie, Überlebenswille und Totenkult, gesellschaftliche Dynamik und politische Utopie wurden eins: „Über die systemati-
sche Indienstnahme aller Massenkommunikationsmittel hinaus lässt die
Omnipräsenz nationalsozialistischer Parolen in Öffentlichkeit und All-
tagswelt ... den totalitären weltanschaulichen Formungsanspruch eines
Regimes erkennen, das sich als quasi-religiöse Heilsbewegung verstand"
(U. v. Hehl). Für die unmittelbare Verwirklichung der außenpolitischen
und kriegerischen Ziele des „Dritten Reiches" im Zeitraum zwischen
1936 und 1939 aber wurde maßgeblich, dass Staat und Partei im nationalsozialistischen Regime ihre Herrschaft vor allem dadurch festigten
und ausbauten, dass sie nunmehr darangingen, die konservativen Bastionen in der Wirtschaft, in der Wehrmacht und im Auswärtigen Amt
anzugreifen und sich zumindest gefügiger zu machen, als diese es zuvor
waren.

Die innerhalb der NSDAP im Rahmen der neuen nationalsozialistischen Elite und in der politischen Führungsspitze des „Dritten Reiches" immer wieder aufbrechenden Differenzen über die eher traditionelle oder stärker revolutionäre Orientierung der Politik des Regimes, nicht zuletzt auch über den Kriegs- oder Friedenskurs des Deutschen Reiches, entschied Hitler jeweils zu seinen Gunsten. Das gilt in einem besonderen Maße für die kurz vor Beginn des Zweiten Weltkrieges getroffenen Entscheidungen des Diktators. Denn nunmehr verstand er es, die bereits seit 1936/37 eher für ein Konzept friedlicher Großmachtpolitik eintretenden Kräfte um Hermann Göring, die allerdings niemals zur offenen Opposition gegen den „Führer" aufstanden, sondern ihn durch alternative Überlegungen von seiner Kriegsentschlossenheit abzubringen versuchten, auf seinen außenpolitischen Kurs festzulegen und seinen Zielen dienstbar zu machen. In den für ihn entscheidenden außenpolitischen Belangen übte Hitler seine Autorität vergleichsweise uneingeschränkt aus – eine Tatsache, die es gebietet, Außenpolitik und Kriegführung des „Dritten Reiches" wesentlich unter dem Blickwinkel seiner Überlegungen und Entscheidungen zu betrachten.

Mit dem Inkrafttreten des „Vierjahresplanes" begann im August 1936 eine stärkere Einflussnahme des Staates und der Partei auf die Wirtschaft. Um die kriegerischen Vorhaben des Regimes und seines „Führers" verwirklichen zu können, wurde dem Deutschen Reich das Ziel gesetzt, nach einer – unter den gegebenen Bedingungen auch sektoral wohl kaum oder nur schwer zu erreichenden – wirtschaftlichen Autarkie zu streben, Vorräte bestimmter Rohmaterialien anzulegen und ergänzend dazu beispielsweise synthetisch hergestellte Treibstoffe zu produzieren. Zur Beschaffung der für die laufende Aufrüstung notwendigen Devisen gingen die schon ab 1934 maßgeblich von Hjalmar Schacht initiierten Exportoffensiven auf den Märkten in Südamerika und Südosteuropa weiter. Sie wurden von den verantwortlichen Wirtschaftsfachleuten in gewissem Maße wohl auch als ein alternatives außenhandelspolitisches Konzept zur Autarkiepolitik und zum Kriegskurs des Regimes verstanden, wenn sie vorerst auch außenpolitische Konflikte nicht nur mit den Vereinigten Staaten von Amerika und Großbritannien, sondern auch mit dem italienischen Partner des nationalsozialistischen Deutschland schufen.

Im Hinblick auf das Verhältnis von Staat bzw. Partei und Wirtschaft begann 1936 eine neue Phase der Entwicklung. Die relative Selbständigkeit der Wirtschaft wurde durch Zielsetzungen und Eingriffe der politischen Führung eingeschränkt, ohne dass man das Wirtschaftssystem im damaligen Deutschland als eine staatliche Planwirtschaft charakterisieren könnte. Trotz der Unterwerfung der Industrie unter den Willen des Diktators blieb die kapitalistische Grundlage der Wirtschaft im nationalsozialistischen Staat erst einmal bestehen: „Dabei nahm die Industrie in der besonderen Art ihrer Verklammerung mit staatlichen Interessen eine Form an, die völlig verschieden war von dem Bild der Wirtschaftsordnung, wie es sich in verschwommenen Umrissen in der nationalsozialistischen Ständeideologie findet" (K.D. Erdmann). Als Staatskapitalismus lässt sich diese Verbindung von Wirtschaft und Staat allerdings auch nicht angemessen beschreiben. Denn oftmals war kaum mehr zu unterscheiden, „wo die interessenpolitische Selbstverwaltung aufhörte und die staatliche Auftragsverwaltung anfing" (M. Broszat). Die Übergänge zwischen staatlicher Lenkung und privater Initiative, zwischen Regime und Wirtschaft wurden im Zeichen der von Hitler verordneten Rüstungsproduktion fließend.

Das Nebeneinander von wirtschaftlicher und politischer Macht war allerdings jetzt nicht mehr gleichrangig. Staat und Partei rissen vielmehr 1936 die wirtschaftliche und 1938 auch die militärische Führung eindeutig an sich und erniedrigten die „früheren Teilhaber zu zweitrangigen Machtträgern" (A. Schweitzer). Als Folge dieser Entwicklung stellte sich über die auch in Kreisen der Wirtschaft weit verbreitete Haltung „einer grundsätzlichen Regimebejahung" (A. Gehrig) hinaus zunehmende Skepsis gegenüber den neuen Machthabern ein: „Auch wenn viele Anzeichen auf das Gegenteil deuten", urteilt der Historiker Marc Spoerer, „kann nicht ohne weiteres ausgeschlossen werden, dass viele Unternehmer die ‚gute alte Zeit' vor 1914 dem mächtigen und interventionistischen NS-Regime vorgezogen hätten". Denn von nun an lebten vor allem die Vertreter der Industrie mit jener ständigen Drohung, der Hitler bereits in seiner Denkschrift zum „Vierjahresplan" vom August 1936 unmissverständlich Ausdruck gegeben hatte: „Das Wirtschaftsministerium hat nur die nationalwirtschaftlichen Aufgaben zu stellen und die Privatwirtschaft hat sie zu erfüllen. Wenn aber die Privatwirtschaft glaubt, dazu nicht fähig zu sein, dann wird der nationalsozialistische Staat aus sich heraus diese Aufgabe zu lösen wissen". Die politische „Gleichschaltung" der mächtigen Repräsentanten der Wirtschaft wurde nunmehr vollzogen, während ihre ökonomische Privilegierung zwar unter Vorbehalt, aber immerhin bis zum Ende des „Dritten Reiches" fortbestand.

Die antikapitalistische, ja die antimoderne Seite des Nationalsozialismus trat in diesem Zusammenhang auch durch Tendenzen hervor, die noch ganz in ihren Anfängen standen und sich nur marginal entwickeln konnten: Immerhin machten Eiferer der „Bewegung" Front gegen die schädlichen Folgen des Rauchens und favorisierten den Verzehr von Brot aus biologisch-dynamisch angebautem Getreide. Die Heilkräuterpflanzungen im Konzentrationslager Dachau und die Monopolisierung der Mineralwasserabfüllung durch die SS verwiesen auf die Fähigkeit des Nationalsozialismus, sich die Methoden der homöopathischen und ganzheitlichen Medizin mühelos anzueignen: „Das war nicht nur der Ausdruck eines allgemeineren und weit weniger gutartigen Interesses an Authentizität und Reinheit, sondern auch eines Denkens, das der kapitalistischen Nahrungsmittelindustrie ablehnend gegenüberstand" (M. Burleigh).

Alles in allem wurde die Industrie zunehmend in den Dienst der Kriegsvorbereitungen gestellt. Dabei sollte auf das Prinzip kapitalistischen Wirtschaftens, mit minimalem Einsatz maximalen Profit zu erzielen, zugunsten der politischen und kriegerischen Zielsetzung des „Dritten Reiches" verzichtet werden. In Aussicht gestellt wurde, dass entstehende Schulden und wirtschaftlicher Raubbau durch die in einigen Jahren zu erwartende kriegerische Beute gedeckt würden.

Angesichts dieser von ihm scharf missbilligten Entwicklung schied der in den Anfangsjahren der Geschichte des „Dritten Reiches" als allmächtig geltende „Wirtschaftsdiktator" Hjalmar Schacht am 26. November 1937 als Reichswirtschaftsminister aus der politischen Führung des Staates aus. Vergeblich versuchte er, in seinem bis zum 20. Januar 1939 noch beibehaltenen Amt als Reichsbankpräsident den Verlauf der Ereignisse im Sinne seiner sich vom Kurs des nationalsozialistischen Regimes mehr und mehr abhebenden wirtschaftlichen und politischen Vorstellungen zu beeinflussen.

Weniger der offizielle Nachfolger Schachts in seinen Ämtern als Reichswirtschaftsminister und Reichsbankpräsident, Walther Funk, als vielmehr Hermann Göring wurde die im wirtschaftlichen Bereich entscheidende Persönlichkeit. Göring unterstützte den alle ökonomischen Notwendigkeiten krass missachtenden Rüstungs- und Kriegskurs Hitlers auf der einen Seite vorbehaltlos. Dennoch vertrat er auf der anderen Seite nicht zuletzt wohl unter dem Einfluss ihn beratender Fachleute aus dem Stab des „Vierjahresplanes" wie Ministerialdirektor Helmuth Wohlthat in mehr oder minder bewusster Anknüpfung an Schachts Wirtschafts- und Außenhandelspolitik alternative Vorstellungen im ökonomischen und außenpolitischen Feld. Nicht zuletzt aufgrund dieser Tatsache galt er während der Jahre 1938/39 im In- und

Ausland vielen Zeitgenossen als Repräsentant einer traditionellen Großmachtpolitik, die sich von Hitlers Politik der ideologisch begründeten Kriegsentschlossenheit unterscheide, stark an wirtschaftlichen Gesichtspunkten orientiert und um Friedensbewahrung bemüht sei.

Doch erst einmal wurde die deutsche Industrie ohne Rücksicht auf ihre von Schacht letztlich doch immer beachteten volkswirtschaftlichen Möglichkeiten und Grenzen weiterhin mit Nachdruck auf die Produktion von Rüstungsmaterial festgelegt. Darüber durften freilich nicht die Erfordernisse des zivilen Konsums, der für die Erhaltung der innenpolitischen Machtstellung der Diktatur wesentlich war, dem ausdrücklichen Wunsch Hitlers zufolge allzu rigoros reduziert werden. Dennoch stiegen beispielsweise die Rüstungsausgaben im Deutschland der dreißiger Jahre zu Lasten des Wohnungsbaus beständig an und wuchsen im Vergleich mit den entsprechenden Posten in den Haushalten der westlichen Demokratien überproportional.

Unüberhörbar und nicht ohne Folgen wurde im Zug der Verwirklichung des „Vierjahresplanes" an die Bereitschaft der Bevölkerung appelliert, im Ernährungssektor zugunsten der Rüstung Beschränkungen in Kauf zu nehmen, über deren gegenwärtige Härten die Aussicht auf zukünftigen Kriegsgewinn, auf Beute und auf „Lebensraum" hinwegsehen lassen sollte. Im Vergleich mit der Rüstungsindustrie schrumpfte die Verbrauchsgüterindustrie in den dreißiger Jahren tatsächlich beträchtlich. Entfielen auf sie im Jahresdurchschnitt 1928/29 noch 32 Prozent der industriellen Gesamtinvestitionen, so sank dieser Anteil 1934/35 auf 25 Prozent und 1937/38 sogar auf 17 Prozent ab. Unter bewusst in Kauf genommener Missachtung wirtschaftlicher Rentabilitätsgesetze wurden im Sinne des Primats der Rüstung durch kostspielige Verfahren neue Rohstoffe wie beispielsweise Buna entwickelt, und durch Kohlehydrierung sollte zusätzlich Brennstoff gewonnen werden.

Trotz nicht zu verkennender Deckungsungleichheiten zwischen der nationalsozialistischen Propaganda und der Wirklichkeit des „Dritten Reiches" wurde alles in allem doch die Forderung Hitlers in seiner Denkschrift zum „Vierjahresplan" realisiert, nämlich „den Krieg im Frieden vorzubereiten". Der neue „Beauftragte für den Vierjahresplan", Hermann Göring, machte in einer Rede am 17. Dezember 1936 vor führenden Vertretern der deutschen Wirtschaft und Industrie unmissverständlich klar, dass von nun an die Wirtschaft den Vorrang der von Hitler verfolgten Politik ohne Einschränkung anzuerkennen habe. Die sich daraus für kapitalistisches Wirtschaften ergebenden ungewöhnlichen und lästigen, ja letztlich – so schien es bereits kritischen

Zeitgenossen – systemzerstörerischen Konsequenzen der Aufrüstung seien im Hinblick auf die politischen und kriegerischen Erfolgsaussichten der Zukunft erst einmal hinzunehmen: „Die Auseinandersetzung, der wir entgegengehen, verlangt ein riesiges Ausmaß an Leistungsfähigkeit. Es ist kein Ende der Aufrüstung abzusehen. Allein entscheidend ist hier der Sieg oder Untergang. Wenn wir siegen, wird die Wirtschaft genug entschädigt werden. Man kann sich hier nicht richten nach buchmäßiger Gewinnrechnung, sondern nur nach den Bedürfnissen der Politik. Es darf nicht kalkuliert werden, was kostet es. Ich verlange, dass Sie alles tun und beweisen, dass Ihnen ein Teil des Volksvermögens anvertraut ist. Ob sich in jedem Fall die Neuanlagen abschreiben lassen, ist völlig gleichgültig. Wir spielen jetzt um den höchsten Einsatz. Was würde sich wohl mehr lohnen als Aufträge für die Aufrüstung?"

Das Nebeneinander einer zwar zugunsten der Aufrüstung eingeschränkt, aber nach wie vor für den privaten Bedarf produzierenden Wirtschaft und einer hemmungslos expandierenden Rüstungswirtschaft brachte mancherlei krisenhafte Erscheinungen, Spannungen und Widersprüche im Verhältnis zwischen Politik und Wirtschaft hervor, die nicht zuletzt aus der immer empfindlicher werdenden Knappheit an Rohstoffen, Devisen und Arbeitskräften resultierten. Dabei bereitete sich die sowohl für die Bedürfnisse des Krieges als auch des Friedens arbeitende Wirtschaft des „Dritten Reiches" in diesen Jahren nicht einmal auf einen lang andauernden Abnutzungskrieg vor, der eine dementsprechend entworfene „Tiefenrüstung" vorausgesetzt hätte. Auch im wehrwirtschaftlichen Bereich wurde für kurze, zeitlich voneinander getrennt zu führende „Blitzfeldzüge" geplant, die in erster Linie eine angemessene „Breitenrüstung" erforderten.

Hitlers „Blitzkrieg-Konzept" entsprang mithin einerseits der politischen Überlegung des Diktators, mit zeitlich und lokal begrenzten Schlägen einen diplomatisch isolierten Gegner überfallartig zu vernichten. Andererseits ist gar nicht zu übersehen, dass das beschränkte wirtschaftliche Potential des „Dritten Reiches" eine solche Form der Kriegführung nahelegte, falls der private Konsum nicht in einem die inneren Grundlagen der Diktatur möglicherweise gefährdenden und von Hitler niemals erwogenen Ausmaß gedrosselt werden sollte.

Angesichts dieser Entwicklung zu einer maßlos überzogenen Aufrüstung spitzte sich die wirtschaftliche Lage in gewissem Maße zu einer für das Regime ernsten Herausforderung zu. Aus den Unvereinbarkeiten zwischen Zahlungsbilanz und Devisenmangel ergaben sich zunehmend ernste Zwangslagen. Letztlich sollten sie durch Krieg, der unter diesem Blickwinkel auch als eine Flucht nach vorn zu verstehen ist, d. h. durch Verwertung des Rüstungsmaterials in Feldzügen und durch in Eroberungen eingebrachte Beute gemeistert werden. Hitler war sich der Tatsache wohl bewusst, dass durch seine politischen Entscheidungen zur Kriegführung und Aufrüstung ein wirtschaftlicher und sozialer Kurs beschritten und forciert wurde, der seinerseits den Entschluss zum Krieg als ultima ratio der Politik des „Dritten Reiches" gleichsam notwendig nahelegen musste.

Diesen Sachverhalt sprach der Diktator noch einmal kurz vor Kriegsbeginn in seiner Rede vor den Oberbefehlshabern der Wehrmacht am 22. August 1939 an. Diese Politik der ständigen wirtschaftlichen Krise, die von ihm politisch initiiert und bewusst in Kauf genommen wurde, die seinem Willen gemäß zum Krieg führen musste und die auch widerstrebenden Gruppen und Repräsentanten seines Staates gar keine andere Wahl mehr lassen würde, als das Risiko kriegerischer Abenteuer zu wagen, sah Hitler, Hoßbachs Niederschrift zufolge, bereits in seiner Ansprache vom 5. November 1937 in klar beschriebener Perspektive als die Zukunft seines Regimes vor sich: „Auf der einen Seite die große Wehrmacht mit der Notwendigkeit der Sicherstellung ihrer Unterhaltung, auf der anderen Seite die Aussicht auf Senkung des Lebensstandards und Geburteneinschränkung ließen keine andere Wahl als zu handeln… Entschluss: spätestens 1943/45 die deutsche Raumfrage zu lösen".

Selbst gewisse Erfolge in der Handelspolitik des Deutschen Reiches konnten nicht darüber hinwegtäuschen, dass die Rüstungsproduktion des „Dritten Reiches", die den Gesichtspunkt der Wirtschaftlichkeit grob missachtete, zunehmend krisenhaft auf die Alternative von Bankrott oder Krieg zulief. Und daran vermochte auch der vom Regime bevorzugt geförderte Agrarprotektionismus grundsätzlich nichts zu ändern, der die Ernährungswirtschaft in Deutschland mit dem Prinzip des wehrwirtschaftlichen Autarkiegedankens und des Zukunftsmythos des rassetragenden Bauerntums zu vereinbaren suchte. Seine Existenz trug freilich in maßgeblicher Art und Weise dazu bei, dass die Loyalität der Landbevölkerung zur Diktatur Hitlers bis zum Ende des „Dritten Reiches" andauerte.

Zwischen 1936 und 1939 machten sich in nahezu allen Sektoren der nationalsozialistischen Volkswirtschaft unverkennbare Schwierigkeiten, ja Krisensymptome bemerkbar. An die Stelle der während der Anfangsphase des „Dritten Reiches" herrschenden Arbeitslosigkeit war beispielsweise bald schon ein vornehmlich durch den Arbeitskräftebedarf der Rüstungsindustrie unüberwindlicher Engpass getreten. Er wurde nicht zuletzt auch durch die Heraufsetzung der allgemeinen Wehrpflichtdienstzeit auf zwei Jahre am 24. August 1936, durch die militärisch bedingten Bauvorhaben an der Westgrenze des Reiches („Westwall") sowie durch die neben Heer und Luftwaffe vom Jahre 1938/39 an spürbar einsetzende Aufrüstung der Marine verschärft und führte endlich zur „Menschenbewirtschaftung" der Arbeitskraft.

Insgesamt ist aber gar nicht zu verkennen, dass es der Masse der Arbeiter gegenüber den Jahren des Elends und der Arbeitslosigkeit zwischen 1929 und 1933 jetzt besser ging. Mehr noch: Trotz aller Einschränkungen der individuellen Freiheit war der Alltag der Deutschen während der zweiten Hälfte der dreißiger Jahre „von den zivilen Errungenschaften des Regimes geprägt ...: der zunehmenden Sicherheit des Arbeitsplatzes, einer Reihe von sozialen Verbesserungen, vor allem zugunsten von Frauen und Familien, und den Freizeitangeboten ... der Deutschen Arbeitsfront" (H.A. Winkler). Daher konnten die populären Parolen des Regimes, mit denen sich das als sozial, ja als sozialistisch charakterisierte Deutschland vom kapitalistischen, ja als plutokratisch abgeurteilten England positiv absetzte, „dank der inzwischen erreichten Vollbeschäftigung" sowie „des Ausbaus des Wohlfahrtsstaates" durchaus verfangen. Die Mehrzahl der Deutschen hatte sich mit dem Regime arrangiert und versuchte, die Vorzüge des „Dritten Reiches" zu genießen, die sich, bis hin zur „Mode unterm Hakenkreuz" (G. Sultano), zwar bescheiden ausnahmen, sich von den Entbehrungen während der Endjahre der Weimarer Republik gleichwohl vorteilhaft abhoben.

Dennoch kam es im Zeitraum der forcierten wirtschaftlichen Kriegsvorbereitung zu Unzufriedenheiten, ja teilweise sogar zu Unruhen vor allem unter den in der Rüstungsproduktion überbeanspruchten Arbeitern, die sich gegen ihre physische Überforderung zu wehren versuchten. Dieser Sachverhalt verweist auf einen Grundwiderspruch im nationalsozialistischen Regime, der zwischen Propaganda und Wirklichkeit klaffte. Dem „Volk ohne Raum" fehlten bereits im angeblich zu klein gewordenen Territorium des Deutschen Reiches die für seine ehrgeizigen Rüstungs- und Kriegspläne notwendigen Menschen. Wenn dieser Mangel auch im Zuge der territorialen Eroberungspolitik in den kommenden Jahren durch ausländische Zwangsarbeiter teilweise gelindert wurde, so stellte sich doch immer deutlicher heraus, dass Hitler schließlich über einen riesigen „Raum ohne Volk" gebot, nicht aber der „Führer" eines „Volkes ohne Raum" war.

Doch auch die mannigfachen Schwierigkeiten wirtschaftlicher Art, die Richtungskämpfe zwischen den verschiedenen ökonomischen

Interessenträgern wie die Auseinandersetzung der ursprünglich im nationalsozialistischen Staat dominierenden Schwerindustrie mit der ab 1936 mehr und mehr hervortretenden Großchemie und die bisweilen auftretenden Konflikte zwischen dem Regime und Teilen der Industrie-, Werft- und Bauarbeiterschaft wurden letztlich durch die Person des „Führers" und die Hitler eigene Integrationskraft überwunden. Sie vermochten endlich immer wieder dem politischen Willen des Diktators untergeordnet und in jene auf den Krieg drängende politische und gesellschaftliche Dynamik des Regimes gelenkt bzw. von ihr absorbiert zu werden, die Hitler bewusst ausgelöst hatte und die ihn jetzt zunehmend mehr vorantrieb. Dagegen war dem arbeitenden deutschen Volk, so ist einmal zutreffend geurteilt worden, die Möglichkeit fast gänzlich genommen, sich dagegen zu wehren, „in einen Produktionsprozess eingespannt zu werden, der auf die Herbeiführung eines von seiner Mehrheit nicht gewünschten Eroberungskrieges angelegt war" (K.D. Erdmann).

Unterdessen wurde auch die Jugendarbeit mehr und mehr im nationalsozialistischen Sinne organisiert. Neben der entsprechenden weltanschaulichen Einflussnahme auf den Unterricht in den hergebrachten Schulen und der versuchsweisen Umorganisation der klassischen Universitäten zu „völkisch-politischen" Hochschulen wurde in den eher antiintellektuell und im nationalsozialistischen Sinne elitär ausgerichteten „Nationalpolitischen Erziehungsanstalten", „Adolf-Hitler-Schulen" und „Ordensburgen" sowie in der am 1. Dezember 1936 von der Partei- zur Staatsjugend formierten „Hitlerjugend", die als Pflichtorganisation für alle Jugendlichen zwischen zehn und achtzehn Jahren 1939 ungefähr acht Millionen Mitglieder zählte, die neue Führungsschicht und „Gefolgschaft" des „Dritten Reiches" herangebildet. Diese Erziehungseinrichtungen und Massenorganisationen dienten nicht zuletzt dazu, überlieferte Werte und Privilegien der traditionellen Eliten zu beseitigen und unter dem politischen Vormachtanspruch der Diktatur gesellschaftliche sowie mentalitätsmäßige Unterschiede zwischen den sozialen Schichten verschwinden zu lassen. Zusammen mit der vom 26. Juni 1935 an zunächst für Jungen, dann auch für Mädchen obligatorischen halbjährigen Arbeitsdienstpflicht, die im Zeichen des Arbeitskräftemangels zwischen 1936 und 1939 längst nicht mehr die Funktion der Arbeitslosenbekämpfung wahrnahm, sondern im ideologischen Sinne des Regimes die Gleichrangigkeit der körperlichen Arbeit mit intellektuellen Tätigkeiten demonstrieren und verwirklichen sollte, waren die nationalsozialistischen Erziehungseinrichtungen Instrumente in einem gesellschaftlichen Egalisierungsvorgang, den „Hitler's social revolution" (D. Schoenbaum) bewusst und folgenreich in Gang setzte.

Angehalten werden sollte der damit eingeleitete Modernisierungsvorgang freilich, wenn das nationalsozialistische Regime daranging, die Rolle der Frau im „Dritten Reich" zu bestimmen: Zeitgenössisches Ideal war und blieb, der weiblichen Bevölkerung die traditionellen Aufgaben der Familie und des Haushalts zuzuweisen. Doppelverdienertum und Erwerbsarbeit von verheirateten Frauen, die, nicht zuletzt durch die Umstände des Zweiten Weltkrieges bedingt, alles in allem während des „Dritten Reiches" anstieg, wurden staatlicherseits zu unterbinden versucht. „Zwischen Mutterkreuz und Arbeitseinsatz" (B.J. Wendt) hin- und hergerissen, stellt sich die Lage der Frauen im „Dritten Reich" zwiespältig dar, weil das Bild der traditionellen Stilisierung von den Erfordernissen der Rüstungs- und Kriegswirtschaft gestört wurde.

Alles in allem: Jenseits aller herkömmlichen Klassen- und Schichtenunterschiede, die dem politisch allmächtigen Willen der Diktatur zu opfern waren, sollte eine letztlich rassisch geprägte Elite entstehen, sollte der so genannte deutsche Mensch die – in dieser Perspektive ohne Einschränkung – totalitäre Diktatur tragen. Umgehend verfiel dieses biologische Ideal dem zeitgenössischen Spott, den Samuel Beckett, der sich während der dreißiger Jahre in Deutschland aufhielt, überliefert hat: Der echte Arier „muss blond sein wie Hitler, schlank wie Göring, schön wie Goebbels, männlich wie Röhm – und er muss Rosenberg heißen".

Nicht zuletzt angesichts des immer drückender empfundenen nationalsozialistischen Weltanschauungsmonopols begann sich in den traditionellen Führungsschichten des Deutschen Reiches Widerstand zu regen. Nach und nach erreichte er, zumeist von sachlicher Opposition im Hinblick auf Detailfragen ausgehend, die ursprünglichen Partner Hitlers im Lager des konservativen Deutschland. Nach der verstärkten Einflussnahme von Staat und Partei auf ihre wirtschaftliche Bastion im Sommer 1936 erfuhren sie um die Jahreswende 1937/38 die Macht des nationalsozialistischen Zugriffs in den ihnen bis dahin weitgehend bzw. teilweise verbliebenen Bereichen der Wehrmacht und des Auswärtigen Amts.

Eine als unehrenhaft angesehene Heirat des Reichskriegsministers und Oberbefehlshabers der Wehrmacht, Werner von Blomberg, der in der Anfangsphase des „Dritten Reiches" die Anpassung des Heeres an den nationalsozialistischen Staat mit allen Mitteln betrieben hatte, führte – von Himmler und von dem auf die Nachfolge des Generalfeldmarschalls erpichten Göring intrigant genutzt – zu Blombergs Rücktritt am 27. Januar 1938. Um gleichzeitig den Oberbefehlshaber des Heeres, Generaloberst Werner Freiherr von Fritsch, als möglichen Mitbewerber um den Oberbefehl der Wehrmacht auszuschalten, beschuldigte Göring ihn Hitler gegenüber homosexueller Verfehlungen. Der Diktator, der sich während der Krise entschloss, den Oberbefehl über die Wehrmacht selbst zu übernehmen, ergriff die ihm gebotene Gelegenheit bedenkenlos, um den seinen Kriegsplänen ohnehin im Wege stehenden Fritsch los zu werden. Unter unwürdigen Begleitumständen wurde der zu Unrecht beschuldigte Offizier am 4. Februar 1938 entlassen und später in ebenso verlogener wie unzureichender Weise rehabilitiert. Sein Nachfolger wurde der von Hitler leichter zu beeinflussende Generaloberst Walther von Brauchitsch.

Inzwischen hatte der „Führer" als „Oberbefehlshaber" die Wehrmacht seinem Befehl unmittelbar unterstellt. Das neu eingerichtete Oberkommando der Wehrmacht verwaltete der dem Diktator völlig ergebene Generaloberst Wilhelm Keitel. An die Spitze der dem Oberkommando zugeordneten operativen Planungsstelle des Wehrmachtführungsamtes trat im August 1939 Generalmajor Alfred Jodl, der im Krieg Hitlers erster operativer Berater werden sollte. Der Diktator hatte die umorganisierte Wehrmachtführung seinem Willen unterworfen und trug damit zu einer Verwirrung der Kompetenzen zwischen den nicht zureichend koordinierten Behörden des Oberkommandos der Wehrmacht, des Oberkommandos des Heeres und dessen Generalstabes sowie der Marine, der Luftwaffe und später im Krieg auch der SS bei, die für die Kriegführung belastend waren, seine Herrschaft jedoch durch das nach Führerentscheidungen verlangende Kompetenzenchaos insgesamt stärkten.

Nach der untätigen Hinnahme der Ermordung seiner Kameraden Kurt von Schleicher und Kurt von Bredow im Jahre 1934 hatte das Offizierkorps durch sein passives Verhalten in der „Blomberg-Fritsch-Krise" seine bis dahin wenigstens teilweise noch vorhandene politische und gesellschaftliche Macht Hitler weitgehend überantwortet. Für diese Kapitulation verantwortlich war ohne Zweifel die durch innen- und außenpolitische Erfolge unbestreitbar hohe Popularität des „Führers", auf dessen Person die Wehrmacht zudem geschworen hatte. Dazu trug aber auch die zunehmende Identifizierung jüngerer Offiziere mit dem nationalsozialistischen Regime erheblich bei.

Vor allem aber sind ihre Gründe in der mangelhaften Information über die Einzelheiten der Diffamierungen und Ehrabschneidungen im Zusammenhang mit der „Blomberg-Fritsch-Krise" zu suchen, die für die Gedankenwelt vieler Offiziere einfach unvorstellbar waren. Sicherlich spielte aber auch das Motiv karrierebedingter Anpassung für die kleinmütige Hinnahme der Ungeheuerlichkeiten eine nicht zu unterschätzende Rolle, die sich mit der von ihrem einst lebendigen Wertegefüge längst losgelösten preußischen Tradition von Befehl und Gehorsam verband. Nur wenige Offiziere der nun mehr und mehr gleichgeschalteten Wehrmacht waren es, die sich von jetzt an mit allerdings letztlich wenig erfolgreichen Widerstandsabsichten trugen. Allein der Generalstabschef des Heeres, Ludwig Beck, trat am 18. August 1938 vornehmlich aus moralischem Protest gegen Hitlers Kriegskurs von seinem Amt zurück.

Zusammen mit der Neuformierung und Umbesetzung an der Wehrmachtspitze wurde auch das Auswärtige Amt in institutioneller und personeller Hinsicht noch stärker als zuvor dem nationalsozialistischen Zugriff unterworfen. Am 4. Februar 1938 wurde der bisherige Botschafter in London, Joachim von Ribbentrop, Nachfolger des konservativen Reichsaußenministers von Neurath. Abgesehen von der Tatsache, dass die großen Linien deutscher Außenpolitik längst souverän von Hitler selber bestimmt wurden, setzte nunmehr eine stärkere nationalsozialistische Durchdringung der bislang als konservatives Reservat geltenden Behörde ein.

Diese nach der „Machtergreifung" des Jahres 1933 und nach der Ausschaltung rivalisierender Parteigliederungen im Sommer 1934 zwischen 1936 und 1938 in zwei weiteren Schüben vollzogene „Gleichschaltung" traditioneller gesellschaftlicher Gruppen und politischer Institutionen diente Hitler als Voraussetzung für die geplante kriegerische Expansion des „Dritten Reiches". Der bevorstehende militärische Konflikt aber zeichnete sich für die Bevölkerung nicht zuletzt dadurch ab, dass am 27. August 1939 die Bewirtschaftung der Konsumgüter im Deutschen Reich in Kraft trat.

Resümee

Blickt man auf die innen- und außenpolitische Entwicklung der Jahre 1936–1939 zurück, so lässt sich folgendes feststellen:

Während die ersten Jahre der Geschichte des „Dritten Reiches" vornehmlich im Zeichen tiefgreifender innenpolitischer Veränderungen standen, traten im Zeitraum von 1936 bis 1939 die außenpolitischen

Ereignisse in das Zentrum des Geschehens. Vor dem Hintergrund einer zutiefst widersprüchlichen Zeit, in der „Krieg im Frieden und Frieden im Krieg" (K. Hildebrand) nebeneinander existierten, war Hitlers Deutschland die Kraft in der europäischen Politik, die den Gang der internationalen Entwicklung weitgehend bestimmte und vorantrieb. Gewiss ist darüber die innenpolitische Seite der konsolidierten nationalsozialistischen Diktatur nicht zu übersehen, deren ambivalente Entwicklung sich zwischen „Führerwille" und bürokratischem Vollzug, zwischen Charisma und der Veralltäglichung des Außergewöhnlichen vollzog.

Insgesamt gilt: Der Ausbau der politischen Herrschaft, die Beschleunigung der gesellschaftlichen Mobilisierung und die Verstärkung der wirtschaftlichen Militarisierung schritten weiter voran. Weil aber die Grenzen zwischen ganz unterschiedlichen Bereichen und Segmenten in Staat, Wirtschaft und Gesellschaft im Zeichen der Kommandogewalt des Regimes aufgehoben und verwischt wurden, verloren sie zunehmend ihre Eigengesetzlichkeiten und Entwicklungschancen: Produktivitätsverluste waren daher auf Dauer kaum zu vermeiden.

Der ideologische und machtpolitische Anspruch des „Dritten Reiches" schlug sich nicht zuletzt in den Auseinandersetzungen des Regimes mit beiden christlichen Kirchen ebenso wie in den „Maßnahmen" auf dem Gebiet der „Judenpolitik" nieder. Mit dem Inkrafttreten des „Vierjahresplanes" im August 1936 unterwarfen Staat und Partei auch die Wirtschaft einer stärkeren Kontrolle. Durch die Umbildung der Wehrmachtführung zu Anfang des Jahres 1938 wurde eine weitere konservative Bastion im Sinne der Führerdiktatur mediatisiert, und mit dem Wechsel an der Spitze des Auswärtigen Amts im Februar 1938 wuchs auch in diesem Bereich der nationalsozialistische Einfluss.

Alle diese Vorgänge auf dem Feld der Innenpolitik des „Dritten Reiches" sind jedoch ebenso wie die von Hitler ausgelöste, immer schwerer kontrollierbare Entwicklung auf dem Rüstungssektor, deren Konsequenzen sich zuweilen zu verselbständigen schienen, im Dienste jener ehrgeizigen und letztlich utopischen außenpolitischen, kriegerischen und rassischen Ziele zu sehen, denen der Diktator nachjagte. Geraume Zeit waren sie nur schwer von den populären Forderungen des überkommenen außenpolitischen Revisionismus zu unterscheiden und ließen erst kurz vor Kriegsausbruch ihre wahre expansionistische Qualität sichtbar werden, die sich direkt aus Hitlers programmatischer Außen- und Rassenpolitik ableitete.

Heute sind wir zu erkennen imstande, dass sich hinter der Folie der Revisionspolitik des nationalsozialistischen Deutschland von Anfang an die rassische Utopie der „Lebensraum"-Politik Adolf Hitlers verbarg. Über die Betrachtung der politischen Krisen und diplomatischen Konferenzen jener Jahre hinaus ist nämlich nicht zu verkennen, dass – an Überlegungen, Ankündigungen und Aktionen aus den ersten Jahren nach der „Machtergreifung" anknüpfend – Pläne geschmiedet und auch Schritte unternommen wurden, die auf die Ziele der Rassen- und Weltmachtpolitik des Regimes und seines „Führers" hinwiesen.

Vorstellungen, wenn auch einander noch widersprechender Natur, über die Lösung der so genannten „Judenfrage", über die Vernichtung rassisch als minderwertig angesehenen Lebens und über die Heranbildung einer nationalsozialistischen Elite, die den im Prinzip global und total orientierten Herrschaftsanspruch des „Dritten Reiches" durchsetzen und verkörpern sollten, wurden erarbeitet. Dabei verdeckten die Hektik, aber auch die Normalität der im Vordergrund stehenden außenpolitischen Ereignisse oftmals die eigentlichen Triebkräfte der programmatisch gespeisten Politik Hitlers. Ihre erst für wesentlich spätere Zeiten entworfenen Weltmachtplanungen wurden beispielsweise auf kolonial- und marinepolitischem Sektor bereits zeitgenössisch von einzelnen Ämtern und Ressorts des Staates und der Partei teilweise ohne Auftrag der Führungsspitze und auf eigene Faust vorbereitet und verfolgt und standen letztlich doch im Einklang mit den Endzielen der nationalsozialistischen Diktatur.

Für die Janusköpfigkeit des „Dritten Reiches" bezeichnend, ist gerade in diesem Zusammenhang zu beobachten, wie Hitler sich aller Instrumente der Technik bediente, um mit ihrer Hilfe in ferner Zukunft die Vision seiner rassischen Utopie zu verwirklichen, ja wie er die Erfahrungen der Geschichte zu nutzen suchte, um dieser endlich ein für alle Mal zu entfliehen. Dass sich im Verlauf einer so paradoxen Politik im wirtschaftlichen und technischen Bereich Eigengesetzlichkeiten entwickelten, die Hitlers Weltanschauung und der nationalsozialistischen Propaganda widersprachen, ihr auch entgegenwirkten und dann insgesamt doch wieder mit den Zielen des Diktators vereinbart wurden, seinen politischen Kurs aber zumindest nicht wesentlich zu verändern vermochten, darf nicht dazu führen zu übersehen, sondern verweist vielmehr nachdrücklich darauf, dass Hitlers Vorstellungen den gewiss vielschichtigen und oft widerspruchsvollen Verlauf des „Dritten Reiches" jederzeit bestimmten. Gewiss lief manche Entwicklung in der gesellschaftlichen Praxis des Regimes vorläufig und scheinbar dem weltanschaulichen Anspruch entgegen. Sicherlich sah es zuweilen so aus, als sollten die Instrumente der modernen Welt Eigenmacht gewinnen und Übergewicht erlangen über Hitlers ideologische Ziele. Doch letztlich setzten die nationalsozialistische Weltanschauung und Hitlers „Programm" der Wirtschafts- und Gesellschafts-, der Innen- und Außenpolitik des „Dritten Reiches" Maß und Ziel, die sich im Rückblick als spezifische Maß- und Ziellosigkeit darstellen.

In diesem Sinne gehört es zu den Kennzeichen der nationalsozialistischen Diktatur, dass sie in wirtschaftlicher Hinsicht zugunsten der Aufrüstung zwar auf einen – an den westlichen Demokratien gemessen – hohen, im Vergleich mit der – ihre Industrialisierung rapide forcierenden – stalinistischen Sowjetunion jedoch niemals rigorosen Konsumverzicht drängte. Denn seine zweifellos große Popularität in der deutschen Bevölkerung, die, was die Person des Diktators angeht, auch in der Arbeiterschaft existierte, wollte Hitler keineswegs aufs Spiel setzen.

Zudem hatte er nicht vor, eine große Auseinandersetzung im Stile des Ersten Weltkrieges zu führen, die eine auf Jahre funktionierende Rüstungs- und Kriegswirtschaft zur Voraussetzung gehabt hätte. Vielmehr ging er davon aus, auf eine die Bedürfnisse der Kriegsvorbereitung und des Konsums gleichermaßen befriedigende Wirtschaft gestützt, in kleinen, zeitlich getrennt ablaufenden „Blitzkriegen" zum Herren Kontinentaleuropas aufsteigen zu können. Dabei rechnete er zunächst damit, für seinen Feldzug gegen die Sowjetunion die Unterstützung, zumindest jedoch die Tolerierung seines Vorhabens durch die Westmächte zu finden. Diese Hoffnung erwies sich als unzutreffend. Durch den Nichtangriffspakt mit Stalin vom 23. August 1939 abgeschirmt, vermochte Hitler den Waffengang gegen Polen zu entfesseln, der allerdings zum Kriegseintritt der europäischen Westmächte führte und den Diktator in eine von ihm als „verkehrt" empfundene Frontstellung zwang. Im Verlauf der sich am Jahresende 1941 zum Weltkrieg steigernden europäischen Auseinandersetzung aber bestimmte der für das „Dritte Reich" charakteristische Gegensatz von weltanschaulich-rassischem Dogma und strategisch-politischem Kalkül sowohl Hitlers Außenpolitik und Kriegführung als auch die innere Entwicklung des Staates und der Gesellschaft sowie der Rassen- und Besatzungspolitik des „Dritten Reiches".

Deutschland im Zweiten Weltkrieg (1939–1942)

Hitlers Außenpolitik und Kriegführung

In dem am 1. September 1939 von Hitler gegen Polen begonnenen Krieg war – anders als die nationalsozialistische Propaganda es darstellte – Danzig einer Äußerung des „Führers" vor den militärischen Befehlshabern am 23. Mai 1939 zufolge gar „nicht das Objekt, um das es geht. Es handelt sich für uns um die Erweiterung des Lebensraumes im Osten und Sicherstellung der Ernährung sowie die Lösung des Baltikum-Problems. Lebensmittelversorgung ist nur dort möglich, wo geringe Besiedelung herrscht". Mit dem Eintritt in den Krieg und durch die damit hervorgerufene Kriegserklärung der Westmächte vom 3. September 1939 hatte sich die Lage des Deutschen Reiches im Rahmen der Staatenwelt jedoch vorerst und im Vergleich mit den außenpolitischen Erfolgen Hitlers während der Jahre 1938/39 deutlich verschlechtert. Selbst der innerhalb von fünf Wochen über Polen errungene Sieg konnte über diese Tatsache nicht hinwegtäuschen. Sein ursprüngliches Bündniskonzept war nicht aufgegangen: Der Diktator kämpfte gegen England, das er sich als Allianzpartner gewünscht hatte.

Dagegen war aufgrund des am 23. August 1939 abgeschlossenen deutsch-sowjetischen Nichtangriffspaktes der UdSSR, die eigentlich nach wie vor als machtpolitischer und ideologischer Feind des „Dritten Reiches" galt, im Zuge einer internationalen Konstellation, die Stalin ungemein begünstigte, die Rolle des lachenden Dritten zwischen den sich bekämpfenden Staaten des „imperialistischen Lagers" zugefallen. Für Hitlers Kriegführung waren zudem die sowjetischen Rohstofflieferungen an das Deutsche Reich nicht zu unterschätzen.

Stalin, der die Rote Armee – unmittelbar nach der Beilegung des sowjetisch-japanischen Konflikts im Fernen Osten – am 17. September 1939 in Ostpolen einmarschieren ließ und zusammen mit Hitler die im geheimen Zusatzabkommen zum Vertrag vom 23. August von 1939 bereits beschlossene „vierte Teilung" Polens besiegelte, trat jedoch nicht an der Seite des „Dritten Reiches" in den Krieg gegen die Westmächte ein. Ein solcher Schachzug, der damals alles andere als ausgeschlossen war, und durch den die mit dem Abschluss des „Hitler-Stalin-Paktes" vollzogene taktische außenpolitische Wendung des Deutschen Reiches in großem Rahmen fortgeführt und erweitert worden wäre, hätte dem deutschen Diktator die Möglichkeit gegeben, auf England weltweiten Druck auszuüben, um es zum Einlenken in die deutschen Bedingungen zu bewegen. Die Furcht der britischen Regierung vor einer solchen – von Hitler und Stalin durchaus erwogenen, letztlich aber nicht realisierten – Entwicklung spiegelt sich in einem Tagebucheintrag des britischen Diplomaten Harold Nicolson unter dem Datum des denkwürdigen 17. September 1939: „Vielleicht werden wir in wenigen Tagen Deutschland, Russland und Japan gegen uns haben."

In der Tat: Dem deutschen Diktator hätte sich auf diesem Umweg die Gelegenheit geboten, die „verkehrte" Frontstellung gegenüber Großbritannien zu berichtigen, um sich sodann möglicherweise doch noch gemeinsam mit den Engländern gegen die Sowjetunion zu wenden. Allein, es kam zu nicht mehr als einer deutsch-sowjetischen Erklärung im Zusammenhang mit der Vereinbarung des Grenz- und Freundschaftsvertrages zwischen dem Deutschen Reich und der Sowjetunion am 28. September 1939. Aus Hitlers Sicht begünstigte er die Sowjets noch einmal wie schon im Abkommen vom 23. August 1939 durch Zugeständnisse der deutschen Seite.

Denn einen Tag nach der Kapitulation Warschaus wurde in Modifizierung des geheimen Zusatzprotokolls zum Vertrag vom 23. August 1939 folgende Regelung in Moskau unterzeichnet: Die Demarkationslinie zwischen der deutschen und sowjetischen Interessensphäre wurde an den Bug zurückverlegt. Die Sowjetunion überließ dem Deutschen Reich damit die polnischen Woiwodschaften Warschau und Lublin, dazu einen Gebietszipfel bei Suwalki. Dafür kam Litauen mit Ausnahme seines Südwestzipfels nunmehr in den sowjetischen Interessenbereich. Deutschland wurde insgesamt ein Territorium von ca. 118 000, der UdSSR ein Gebiet von 200 000 Quadratkilometern zugesprochen. Im westlichen Polen begann damit die Herrschaft der SS, des SD und der Gestapo, die umgehend und auf grausame Weise deutlich machte, dass der polnische Feldzug von vornherein als Weltanschauungs- und Rassenkrieg wütete.

Über die künftige politische Gestalt des eroberten Gebietes herrschte dagegen vorerst Unklarheit. Für kurze Zeit wurde am 25. September 1939 eine deutsche Militärverwaltung unter Generaloberst Gerd von Rundstedt errichtet. Ziviler Oberverwaltungschef dieses Provisoriums war Hans Frank, bis er nach Auflösung der Militärverwaltung am 12. Oktober 1939 zum Generalgouverneur für das von Deutschland eroberte Polen ernannt wurde. Aus dessen Bestand wurden umgehend die Freie Stadt Danzig, die 1919 durch den Versailler Vertrag an Polen abgetretenen Territorien, das Gebiet um Lódź, das nach Osten vergrößerte Oberschlesien und der Bezirk von Ciechanów dem Reich eingegliedert.

In einer Verlautbarung der beiden Vertragspartner, Deutsches Reich und Sowjetunion, wurden die Westmächte angeklagt, für die Verlängerung des Kampfes verantwortlich zu sein. Für den Fall „einer Fortdauer des Krieges" kündigten die beiden Regierungen an, „sich gegenseitig über die erforderlichen Maßnahmen [zu] konsultieren". Die von Großbritannien und Frankreich bis zum 22. Juni 1941 immer wieder gehegten Befürchtungen, sich eines Tages der geschlossenen militärischen Front der beiden totalitären Regime Hitlers und Stalins gegenüberzusehen, kamen der Realität durchaus nahe.

Gleichwohl nahm sich die Lage des „Dritten Reiches" in innen- und außenpolitischer Hinsicht nicht gerade vorteilhaft aus: Auch nach dem Waffenerfolg über Polen hielt die „schlechte Stimmung der Bevölkerung" an, weil die Mehrheit der Deutschen nach dem Urteil des Generalobersten Wilhelm Ritter von Leeb, „das Unnötige des Krieges" spürte. Und in der Staatenwelt drohte ganz unübersehbar die Gefahr der Isolierung: Mit Großbritannien und Frankreich befand sich das Deutsche Reich im Krieg; die Vereinigten Staaten von Amerika hegten, nicht nur was ihren Präsidenten angeht, eher für die Westmächte als für das „Dritte Reich" Sympathien; die Neutralität des stalinistischen Russland erschien in vielerlei Hinsicht als problematisch; enttäuschend verharrte der italienische Bundesgenosse in einer abwartenden Position der „Nichtkriegführung"; und gegenüber dem japanischen „Antikominternpakt"-Partner war durch die – nach dem Urteil des japanischen Innenministers Kido Koichi – „verräterische Tat Deutschlands", ohne Konsultation des fernöstlichen Verbündeten den „Hitler-Stalin-Pakt" abzuschließen, der „Japan einen Schlag" versetzte und „China eine Hilfe" (Mao Tse-tung) bot, über Nacht eine Vereisung der Beziehungen eingetreten. Eine militärisch unzureichende Vorbereitung auf einen großen Krieg, für den Deutschland frühestens vom Jahre 1942 an gewappnet sein würde, und eine wirtschaftliche Abhängigkeit des Reiches von ausländischen Lieferungen, die ungeachtet der im Rahmen des „Vierjahresplanes" unternommenen Anstrengungen nach wie vor bestand, kamen erschwerend hinzu: Hitler blieb seinem eigenen Verständnis zufolge nichts anderes übrig, als zur militärischen Offensive überzugehen, also die Flucht nach vorn anzutreten.

Dabei ging er davon aus, dass „die Zeit mit größerer Wahrscheinlichkeit als Verbündeter der Westmächte denn als Verbündeter von uns" angesehen werden musste. Mithin kam es für ihn darauf an, durch einen möglichst noch im November 1939 begonnenen, siegreich geführten Krieg gegen Frankreich Großbritanniens Einfluss vom europäischen Kontinent zu verdrängen. Danach, so glaubte er, würde es ihm gelingen, sich mit einer zur Einsicht in ihre „wahren" Interessen gekommenen britischen Regierung im Sinne seines Grundplans der zwanziger Jahre zu verständigen. Seine Idee einer Aufteilung weltpolitischer Interessensphären zwischen Großbritannien als der führenden See- und Kolonialmacht und dem Deutschen Reich als der Vormacht Kontinentaleuropas würde nach seinen Überlegungen England davor bewahren, früher oder später von den Vereinigten Staaten von Amerika in seiner Rolle als Weltmacht beerbt und abgelöst sowie durch die Sowjetunion ideologisch und machtpolitisch weiterhin herausgefordert und bedroht zu werden.

Denn über die Auseinandersetzung mit den europäischen Westmächten hinaus sah Hitler bereits im Oktober 1939 die eigentliche Gefahr für sein Vorhaben, ein europäisches Kontinentalreich unter deutscher Führung zu errichten, auf Seiten der amerikanischen und sowjetischen Flügelmächte der Staatenwelt. Sie vermochten in erster Linie das geostrategisch und wehrwirtschaftlich eingeengt zwischen ihnen liegende Deutschland während einer vergleichsweise frühen Etappe seiner Expansion aufzuhalten: „Durch keinen Vertrag und durch keine Abmachung", umschrieb Hitler am 9. Oktober 1939 diese Befürchtung, „kann mit Bestimmtheit eine dauernde Neutralität Sowjet-Russlands sichergestellt werden... Die größte Sicherheit vor irgendeinem russischen Eingreifen liegt in der klaren Herausstellung der deutschen Überlegenheit bzw. in der raschen Demonstration der deutschen Kraft... Der Versuch gewisser Kreise der USA, den Kontinent in eine deutschfeindliche Richtung zu führen, ist im Augenblick sicher ergebnislos, kann aber in Zukunft doch noch zu dem gewünschten Ergebnis führen. Auch hier ist die Zeit als gegen Deutschland arbeitend anzusehen".

Nicht zuletzt im Banne dieses weltpolitischen Zugzwanges hatte Hitler sich gegen die Opposition durchgesetzt, die seinen Plan, Frankreich anzugreifen, vereiteln wollte. Er war dazu entschlossen, den kontinentalen Ententepartner Großbritanniens zu besiegen. Charakteristischerweise hatte er schon am 27. September 1939 über die Absicht des geplanten Feldzuges im Westen geäußert, das Ziel sei es, „Frankreich zu zerschlagen". England dagegen beabsichtigte er lediglich gefügig zu machen und „auf die Knie zu zwingen". Auf diesem Wege kehrte Hitler zu seinen Ideen der zwanziger Jahre zurück. Als machtpolitische Voraussetzung für ein deutsches Ausgreifen nach Osten war Frankreich auszuschalten und gleichzeitig damit England seinen Angeboten gegenüber willfährig zu machen. In diesem Sinne betrachtete der Diktator den ins Auge genommenen Feldzug als eine Möglichkeit, die für die Verwirklichung seines „Programms" wesentliche Bündniskonstellation auf militärischem Wege doch noch zu erreichen.

Aus verschiedenen Gründen wurde der Angriffstermin gegen Frankreich immer wieder verschoben, während Hitler seinen Paktpartner Stalin in dessen am 30. November 1939 begonnenem Krieg gegen Finnland bezeichnenderweise gewähren ließ. Noch kurz vor dem Beginn des deutschen Angriffs im Westen ließ er sodann am 9. April 1940 Dänemark und Norwegen militärisch besetzen, um einem entsprechenden Schritt der Westmächte zuvorzukommen und um sich die über Norwegen laufende, für Deutschland lebenswichtige Erzzufuhr aus Schweden nicht abschneiden zu lassen. Mit diesem Schritt hatte Hitler zugleich – in Übernahme entsprechender Marineplanungen – die Enge des durch Ostsee, Nordsee und Ärmelkanal begrenzten Operationsgebietes der deutschen Seestreitkräfte großzügig erweitert und eine für die Atlantikkriegführung angemessene, in defensiver wie in offensiver Hinsicht zu nutzende Basis für die überseeische Strategie einer künftigen deutschen Welt-, Flotten- und Kolonialmacht erworben.

Am 10. Mai 1940 begann der deutsche Angriff gegen die Niederlande, Belgien und Frankreich. Entgegen den Erwartungen der militärischen Experten wurde der Feldzug im Westen Europas ein Triumph der Kriegführung Hitlers: Der Diktator stand auf dem Gipfel seiner Popularität in Deutschland. Ja, er hatte nun auch die oppositionellen Strömungen im Offizierkorps besiegt und war für eine Vielzahl der Vertreter des alten Deutschland ebenso wie für die über den außen- und wirtschaftspolitischen Kurs des „Dritten Reiches" nach Kriegsausbruch 1939 weiterhin uneinige Elite des nationalsozialistischen Staates zur unumschränkten Autorität geworden.

Zeitgenössisch war der Ausgang des Völkerringens, der sich im Rückblick oftmals als so eindeutig darstellt, mehr als offen, ja in diesem historischen Augenblick schien das „Dritte Reich" dem Sieg sogar näher zu sein als das im Kampf allein ausharrende Großbritannien. In dem für den weiteren Verlauf des Zweiten Weltkrieges entscheidenden Jahr zwischen dem 22. Juni 1940, an dem der Waffenstillstand zwischen Frankreich und dem Deutschen Reich abgeschlossen wurde, und dem

22. Juni 1941, an dem Hitler die Sowjetunion überfiel, war „der Primat der Politik ... in einem selten hohen Maße gesichert" (A. Hillgruber). Die innenpolitischen Bedingungen für Hitlers außenpolitische Entscheidungen der kommenden Wochen und Monate sind in diesem Zusammenhang zutreffend von A. Hillgruber so umschrieben worden: „Der stufenweise vollzogene Prozess der Konzentration der Macht in Deutschland bei Hitler und der nicht immer parallel dazu verlaufende Vorgang der Anerkennung seiner Führung durch die traditionellen Repräsentanten im Heer, in der Diplomatie und der Wirtschaft waren mit dem Sieg über Frankreich zusammengekommen. Hitler steckte in den nächsten Monaten – so ‚frei' wie nie zuvor und wie nie mehr in der Folgezeit – den großen Rahmen ab, in dem sich die Planungen und Erwägungen der wirtschaftlichen Organisation, der militärischen Führung und der Diplomatie vollzogen. Die noch vorhandenen Widerstandszentren, die sich in den Krisen 1938 und im Winter 1939/40 auf verbreitete Stimmungen aus der Bevölkerung hatten stützen können, waren nunmehr geschrumpft und gesellschaftlich von der geschlossener denn je der Führung Hitlers akklamierenden Nation weitestgehend isoliert".

Das außenpolitisch und strategisch entscheidende Problem blieb indes auch nach dem Triumph über Frankreich ungelöst. Bohrend quälte Hitler die Frage, warum England noch immer nicht auf seinen Vorschlag einer „Teilung der Welt" eingehe bzw. wann es sich endlich zur Annahme seiner Vorschläge entschließen werde. Im Vergleich damit verblassten für ihn alle anderen Entwicklungen und Ereignisse, die das siegreich vom Atlantik bis zur russischen Grenze über Europa gebietende Reich durchweg begünstigten. Souverän vermochte Deutschland sich nunmehr die Ressourcen des mitteleuropäischen „Großwirtschaftsraumes" nutzbar zu machen. Die Planungen der verschiedenen Ämter und Stäbe in Partei und Staat erstreckten sich darüber hinaus bereits auf die dazu als komplementär angesehenen kolonialen Ergänzungsräume in Übersee und nahmen damit eine noch in der Zukunft liegende Etappe in Hitlers „Stufenplan" vorweg, ohne diese für Hitlers Strategie verbindliche Denkfigur wohl genauer zu kennen.

Das militärpolitische Prestige ließ die Anziehungskraft des Deutschen Reiches beträchtlich steigen. Am 10. Juni 1940 verließ Italien den im September 1939 für Hitler damals enttäuschend verkündeten Zustand der „Nichtkriegführung" und beteiligte sich jetzt – dem Diktator gar nicht willkommen – an der Liquidation des bereits geschlagenen Frankreich. Sogar der vorsichtige Franco rückte zu Anfang des Monats Juni 1940 mit dem Angebot eines Kriegseintritts Spaniens auf deutscher Seite an das Reich heran. Doch die prohibitiv hohen territorialen und wirtschaftlichen Forderungen des Caudillo" machten es Hitler unmöglich, auf dieses Angebot wirklich einzugehen.

Von der Mitte des Monats Juni an näherte sich auch Japan erneut dem Deutschen Reich. Dadurch wurden von Ribbentrops Vorstellungen von einem gegen England (und die Vereinigten Staaten von Amerika) gerichteten, sich von Ostasien bis Spanien erstreckenden „Kontinentalblock" bestärkt. Aber auch Hitlers vorsichtig planende Erwägungen bestätigten sich: Sie schätzten Japan in Ostasien in erster Linie als ein politisches und militärisches Instrument ein, das dazu geeignet erschien, die Vereinigten Staaten von Amerika im Pazifik zu binden und vom europäischen Schauplatz fernzuhalten. Denn trotz aller Macht, über die das Deutsche Reich in Europa verfügte, und trotz aller Reverenzen, die ihm in der Staatenwelt nunmehr auch von Seiten der Neutralen zuteil wurden, war unübersehbar, dass das seit dem 10. Mai 1940 von Winston Churchill als Premierminister geführte Großbritannien in seinem entschlossenen Widerstand gegen Hitlers Deutschland ausharrte.

Dem Urteil des „Führers" zufolge stand England im Grunde vor der Wahl, entweder mit dem Deutschen Reich oder mit den Vereinigten Staaten von Amerika zu einem „Ausgleich" zu kommen und sein Überleben als Juniorpartner an der Seite der einen oder der anderen zukünftig in der Welt führenden Macht zu suchen. Dass Großbritannien dabei im Rahmen der künftigen „Pax Germanica" oder „Pax Americana" eine der jeweils dominierenden Führungsmacht nur noch nachgeordnete, kaum mehr gleichberechtigte Rolle spielen würde, stand für den Diktator bereits während des noch andauernden Frankreichfeldzuges fest, als er sicher mit einem von ihm machtpolitisch erzwungenen Einlenken der Briten rechnete.

Angesichts des als gewiss erwarteten Nachgebens der Engländer richtete er schon am 2. Juni 1940 im Stabsquartier der Heeresgruppe A in Charleville während der „Schlacht um Dünkirchen" (27. Mai – 4. Juni 1940) und bei anderer Gelegenheit noch einmal am 30. Juni 1940 den Blick auf das ihn eigentlich beschäftigende machtpolitische und ideologische Ziel seiner Außenpolitik und Kriegführung, nämlich auf die Sowjetunion. Dabei gab er seiner festen Überzeugung Ausdruck, dass er den ihm gegen seinen Willen aufgezwungenen Krieg mit England in absehbarer Zeit beenden könne, um sodann, den Aufzeichnungen des Chefs des Generalstabes Franz Halder zufolge, programmgemäß „den Rücken ... für den Osten" endlich frei zu haben. So bald wie möglich und ohne längere Unterbrechung, die dem Kriegswillen des deutschen Volkes nur abträglich sein konnte, sollte sich der „Lebensraum"-Krieg gegen Russland anschließen.

Auf diesem Weg gedachte er nicht zuletzt auch einem trotz japanischer Präsenz im Pazifik stets befürchteten Eingreifen der Vereinigten Staaten von Amerika, wo der Kampf zwischen Isolationisten und Interventionisten damals noch hin- und herging, in Europa zuvorzukommen. Mit anderen Worten: Dass seine Lage ungeachtet der militärischen Siege prekär war, hat der Diktator selber richtig eingeschätzt, als er Ende Juni 1940 feststellte: „Wir können die Erfolge dieses Feldzuges nur mit den Kräften erhalten, mit denen sie errungen wurden, also mit militärischer Gewalt". Zutreffend kommentierte Staatssekretär Ernst von Weizsäcker: „Die Schwierigkeiten liegen weniger in der augenblicklichen Lage, als in der künftigen Entwicklung. Denn die Erhaltung unseres Erfolges durch militärische Machtmittel muss zur Überanstrengung führen." Im Grunde stand Hitler im Sommer 1940 wie ein gefesselter Sieger da: Über die von ihm direkt oder indirekt abhängige Staatenwelt Kontinentaleuropas vermochte er beinahe nach Belieben zu verfügen; die Entscheidungen in den weltpolitischen Zentren von London, Moskau und Washington dagegen entzogen sich seinem Einfluss stärker, als er selber wahrhaben wollte.

Im Unterschied zu seinen Überlegungen während der zwanziger Jahre (Erwartung einer eher defensiv vorgestellten Auseinandersetzung zwischen dem in Europa rassisch und machtpolitisch führenden Reich und den Vereinigten Staaten von Amerika um die Weltvorherrschaft als Aufgabe von ihm später einmal nachfolgenden Generationen) rechnete Hitler jetzt mehr und mehr mit der Möglichkeit eines Kampfes gegen die USA noch zu seinen Lebzeiten. Auch unter diesem Gesichtspunkt mag er die ihm von Großadmiral Erich Raeder am 11. Juli 1940 nahegelegte verstärkte Wiederaufnahme des bei Kriegsbeginn zurückgestellten Baus der großen Überwasserflotte gebilligt haben. Dennoch befahl er der deutschen Marine, nachdem er sich seit Ende Juni/Anfang Juli 1940 dem Gedanken zunehmend genähert hatte, den für Deutschland als notwendig erachteten „Lebensraum" durch Krieg gegen Russland zu erobern, vorerst selbst angesichts der von Roosevelt in der zweiten Julihälfte 1940 durchgesetzten und sodann praktizierten „short-of-war"-Politik der Amerikaner im Atlantik äußerste Zurückhaltung gegenüber den sich häufenden amerikanischen Provokationen zu üben.

In einer Mischung freilich von defensiven und offensiven Elementen, die sich an Entwicklungsmöglichkeiten des andauernden Krieges ebenso wie an den Zielvorstellungen seines „Programms" orientierten, ließ er die Vorbereitungen der Marine im Hinblick auf eine offensive Atlantikkriegführung, die Etablierung eines überseeischen Stützpunkt-systems und den Bau einer Großflotte vorantreiben.

Damit übernahm Hitler jedoch keineswegs Raeders strategische Konzeption, die eher auf einen Ausgleich mit Russland abhob, gegen Großbritannien und die Vereinigten Staaten von Amerika gerichtet war und in einigen entscheidenden Merkmalen durchaus von Ribbentrops außenpolitischen Überlegungen glich. Unverrückbar stand für den Diktator nach wie vor die Eroberung der Sowjetunion im Mittelpunkt seines „Programms".

Dennoch ließ er zur gleichen Zeit in Ergänzung seines Erlasses vom März 1939 im Juni 1940 verfügen, die kolonialen Vorarbeiten zu dem „schleunigen Abschluss" zu bringen, den die „heutige Lage" erfordere, damit Deutschland in absehbarer Zeit dazu bereit sei, ein Kolonialreich in Afrika zu übernehmen und zu verwalten. Zu keiner Zeit des Jahres 1940 allerdings – von den kolonialen Forderungen während des West-feldzuges über den Wunsch nach einem „zusammenhängende[n] West-Ost-Afrikanische[n] [Kolonialgebiet]" vom August 1940 bis hin zu von Ribbentrops Plan der „Südexpansion" der großen Mächte Japan, Russ-land, Italien und eben auch Deutschland – war das ins Auge gefasste Ausgreifen nach Übersee eine Alternative zu Hitlers programmatisch festliegendem Ziel im Osten. Immerhin scheint der Diktator 1940 daran gedacht zu haben, im Zuge des bis zum Ende des Monats Juni 1940 als sicher erwarteten Sonderfriedens mit Großbritannien Kolonialgebiete im Vorausgriff auf später anzuvisierende Ziele seiner Weltmachtpolitik zu erwerben.

Aber vorläufig harrte England, das schon als friedensbereit angesehen und für die Zukunft eher als Juniorpartner denn als gleichberechtigte Macht eingeschätzt wurde, in seinem Kampf aus. Werbungen und Sank-tionen, Friedensangebote und -fühler vermochten ebenso wenig wie die Drohung mit der Invasion, die Hitler nur unter inneren Vorbehalten am 16. Juli 1940 vorzubereiten befahl, oder die am 13. August 1940 er-öffnete Luftoffensive das Inselreich auf den – in Hitlers Urteil – „Weg des Klügeren", wie der Generalquartiermeister Eduard Wagner es ein-mal umschrieb, zu führen.

Denn seit der zweiten Julihälfte des Jahres 1940 stand der amerikani-sche Präsident unmissverständlich hinter Churchills sich Hitlers Erwar-tungen entschieden widersetzendem Kurs: Roosevelt war dazu bereit, die als unausweichlich eingeschätzte Herausforderung der Vereinigten

Staaten von Amerika durch Deutschland und Japan anzunehmen. Daher ging es für das Deutsche Reich darum, in der verbleibenden Zeit, in der die USA rüstungstechnisch noch nicht zureichend gewappnet waren und durch Japan in Ostasien einigermaßen gebunden erschienen, die Sowjetunion zu besiegen, das deutsche Kontinentalimperium für die Angelsachsen uneinnehmbar zu machen und das angesichts der zunehmenden amerikanischen Dominanz im weltpolitischen, imperialen und außenhandelswirtschaftlichen Bereich vom Absinken in die Zweitrangigkeit bedrohte England von den USA abzuziehen und zum Frieden zu bewegen.

Hitler musste seinem Selbstverständnis und „Programm" zufolge erneut, wie bereits im Anschluss an den Feldzug gegen Polen, dieses Mal freilich in globalem Rahmen offensiv werden und die letzte verbliebene Kontinentalmacht in Europa überrennen, um für den als sicher erwarteten Angriff der Angelsachsen gerüstet zu sein bzw. um die überseeische Stufe des „Programms" verwirklichen und zur außereuropäischen Weltmacht aufsteigen zu können. Unterdessen ging die Sowjetunion ihrerseits systematisch daran, durch Besetzung der baltischen Staaten am 15./17. Juni 1940 und Bessarabiens sowie der nördlichen Bukowina am 28. Juni 1940 das strategische Vorfeld gegenüber dem deutschen Vertragspartner auszubauen.

Am 31. Juli 1940 entwickelte Hitler vor den Spitzen des Oberkommandos der Wehrmacht und des Oberkommandos des Heeres seine weltpolitische Lagebeurteilung und folgerte daraus: „Wenn [in England] [die] Hoffnung auf Russland wegfällt, fällt auch Amerika weg, weil [dem] Wegfall Russlands eine Aufwertung Japans in Ostasien in ungeheurem Maß folgt". Vor dem Hintergrund dieser prinzipiell formulierten Überlegungen wurde sodann im Herbst 1940 jener improvisierte Gesamtkriegsplan konzipiert, der vorsah, die Sowjetunion in einem weiteren „Blitzfeldzug" anzugreifen und zu zerschlagen. Auf diesem Wege gedachte der Diktator das zentrale Ziel seines macht- und rassenpolitischen „Programms" zu verwirklichen und gleichzeitig damit England, das – entgegen den während des noch andauernden Krieges in Westeuropa bzw. unmittelbar nach dem Ende des siegreichen Feldzuges gegen Frankreich gehegten Erwartungen Hitlers auf ein Einlenken der Briten – ausgeharrt hatte, den russischen „Festlandsdegen" als Kriegsmittel aus der Hand zu schlagen, um es friedensbreit zu machen.

Sollte die englische Neutralität bzw. das Bündnis mit England ursprünglich die Voraussetzung dafür bieten, um Russland angreifen zu können, und sah der „Führer" diese für ihn grundlegende Bedingung des britischen Nachgebens unter dem Eindruck seines Triumphes über Frankreich, noch bis zur Mitte des Monats Juli, als gegeben an, so verquickten sich danach in einem politisch-militärischen Hazardspiel Mittel und Ziel miteinander. Der Sieg über Russland sollte ihn sowohl zur Verwirklichung seiner zentralen weltanschaulichen Idee vordringen lassen als auch Großbritannien zum Frieden zwingen. Danach würde er für weitere, sich entweder unmittelbar an den russischen Feldzug anschließende oder aber nach einer zeitlichen Unterbrechung drohende bzw. sich einstellende Auseinandersetzungen mit den Vereinigten Staaten von Amerika bereit sein.

In der bereits erwähnten Besprechung auf dem Berghof am 31. Juli 1940, in der im Prinzip der als Mittel-Ziel-Strategem vorgesehene Krieg gegen Russland ins Auge genommen wurde, wies Hitler deutlich auf die von den USA ausgehende Gefahr hin, der er vorläufig nur auf indirektem Wege und in der Hoffnung auf die durch Japan garantierte Neutralität der Vereinigten Staaten von Amerika begegnen konnte. Im Augenblick dieser Überlegungen, das heißt im Sommer und Herbst 1940, rechnete Hitler mit dem Eingreifen der Amerikaner aufgrund ihrer mangelnden Kriegsbereitschaft erst für 1941/42. Der bereits im Ersten Weltkrieg auf Seiten aller am Kampf beteiligten Staaten auftauchende Gedanke, sich noch während des andauernden Ringens bereits auf den folgenden „zweiten" Krieg vorzubereiten, verdichtete sich auch in Hitlers Gedankenbildung im Hinblick auf den „Faktor Amerika" mehr und mehr und verkürzte das diese Stufe grundsätzlich bereits antizipierende „Programm" unter zeitlichem Aspekt erheblich.

Jedenfalls näherte sich der Diktator im Sommer 1940 immer stärker dem Gedanken, in einer Auseinandersetzung um „Alles oder Nichts", das heißt in der militärischen Ostlösung die politische und strategische Initiative zu behalten. Der Krieg gegen Russland erschien Hitler und der Mehrzahl der deutschen Offiziere nach der siegreichen Schlacht gegen Frankreich fatalerweise kaum mehr als ein „Sandkastenspiel" zu sein. Nach dem in wenigen Wochen zu erringenden Sieg aber würde Großbritannien endlich Frieden schließen. Aus einem autarken Europa heraus konnten ihm dann sogar die Vereinigten Staaten von Amerika „gestohlen" bleiben.

Noch einmal vor Beginn des Feldzuges gegen die Sowjetunion schien sich mit der durch von Ribbentrop entworfenen und von Hitler zeitweilig von Mitte September bis spätestens Ende Oktober widerwillig akzeptierten „Kontinentalblock"-Konzeption eine Alternative zu den

Überlegungen des „Führers" anzubieten. Einige Wochen lang trat sie in den Vordergrund, als Hitler eingesehen hatte, dass England weder durch die Luftoffensive noch durch die Invasionsdrohung zum Einlenken zu bewegen war, dass die Unterstützung Großbritanniens von Seiten der Vereinigten Staaten zunahm und dass der Feldzug gegen die Sowjetunion nicht mehr im Jahre 1940 durchgeführt werden konnte.

Doch trotz des mit großem propagandistischem Aufwand verkündeten Abschlusses des „Dreimächtepaktes" zwischen Deutschland, Italien und Japan am 27. September 1940, der in der Substanz das deutsch-japanische Verhältnis nur locker, ja unzulänglich regelte, scheiterte der durch von Ribbentrop gegen die angelsächsischen Mächte konzipierte, auf Beibehaltung der russischen Neutralität beruhende Plan am Widerstand der als potentielle Satelliten angesehenen Spanier und Franzosen, an Japans eigenständigen Kriegsplänen, an Stalins territorialen Forderungen und nicht zuletzt an Hitlers Option für die als Kriegsmittel und Kriegsziel gleichermaßen eingeschätzte militärische „Ostlösung".

Daher betrachtete der Diktator den negativen Ausgang seiner mit Franco und Pétain in Hendaye und Montoire am 23. und 24. Oktober 1940 geführten Verhandlungen über einen Kriegseintritt Spaniens und Frankreichs an der Seite des Reiches im Grunde als eine Bestätigung für die Richtigkeit des von ihm schon lange zuvor gefassten Entschlusses zum Krieg gegen die Sowjetunion. Auch Mussolinis vier Tage darauf eigenmächtig und für Deutschland überraschend begonnener Feldzug gegen Griechenland musste seine Zweifel an der Möglichkeit einer sich von Ostasien bis Südeuropa erstreckenden Bündniskonstellation bestärken. Nunmehr war über die kaum miteinander zu vereinbaren territorialen Forderungen Spaniens, Frankreichs und Italiens hinaus auch noch durch Mussolinis ehrgeizigen Schritt der Balkan in militärischer Hinsicht zu einer akuten Konfliktzone geworden.

Bereits eine Woche vor Molotows Besuch in Berlin am 12./13. November 1940 erklärte Hitler daher, es müsse alles getan werden, um bereit zu sein zur „großen Abrechnung" mit der Sowjetunion, die das „ganze Problem" Europas bleibe. Die Russen waren ihrerseits ungeachtet „vieler neuer Erfolge", die sich aus dem Zusammengehen mit Hitlers Deutschland inzwischen bereits ergeben hatten, nicht bereit, wie ihr Regierungschef und Außenminister am 1. August 1940 angekündigt hatte, sich „mit dem zufriedenzugeben, was wir erreicht haben". Die Besprechungen mit Molotow boten Hitler eine letzte Gelegenheit, herauszufinden, ob das Reich und die Sowjetunion „Rücken an Rücken oder Brust gegen Brust" stünden.

Der sowjetische Gesprächspartner, dessen Verhandlungsspielraum durch Stalins Direktiven eng umrissen war, ließ sich dabei keineswegs durch von Ribbentrops nur schwer realisierbare Pläne täuschen, die vorsahen, die „gigantische Weltkonkursmasse" des nach wie vor unbesiegten britischen Empire großzügig zu verteilen: In diesem Sinne wurde durch von Ribbentrop vorgeschlagen, Deutschland über Europa hinaus nach Mittelafrika ausgreifen zu lassen, Italien den Mittelmeerraum und Nordostafrika zuzuweisen, Japan unter Einschluss von China den Pazifik und Südostasien als Einflusssphäre zuzuerkennen und der Sowjetunion im Zuge einer „Südexpansion" der gemeinsam handelnden Großmächte Südasien und Indien zu überlassen. Dagegen gab Molotow die sowjetischen Territorialforderungen in Ostmitteleuropa und in Finnland, auf dem Balkan und in der Türkei deutlich zu erkennen, die in den von Deutschland beanspruchten Machtbereich hineinragten, das Deutsche Reich in seinen Interessen empfindlich beeinträchtigen mussten und für den deutschen Diktator als den Herrn über Kontinentaleuropa unannehmbar waren. „Stalin hat seine ‚starke Position' offensichtlich überschätzt", urteilt der russische Historiker Lew Bezymenskij in diesem Zusammenhang: „Im Unterschied zum August 1939 brauchte ihn Hitler zur Realisierung seiner Programme nicht mehr. Die Situation hatte sich geändert: eher brauchte Stalin Hitler, um die friedliche Atempause zu verlängern" (L. Bezymenskij).

Hitler wurde in der Richtigkeit seines schon lange gehegten Vorhabens, die Sowjetunion anzugreifen, nur noch einmal bestätigt. Hinzu kam, dass das am 11. März 1941 in den USA in Kraft getretene Leih- und Pachtgesetz die Unterstützung der Vereinigten Staaten von Amerika für England erneut verstärkte. Misstrauisch beobachtete Hitler darüber hinaus die sowjetischen und britischen Aktivitäten auf dem Balkan, insbesondere in Jugoslawien. Offensichtlich arbeitete die Zeit an allen Fronten gegen ihn. Nur der Sieg über die Sowjetunion – so schien es – vermochte ihm gegenwärtig Handlungsfreiheit zu erhalten und zukünftig Sicherheit zu bieten. In diesem Sinne erging bereits am 18. Dezember 1940 die „Weisung Nr. 21" für den „Fall Barbarossa", in der Hitler den Angriff auf die Sowjetunion vorzubereiten befahl und seine Zielsetzung erläuterte: „Die deutsche Wehrmacht muss darauf vorbereitet sein, auch vor Beendigung des Krieges gegen England Sowjetrussland in einem schnellen Feldzug niederzuwerfen". Dass Russland in wenigen Wochen niedergerungen sein würde, bestätigten die militärischen Experten dem Diktator fast ohne Ausnahme, und ihr Urteil wurde auch vom amerikanischen und englischen Generalstab geteilt.

Während die Vorbereitungen für das „Unternehmen Barbarossa" liefen, wurden Jugoslawien und Griechenland während des April 1941 im Balkanfeldzug besiegt. Er war zu dem Zweck improvisiert worden, den vorgesehenen Krieg gegen die Sowjetunion militärstrategisch zu flankieren und die Möglichkeit einer alliierten Front in Südosteuropa auszuschließen. Hitlers Gedanken aber schweiften nicht zuletzt angesichts der drohenden amerikanischen Gefahr bereits weit in die Zukunft voraus. Schon am 17. Dezember 1940 hatte er dem Chef des Wehrmachtführungsstabes, General Jodl, gegenüber bekannt: „Dass wir 1941 alle kontinentalen Probleme lösen müssten, da ab 1942 [die] USA in der Lage wären einzugreifen". Angesichts der sich daraus ergebenden Notwendigkeit einer gegenüber den Angelsachsen defensiven Kriegführung, die jedoch möglicherweise auch offensiv genutzt werden und dabei ursprünglich einmal visionär anvisierte Ziele unmittelbar ins Auge nehmen konnte, plante Hitler schon jetzt für die Zeit nach Beendigung des Feldzuges gegen die Sowjetunion.

Als Herr über ein bis zum „Ostwall", der Linie Archangelsk – Kaspisches Meer, erobertes Kontinentalimperium gedachte er, die strategisch wichtigen Räume in der östlichen Hemisphäre von den „Dreierpaktmächten" gegen die Angelsachsen absichern zu lassen und durch Bastionen im Nahen bzw. Mittleren Osten und in Nordwestafrika sein kontinentales Großreich abzuschirmen. Dazu sollte bereits im August und September 1941 der Großteil der Infanterie-, Panzer- und Luftwaffenverbände aus Russland abgezogen und der Schwerpunkt der Rüstung danach auf Marine- und Luftstreitkräfte gelegt werden. Den russischen Raum hatten 50–60 Divisionen zu sichern und sich darüber hinaus für eine militärische Operation über den Kaukasus in Richtung Iran-Irak bereitzuhalten.

Zusammen mit geplanten Vorstößen von Libyen aus auf Ägypten und von Bulgarien und der Türkei aus auf Syrien würde die englische Nahoststellung in die Zange genommen und aufgebrochen werden, während Indien von Afghanistan aus bedroht werden konnte, wo Hitlers Anweisungen vom 17. Februar 1941 zufolge eine deutsche Operationsbasis zu errichten war. Daneben wurde für den Herbst 1941 die Eroberung Gibraltars geplant, um sodann in Nordwestafrika und auf den Azoren Stellung gegen die USA zu beziehen, wodurch die Vereinigten Staaten von Amerika in den Einflussbereich der deutschen Luftwaffe rücken würden.

Das Fazit aller Überlegungen Hitlers am Vorabend des Feldzuges gegen die Sowjetunion, die sich in seinen Äußerungen und in Ausarbeitungen des Wehrmachtführungsstabes vom 9. Januar, 17. Februar und 11. Juni 1941 niederschlugen, lautete, nach der Niederringung der UdSSR über den blockadefesten und autarken Raum Kontinentaleuropas hinausgreifen zu können. Im Zuge eines „Weltblitzkrieges" (A. Hillgruber) galt es dann, eine strategische Stellung aufzubauen, die durch Basen in Nordwestafrika und auf den atlantischen Inseln abgesichert, durch eine erheblich vergrößerte Flotte und Luftwaffe geschützt und für die mit Gewissheit erwartete Auseinandersetzung mit den USA gewappnet war. Aus der Defensive heraus würde damit zugleich das Sprungbrett errichtet, das zur Verteidigung oder zum Angriff gegen die Vereinigten Staaten von Amerika jederzeit benutzt werden konnte, um Roosevelts Amerika Paroli zu bieten.

Nachdem auch der letzte Versuch, England doch noch zur Einwilligung in das Bündnis zu bewegen und damit die Belastung eines Zweifrontenkrieges zu vermeiden, nämlich die nach wie vor geheimnisumwitterte, in Bezug auf ihre Motive und Anlässe umrätselte „Mission" des „Stellvertreters des Führers", Rudolf Heß, dessen Flug nach Schottland von Hitler zwar nicht befohlen, möglicherweise aber doch gebilligt oder zumindest toleriert worden ist, am 10. Mai 1941 fehlgeschlagen war, begann am 22. Juni 1941 der Krieg gegen die Sowjetunion. In seinem lange gehegten Entschluss, Russland anzugreifen, wurde Hitler unmittelbar vor Beginn des Feldzuges noch einmal durch Informationen bestärkt, die er aus abgefangenen Telegrammen der Sowjetführung an ihre Missionen im „Fernen Osten" erhielt. Darin war (11. Mai 1941) nicht nur von der Absicht die Rede, mit Deutschland neue Interessensphären abstecken, sondern auch davon, das „Dritte Reich" zum Kampf gegen die angelsächsischen Mächte „benutzen" zu wollen (21. Mai 1941).

Trotz des am 12. Juli 1941 abgeschlossenen britisch-sowjetischen Beistandspaktes gab es in der deutschen Führung während der Monate Juni/Juli 1941 kaum einen Zweifel darüber, dass, wie Halder es am 3. Juli 1941 umschrieb, „der Feldzug gegen Russland innerhalb von 14 Tagen gewonnen" sein würde. „Die weiteren Aufgaben der Kriegführung gegen England" konnten „wieder in den Vordergrund treten und eingeleitet werden". In diesem Sinne verfügte Hitler am 14. Juli 1941, den Schwerpunkt der Rüstung vom Heer auf die für die Kriegführung gegen die Seemächte Großbritannien und die Vereinigten Staaten von Amerika entscheidenden Waffenteile der See- und Luftstreitkräfte zu legen.

Angesichts des erfolgreich verlaufenden Krieges gegen die Sowjetunion gingen Hitlers Überlegungen nunmehr sogar über die Grenzen seines improvisierten Gesamtkriegsplanes vom Herbst 1940 hinaus. Dem japanischen Botschafter, General Oshima, schlug er am 14. Juli 1941 vor, im Zuge eines umfassenden Offensivbündnisses zwischen Deutschland und Japan gemeinsam die bereits als besiegt eingeschätzte Sowjetunion zu besetzen. Dabei sollten, wie es Außenminister von Ribbentrop zur gleichen Zeit vorschwebte, die Japaner von Wladiwostok aus bis nach Omsk vorrücken und die eroberten Territorien Sibiriens als ihr Einflussgebiet betrachten. Dann aber, so ließ sich Hitler dem japanischen Botschafter gegenüber ganz überraschend ein, würden sich Deutschland und Japan zusammen gegen die andere Flügelmacht der Staatenwelt, die Vereinigten Staaten von Amerika, wenden: „Amerika drücke in seinem imperialistischen Geist 'mal auf den europäischen 'mal auf den asiatischen Lebensraum. Von uns aus gesehen drohe im Osten Russland, im Westen Amerika. Daher sei er der Meinung, dass wir sie gemeinsam vernichten müssten. Es gebe im Völkerleben Aufgaben, die hart seien. Man könne diese Aufgaben nicht dadurch lösen, dass man sich ihnen verschließt oder sich auf einen späteren Zeitpunkt verlässt".

In der Regel tendierte Hitler im Gegensatz zu seinem Außenminister von Ribbentrop dazu, Japan auf den ostasiatischen Bereich zu beschränken. Dort schien es ihm die Gewähr dafür zu bieten, dass die Vereinigten Staaten von Amerika im Pazifik gebunden blieben und sich nicht primär und vorzeitig gegen Europa wenden könnten. Den Feldzug gegen die Sowjetunion betrachtete er dagegen als seinen ureigenen Krieg, den er bevorzugt und ohne die rassisch stets als minderwertig und unzuverlässig beurteilten „Gelben" zu gewinnen gedachte. Das wurde – bis zum Umschwung im Winter 1943 – auch bald wieder seine Maxime, als sich vom August 1941 an die ersten Verzögerungen im Ablauf des Russlandfeldzuges bemerkbar machten und sich die im Gespräch mit Oshima anvisierte Offensive gegen Amerika, das sich seit dem 27. März 1941 für den Fall seines Kriegseintrittes auf die „Germany first"-Strategie festgelegt und zusammen mit Großbritannien in der Atlantik-Charta vom 14. August 1941 selbstbewusst seinen Führungsanspruch für die Nachkriegszeit dokumentiert hatte, wieder in die weitere Zukunft verschob.

Während Hitler noch am 25. Juli 1941 ein „scharfes Vorgehen auch gegen die USA" nach Abschluss des Feldzuges gegen Russland in Aussicht nahm, äußerte er am 10. September 1941 vor der Tafelrunde im Führerhauptquartier erneut die seit den zwanziger Jahren bekannte Ansicht, der Entscheidungskampf gegen die amerikanische Union bleibe künftigen Generationen vorbehalten: „Ich werde es nicht mehr erleben, aber ich freue mich für das deutsche Volk, dass es eines Tages mit ansehen wird, wie England und Deutschland vereint gegen Amerika antreten. Deutschland und England werden wissen, was eines vom anderen zu erwarten hat. Wir haben dann den rechten Bundesgenossen gefunden". Am 25. Oktober 1941 bekräftigte er gegenüber dem italienischen Außenminister Ciano: „Eine spätere Generation würde sich mit dem Problem Europa-Amerika auseinanderzusetzen haben. Es würde sich [dann K. H.] nicht mehr um Deutschland oder England, um Faschismus, Nationalsozialismus oder entgegengesetzte Systeme handeln, sondern um die gemeinsamen Interessen Gesamteuropas innerhalb des europäischen Wirtschaftsgebietes mit seinen afrikanischen Ergänzungen".

Einen Monat später wurde dem Diktator klar, dass der russische Krieg nicht programmgemäß zu Ende zu führen sein würde, und am 19. November 1941 sprach er erstmals davon, er erwarte „dass die Erkenntnis, dass die beiden Feindgruppen sich nicht vernichten können, zu einem Verhandlungsfrieden führt". Angesichts des in der zweiten Novemberhälfte eingestandenen Scheiterns seines improvisierten Gesamtkriegsplanes vom Herbst 1940 äußerte Hitler am 27. November 1941 im Sinne der sozialdarwinistischen Logik seiner Politik des „Alles oder Nichts", falls das deutsche Volk versage, müsse es untergehen: „Wenn das deutsche Volk einmal nicht mehr stark und opferbereit genug sei, sein eigenes Blut für seine Existenz einzusetzen, so soll es vergehen und von einer anderen, stärkeren Macht vernichtet werden. Es verdiente dann nicht diesen Platz, den es sich heute errungen habe". Damit war für die kommenden Jahre die rigorose Losung für Hitlers Kriegführung und Politik ausgegeben.

Vor dem Hintergrund der vom November 1941 an durch Resignation charakterisierten sowie durch Krisen und Spannungen in der militärischen Führung gekennzeichneten Lage erscheint Hitlers Kriegserklärung vom 11. Dezember 1941 an die USA eher als erzwungene Reaktion denn als freier Entschluss im Sinne der Verwirklichung seines „Programms". Die stolze Geste, die diesen Schritt drei Tage nach der Kriegserklärung der Vereinigten Staaten von Amerika an Japan, vier Tage nach dem japanischen Überfall auf Pearl Harbor und zehn Tage nach dem Scheitern des deutschen Vormarsches vor Moskau begleitete, täuschte über ihre eher zwanghaften Motive hinweg. Hitler – der im Zuge der großen Führungskrise an der Spitze der Wehrmacht kurz darauf am 19. Dezember 1941 den Oberbefehl über das Heer persönlich übernahm – hatte in Fortsetzung seiner den Japanern im März und April 1941 im Hinblick auf Russland und Amerika zugesagten Doppelgarantie am 21. November 1941 Tokio gegenüber erneut auf die japanische Anfrage hin, ob man für den Fall eines Krieges gegen die USA auf deutsche Unterstützung zu zählen vermöge, durch seinen Außenminister von Ribbentrop mitteilen lassen, Japan könne auch „außerhalb der im Dreimächtepakt ins Auge gefassten Fälle" mit deutscher Hilfe rechnen. Als das Deutsche Reich Japan diesen „Blankoscheck" ausstellte, waren die Folgen noch kaum genauer zu übersehen, und über die hinter dem Rücken des deutschen Bündnispartners geführten Geheimverhandlungen zwischen Japan und den Vereinigten Staaten von Amerika um einen Ausgleich in China und im Pazifik war man in Berlin nicht informiert.

Mit seiner Zusage hatte Hitler, der sich in den Tagen zwischen dem 28. November und dem 4. Dezember 1941 zum Krieg gegen Roosevelts Amerika entschlossen hatte, nach seinem Verständnis gerade die Gefahr einer japanisch-amerikanischen Annäherung zumindest vorläufig gebannt. Denn Berlin und Tokio vereinbarten, dass Japan sich gegen den Preis des deutschen Kriegseintritts verpflichtete, keinen Sonderfrieden zu schließen. Zudem beabsichtigte Hitler, die USA nach ihrem Kriegseintritt gegen Japan unverzüglich mit einer zweiten Front zu belasten, um zu verhindern, dass sie Japan rasch besiegen und dann vergleichsweise ungehindert gegen Deutschland vorgehen könnten.

Seine Sorge aber, dass Japan den angelsächsischen Mächten unterliegen könne, kam bereits am 3. Januar 1942 Oshima gegenüber zum Ausdruck ebenso wie seine Ratlosigkeit über die zukünftige Kriegführung gegen die USA, über die er äußerte, „wie man die USA besiege, wisse er noch nicht". Worauf er in seinem verzweifelten Wettlauf gegen die Zeit hoffte, war 1. die Vereinigten Staaten von Amerika durch seine militärische Hilfe für Japan möglichst lange in Ostasien zu binden, 2. im Sommer 1942 zusammen mit Japan die östliche Hemisphäre gegen die Vereinigten Staaten von Amerika abzusichern und 3. durch militärischen Druck auf Indien im Zuge eines Vorstoßes über den Kaukasus nach Süden Großbritannien zu einem Sonderfrieden zu zwingen und die große „unnatürliche Koalition" der Gegner zu sprengen.

Tatsächlich keimten im Verlauf der ersten Hälfte des Jahres 1942 die deutschen Siegeshoffnungen noch einmal auf. Fast unaufhaltsam stürmten Hitlers Armeen im Sommer des Jahres 1942 sowohl in Russland als auch in Nordafrika voran. Dagegen erreichte der mit der deutschen Kriegführung nicht koordinierte japanische Vormarsch nach dem spektakulären Fall Singapurs am 15. Februar 1942 bereits im März dieses Jahres seinen Höhepunkt, und vom Beginn des Monats August an wurde der Rückzug der Japaner bereits deutlich erkennbar. Am 6. Januar 1942 hatte der amerikanische Präsident Roosevelt, seit langem der erbitterte Feind der Aggressoren, wiederum unmissverständlich bekundet, deren Herausforderung beantworten zu wollen, und am 14. Januar 1942, dem letzten Tag der Arcadia-Konferenz, hatten Churchill und Roosevelt die „Germany first"-Strategie bestätigt.

Während Japan auf dem Höhepunkt seiner Ausdehnung angelangt war und Hitler am 15. März 1942 die Vernichtung der „bolschewistischen Horden ... in dem kommenden Sommer" voraussagte, begannen in den Monaten März und April dieses Jahres – nicht zuletzt auf Drängen Stalins hin – die angelsächsischen Überlegungen, in Frankreich und Nordwestafrika eine zweite Front zu errichten, um der „Achse" in den Rücken fallen zu können. Dass mit der deutschen Sommeroffensive in Russland die letzte Karte gezogen wurde, um das Spiel aus eigenem Vermögen zu gewinnen, wurde Hitler in einer Denkschrift der Abteilung „Fremde Heere Ost des Generalstabes des Heeres" am 28. Juni drohend vor Augen geführt. Eben an dem Tag, als der deutsche Vormarsch im Süden Russlands wieder aufgenommen wurde, musste der Diktator sich an die bittere Einsicht gewöhnen: Für eine dritte Offensive im Jahre 1943 würden die Kräfte nicht mehr ausreichen. Deutlich arbeitete die Zeit gegen Hitlers Politik und Kriegführung.

Trotzdem wies er die schon Ende 1941 begonnenen und bis in das Jahr 1944 andauernden Versuche der Japaner, einen Frieden mit der Sowjetunion zu vermitteln, entschieden zurück. Seinem Verständnis nach musste er sein zentrales Ziel, „die den Sowjets noch verbliebene lebendige Wehrkraft endgültig zu vernichten und ihnen die wichtigsten kriegswirtschaftlichen Kraftquellen so weit wie möglich zu entziehen", erreichen, weil damit die Kriegführung und sein „Programm" standen und fielen. Noch einmal schien es so, als sollte seine Rechnung aufgehen: Während Japan im Frühsommer dieses Jahres (Midway-Schlacht vom 3.–7. 6. 1942) und immer klarer nach der Landung der Amerikaner auf Guadalcanal am 7./8. August 1942 in die Defensive gedrängt wurde, erkämpften die deutschen Truppen Sieg auf Sieg, stießen bis zum Kaukasus und in Richtung auf Alexandria vor.

Doch zur gleichen Zeit, als der deutsche Angriff in Russland im Spätsommer 1942 zum Stehen kam, am 3. November 1942 der britische Durchbruch bei El Alamein Rommels „Afrikakorps" zum Rückzug zwang und am 19. November 1942 die sowjetische Gegenoffensive bei Stalingrad einsetzte, begannen die Angelsachsen damit, sich an den Rändern des Machtbereichs der Japaner, Italiener und Deutschen Stützpunkte zu sichern. Die Amerikaner landeten – wie erwähnt – in

Guadalcanal, und die Briten besetzen Madagaskar, während die dem französischen Vichy-Regime unterstehenden afrikanischen Überseebesitzungen vollzählig erst nach der alliierten Landung in Nordwestafrika im November 1942 zu de Gaulles „freiem Frankreich" überwechselten.

Hitler sah sich nunmehr in die strategische Defensive gedrängt: In diesem Sinne wurde Großadmiral Raeder am 26. August 1942 durch den „Führer" mit der neuen Priorität der Kriegführung bekannt gemacht. Sie lag darin, einen „möglichst blockadefesten, nach außen hin sicher zu verteidigenden Lebensraum" zu erobern, „von dem aus der Krieg noch auf Jahre weitergeführt werden kann". Seine Existenz würde die unabdingbare Voraussetzung dafür sein, den „Kampf gegen die angelsächsischen Seemächte" zu bestehen, den er für „Ausgang und Dauer" des Weltkrieges als entscheidend ansah. Allein, die erforderliche Basis dafür, der Sieg über Russland, war dahin.

Als er die „grundsätzlichen Aufgaben der Verteidigung" am 8. September 1942 umriss, verglich Hitler die Kriegslage, in die er inzwischen geraten war, mit der Material- und Abnutzungsschlacht an der Westfront zwischen Ende 1914 und 1918. Churchill und Roosevelt diskutierten unterdessen, seit Juni 1942, über die Möglichkeit, in absehbarer Zeit eine zweite Front in Europa zur Entlastung der UdSSR zu schaffen. Hitler hätte dieser Bedrohung nur entgehen können, wenn der Russlandkrieg bald beendet worden wäre. Doch als Mussolini dem „Führer" am 1. Dezember 1942 riet, die Auseinandersetzung mit der Sowjetunion mit einem Sonderfrieden abzuschließen, hielt Hitler diese Forderung für unannehmbar. Obwohl er unter strategischem Gesichtspunkt ja schon davon gesprochen hatte, das Ringen der Feindgruppen könne wohl von keiner Seite siegreich beendet werden, hatte er während des gesamten Jahres 1942 immer wieder versucht und gehofft, sein „Programm" doch noch zu verwirklichen, nämlich Russland zu unterwerfen und Großbritannien für sich zu gewinnen.

Nicht zuletzt das für Politik und Kriegführung des „Dritten Reiches" konstitutive Rassendogma hatte in seinen Auswirkungen längst dazu beigetragen, über die davon eigenständig existierenden, weit ausgreifenden Kriegszielprogramme der Alliierten, insbesondere der Sowjetunion, hinaus, die ohnehin gewaltige Widerstandskraft der Gegner anzufachen und das Machtkalkül der deutschen Strategie systematisch zu unterlaufen. Denn in ihrer Radikalität und Ungeheuerlichkeit übertraf Hitlers Rassenpolitik noch bei weitem seine auf Errichtung einer Weltmachtstellung bzw. Weltvorherrschaft zielenden strategischen Planungen und

Vorhaben. Im Verlauf des Krieges wurde in der mit der Machtpolitik des „Dritten Reiches" untrennbar verwobenen, diese mehr und mehr behindernden und endlich die Überhand gewinnenden Rassen- und Besatzungspolitik die eigentliche Triebkraft des nationalsozialistischen Regimes sichtbar. Mit universalem Anspruch strebte sie nach rassischer Herrschaft und betrieb damit im Grunde die Zerstörung von Staat und Gesellschaft des „Dritten Reiches".

Staat und Gesellschaft, Besatzungs- und Rassenpolitik des „Dritten Reiches"

Der Kriegsausbruch im September 1939 ließ im deutschen Volk eine gedrückte Stimmung aufkommen, die in keiner Weise mit der Begeisterung im August 1914 vergleichbar war. Preis und Fragwürdigkeit der bis dahin auf wirtschaftlichem und militärischem, politischem und teilweise auch gesellschaftlichem Gebiet bewunderten Leistungen Hitlers wurden schlagartig deutlich. Zwar trug die Rationierung der Lebensmittel dazu bei, die Versorgung der Bevölkerung mit Bedarfsgütern – teilweise zu Lasten der besetzten Gebiete – bis 1944 zu garantieren; insgesamt wurden jedoch der weltanschauliche Herrschaftsanspruch und die terroristische Kontrolle des Regimes im Zeichen der kriegerischen Belastung fordernder und stärker.

Vor allem die Macht der SS wuchs beständig. Seit Kriegsbeginn verfügte sie über einen institutionellen Apparat, „der alle staatlichen und militärischen Machtinstanzen in den Schatten stellte" (K.D. Bracher). Im September 1939 wurde die Verschmelzung zwischen SS und Polizei weiter vervollkommnet: Die bereits seit 1936 auf höchster Ebene bestehende Personalunion beider Bereiche durch Himmler, der „Reichsführer SS und Chef der deutschen Polizei" war, wurde nunmehr auf die mittleren Instanzen ausgedehnt und der jeweils dienstälteste SS-Führer in den einzelnen Wehrkreisen zum „Höheren SS- und Polizeiführer" ernannt. Gleichzeitig fasste man die Tätigkeit der Sicherheitspolizei (Sipo), die sich aus der Gestapo und der Kriminalpolizei zusammensetzte, mit dem Sicherheitsdienst (SD) der SS, einer Parteiorganisation, verwaltungsmäßig in dem am 27. September 1939 gegründeten Reichssicherheitshauptamt zusammen, das insbesondere auch die Rassenfrage bearbeitete. „Gegnerbekämpfung" und Herrschaftssicherung, Rassenpolitik und Errichtung eines „Wirtschaftsimperiums" gingen Hand in

Hand. Ja, mit dem Aufbau der „Waffen-SS", die am Ende des Zweiten Weltkrieges knapp eine Million Mann umfasste, entwickelte sich Himmlers Machtfülle, die über ihre umfassenden innenpolitischen Kompetenzen hinaus damit zugleich den äußeren Schutz des Staates als ihre Aufgabe beanspruchte, auch in dieser spezifischen Perspektive zu einer gefährlichen Konkurrenz für die Wehrmacht.

Vor allem die Konzentrationslager standen unter der Aufsicht der SS. Ihre Entwicklung „vom improvisierten Terror der Anfangsjahre zum riesigen KZ-System der Vernichtungsperiode" (K.D. Bracher) lässt den Ausbau des SS-Staates erkennen. Seit 1936 von der SS kontrolliert, gab es bei Kriegsbeginn sechs Konzentrationslager, die sodann in einem weit verzweigten System mit Außenkommandos (Nebenlagern) zunehmend vermehrt wurden. Ohne richterliches Urteil wurden dorthin anfangs in erster Linie „politische und religiöse Gegner" des Nationalsozialismus deportiert und „aus Sicherheits-, erzieherischen oder vorbeugenden Gründen", wie das Regime es offiziell nannte, eingesperrt. Neben solcher Art von „Schutzhaft" in den Konzentrationslagern gab es eine Vielzahl von Arbeitslagern, in denen die Häftlinge als Sklaven für die Belange der Kriegswirtschaft und der SS arbeiten mussten.

Mehr und mehr, insbesondere seit dem Frühjahr 1942, waren die Konzentrationslager für die deutsche Rüstungsindustrie ein maßgeblicher Faktor. Zu den Häftlingen, deren Zahl von etwa 21 000 im Jahr 1939 auf annähernd 800 000 bei Kriegsende anstieg, zählten nunmehr auch Kriminelle und Kriegsgefangene sowie Geiseln aus den besetzten Gebieten. Diese wurden nicht zuletzt aufgrund von Hitlers so genanntem „Nacht und Nebel-Erlass" vom 7. Dezember 1941 verschleppt. Dieser erlaubte, Personen, die des Widerstandes verdächtigt wurden, in die Konzentrationslager zu schaffen, ohne dass die Angehörigen etwas über ihr Schicksal erfuhren. Im Vernichtungssystem der KZ-Lager besaß die SS allmächtige Exekutivgewalt. Hatten Deportierte beispielsweise ihre Strafe verbüßt oder waren sie durch Sondergerichte freigesprochen worden, so konnten sie aufgrund anderer Erlasse der Gestapo übergeben werden und verblieben somit in Himmlers Machtbereich. Zunehmend verschärften (Politische) Polizei und SS, deren Tun seit dem Oktober 1939 von der allgemeinen Gerichtsbarkeit ausgenommen war, im Verlauf des Krieges ihre „außernormative Verfolgungspraxis", die „bis zur außergerichtlichen Anordnung und Durchführung von Exekutionen" (U. v. Hehl) reichte.

Gegenüber der deutschen Bevölkerung wachte, durch Spitzel und Denunzianten mit Informationen versorgt, ein beständig perfektionierter und ausgebauter Polizeiapparat darüber, dass die für den Bestand der nationalsozialistischen Diktatur wichtigen inneren Kriegsmaßnahmen, die Gesetze, Verordnungen und Bestimmungen, befolgt wurden. Nicht nur Verstöße gegen die Lebensmittelrationierung und Verbrauchsregelungsverordnungen, die dazu beitrugen, Hungersnöte wie im Ersten Weltkrieg zu vermeiden, wurden hart, vielfach sogar mit dem Tode bestraft. Vielmehr wurde auch die „geistige Ausrichtung" der Bevölkerung nicht zuletzt vom Sicherheitsdienst der SS kontrolliert. Die „Kriegssonderstrafrechtsverordnung" gab in ihrem § 5 1 über die „Zersetzung der Wehrkraft" dem Regime die Handhabe, jede kritische Bemerkung über das Kriegsgeschehen als todeswürdiges Verbrechen zu behandeln. Diese erst am 26. August 1939 im Reichsgesetzblatt veröffentliche Verordnung war bereits am 17. August 1938 verabschiedet worden! Die „Rundfunkverordnung" untersagte das Hören ausländischer Sender und bedrohte das Verbreiten dort gehörter Nachrichten mit der Todesstrafe. Straftaten, die im Schutze der kriegsnotwendigen Verdunkelung begangen wurden, konnten mit Hilfe der „Volksschädlingsverordnung" mit dem Tode bestraft werden.

Ungeachtet dieser Machtkonzentration bestand das Ämter- und Kompetenzenchaos des „Dritten Reiches" im Krieg nach wie vor weiter. Es konnte auch nicht gemindert werden durch die am 30. August 1939 gegründete Koordinationsstelle des Reichsverteidigungsrates, in dem unter Görings Vorsitz alle politischen Bereiche des Regimes – mit Ausnahme der Außenpolitik und Kriegführung, die Hitler sich ausdrücklich persönlich vorbehielt – vertreten waren. Zwischen den Polen von „Führerstaat und Verwaltung" (D. Rebentisch) wurde die Existenz des alten Staates zugunsten neuer Gewalten fortschreitend abgebaut, umgeformt und ausgehöhlt: Längst war das Reichskabinett entmachtet, die oberste Reichsführung zersplittert. An ihre Stelle traten „Führergesetzgebung" und Sondergewalten, welche die wachsende Tendenz einer zunehmenden Verklammerung von Partei- und Staatsapparat zu erkennen gaben.

Mit Ausnahme der allerletzten Phase des Krieges, in der Hitler unter dem Eindruck der militärischen Niederlagen Entscheidungen mehr und mehr auswich, diente bis dahin die Existenz der „autoritären Anarchie" im „Dritten Reich" der Entfaltung des absoluten Führerwillens, der dem Diktator am 26. April 1942 in der letzten Sitzung des „Großdeutschen Reichstages" von den „Volksvertretern" auch formell testiert wurde: „Der Führer muss daher – ohne an stehende Rechtsvorschriften gebunden zu sein – in seiner Eigenschaft als Führer der Nation, als

Oberster Befehlshaber der Wehrmacht, als Regierungschef und oberster Inhaber vollziehender Gewalt, als oberster Gerichtsherr und als Führer der Partei jederzeit in der Lage sein, nötigenfalls jeden Deutschen ... mit allen ihm geeignet erscheinenden Mitteln zur Erfüllung seiner Pflichten anzuhalten". Der Politisierung der Justiz, die, eine Zeitlang zumindest, „gegenüber der Aufweichung rechtsstaatlicher Normen ein gewisses Beharrungsvermögen" (U. v. Hehl) gezeigt hatte, war damit der verhängnisvolle Weg geebnet. Der uneingeschränkten Diktatur Hitlers diente somit der Terror eines Justizapparates, der mit dem jetzt begonnenen Aufbau einer „nationalsozialistischen Rechtspflege" in seine letzte und blutigste Phase eintrat, als am 20. August 1942 Roland Freisler, den Hitler bezeichnender Weise als den Wyschinskij seines Regimes apostrophierte, das Präsidium des Volksgerichtshofes übernahm.

Insgesamt bestimmte der Diktator, „ganz abgesehen von der informellen und mittelbaren Prägekraft des ‚Führerwillens'" und ungeachtet eines gänzlich „unorthodoxen Stils der Regierungsführung und der Machtausübung", die den nationalsozialistischen Führerstaat keineswegs als „bloße Fortsetzung des Obrigkeitsstaates oder eine besonders brutale Variante des autoritären Verfassungsstaates", sondern vielmehr als einen „auf Hitlers Willkürherrschaft zentrierte[n] atavistische[n] Personenverband" (D. Rebentisch) erscheinen lässt, selbst während des Zweiten Weltkrieges im weitesten Sinne die Richtlinien der inneren Politik des „Dritten Reiches".

Die wirtschaftliche Ausbeutung der eroberten Territorien war für die deutsche Kriegswirtschaft von maßgeblicher Bedeutung. Abgesehen von den Kriegszielentwürfen, für die Zukunft des „Großgermanischen Reiches" einen Autarkie garantierenden europäischen „Großwirtschaftsraum" unter deutscher Führung zu organisieren und durch ein sich von der Atlantik- bis zur Pazifikküste erstreckendes Kolonialreich in Mittelafrika zu ergänzen, die bereits während des Feldzuges gegen Frankreich im Auswärtigen Amt am 30. Mai und 1. Juni 1940 vorgelegt wurden, spielte der Zusammenhang von der militärischen Eroberung fremder Gebiete und ihrer wirtschaftlichen Nutzung für Hitlers Kriegsplanungen von Beginn an eine entscheidende Rolle.

Im Gegensatz zu einem Experten im Wehrwirtschafts- und Rüstungsamt des Oberkommandos der Wehrmacht wie Generalmajor Georg Thomas ging Hitler davon aus, dass es genüge, für seine – in der Propaganda später mythisierten – „Blitzkriege", nicht aber für einen langen Krieg gerüstet zu sein. Denn jede territoriale Eroberung, die im

Zuge der improvisierten „Blitzkrieg"-Führung gemacht wurde, sollte zugleich auch die wehrwirtschaftliche Lage des Reiches verbessern. Erst als die Zeit der „Blitzfeldzüge" zu Ende ging und Deutschland sich wider Willen auf einen langen Abnutzungskrieg mit einem an Menschen, Material und Rohstoffen sowie Wirtschaftskraft weit überlegenen Gegner einrichten musste, wurde die deutsche Industrie vom Jahre 1942 an, also mit der „Ära Speer" einsetzend, auf umfassendere und intensivere Kriegsanstrengungen ausgerichtet und war den Alliierten allein schon aufgrund ihrer ungenügenden Voraussetzungen in diesem Bereich hoffnungslos unterlegen.

Dennoch diente gerade die Ausbeutung der eroberten Länder Europas und der Territorien der Sowjetunion dazu, die Ernährungs- und Rohstofflage sowohl im Zeichen der „Blitzfeldzüge" als auch während des sich anschließenden Ermattungskrieges nicht zusammenbrechen zu lassen, sondern vergleichsweise leistungsfähig zu gestalten. Die landwirtschaftliche und industrielle Produktion des kriegführenden Deutschland konnte nicht zuletzt durch Kriegsgefangene und aus allen Teilen Europas ins Reich deportierte Fremdarbeiter aufrechterhalten werden, deren Zahl insgesamt auf fast 10 Millionen Menschen anwuchs. Trotz des stets spürbarer werdenden Arbeitskräftemangels, der die so genannte „Menschenbewirtschaftung" der Kriegsjahre nach sich zog, war die Partei ihrer weltanschaulichen Überzeugung gemäß nur mit großen ideologischen Vorbehalten dazu bereit, Frauen in einem gewissen Umfang zur Arbeit in der Rüstungsindustrie heranzuziehen, wie dies gleichzeitig in Großbritannien geschah und wie es während des Ersten Weltkrieges in Deutschland schon in höherem Maße als in den Jahren zwischen 1939 und 1945 praktiziert worden war.

Bevölkerung und Wehrmacht, also die Angehörigen der so genannten „Volksgemeinschaft", konnten – anders als davon Ausgegrenzte – alles in allem bis in das Jahr 1944 hinein zureichend ernährt werden. Dazu trug, wie erwähnt, die bereits am 27. August 1939 eingeführte – die Erfahrungen aus der zweiten Hälfte des Ersten Weltkrieges verarbeitende – umfassende Bewirtschaftung vornehmlich der Konsumgüter, aber auch aller anderen Produkte ebenso bei, wie die schon vor dem Krieg erzielte Steigerung der landwirtschaftlichen Erzeugnisse, die jetzt durch Zufuhr von Nahrungsmitteln aus den besetzten Gebieten, vor allem aus der Ukraine, ganz wesentlich ergänzt wurde.

Auch die stets schwierige Rohstofflage des Reiches wurde neben den im Zuge des „Vierjahresplanes" eingeleiteten, recht kostspieligen Maßnahmen zur Herstellung beispielsweise von Buna, von synthetischem Treibstoff und von Stahl, der aus minderwertigen deutschen Erzen gewonnen wurde, vor allem durch die Ausbeutung der Rohstoffvorräte in den eroberten Territorien verbessert. Dabei ist freilich nicht zu übersehen, dass die besetzten Gebiete einen beträchtlichen Eigenbedarf entwickelten, um überhaupt weiterhin fördern und arbeiten zu können. Zu verkennen ist auch nicht, dass die Produktivität unter den Bedingungen der Besatzungsherrschaft teilweise beträchtlich nachließ. Dennoch wurde beispielsweise die Treibstofflage erst kritisch, als es bei sich ständig erhöhendem Bedarf aller drei Waffenteile im Sommerfeldzug 1942 nicht gelang, an das kaukasische Öl zu kommen, so dass man auf die deutsche Produktion und die rumänischen Ölvorräte angewiesen blieb. Als sodann die systematischen Bombenangriffe der Westalliierten auf diesem Sektor erhebliche Schäden anrichteten und die sowjetischen Truppen am 30. August 1944 das Ölgebiet von Ploesti in Rumänien besetzten, war der Krieg unter wehrwirtschaftlichem Gesichtspunkt für Deutschland verloren.

Für die nationalsozialistische Diktatur ist insgesamt kennzeichnend, dass Hitler nur sehr zögernd und widerwillig vom Jahre 1942 an darin einwilligte, die Verbrauchsgüterherstellung zugunsten der Rüstungsproduktion einzuschränken. Großbritannien vollzog diesen Schritt sogleich bei Kriegsausbruch und führte beträchtlich eher und intensiver einen „totalen Krieg", als das Deutsche Reich dies tat. Der parlamentarisch verfasste Rechtsstaat konnte in der Gewissheit seiner kaum in Zweifel gezogenen demokratischen Legitimation und angesichts seiner von der Bevölkerung geteilten moralischen Überzeugung, eine gerechte Sache zu verteidigen, vom Land größte Opfer verlangen. Hitler war dagegen ständig darauf bedacht, den zivilen Konsumbedürfnissen der Deutschen Rechnung zu tragen, um nicht zuletzt auf diesem Weg die ihn stets begleitende und belastende Furcht vor einer inneren Revolution zu bannen.

Der „totale Krieg" fand in dieser Hinsicht auch nach Goebbels entsprechender Proklamation vom 18. Februar 1943, mit der in psychologischer Hinsicht der Schock der Katastrophe von Stalingrad aufgefangen werden sollte, nur bedingt statt. Die Rücksichtnahme des Diktators auf die Stimmung im deutschen Volk, das er gleichzeitig durch Terror und Konzentrationslager in Schach hielt und zum Endziel der Weltmachtstellung bzw. in den Abgrund des Unterganges treiben wollte, ließ ihn im Hinblick auf die Herstellung von Konsumgütern durchweg einen vergleichsweise nachgiebigen Kurs verfolgen.

Ebenso beschritt er im Bereich der Kriegsfinanzierung nur ungern den Weg der Steuererhöhungen bzw. der Kriegszuschläge auf Verbrauchsgüter. Bevorzugt wurde vielmehr eine unter Inkaufnahme hoher Inflationsraten erreichte indirekte Mittelbeschaffung, die der Bevölkerung vorläufig nicht wehtat. Weit entfernt vom propagandistisch proklamierten Ideal des „totalen Krieges" lebte ein großer Teil der neuen Elite des nationalsozialistischen Staates zudem in einem unverhältnismäßigen Luxus, so dass sich die Korruption der großen und kleinen „Parvenüs und Profiteure" (F. Bajohr) geradezu als „Strukturmerkmal" des „Dritten Reiches" darstellt.

Erst unter dem Eindruck des großen Rückschlages der Wehrmacht im Winter 1941/42 traten auch die Mängel der deutschen Rüstungs- und Kriegswirtschaft deutlich zutage. Daher erhielten der Leiter des am 17. März 1940 geschaffenen Reichsministeriums für Bewaffnung und Munition, Fritz Todt, und der nach dessen Tode am 9. Februar 1942 zu seinem Nachfolger bestellte Albert Speer den Auftrag, die Wirtschaft des „Dritten Reiches" mit Entschiedenheit auf die Erfordernisse der Kriegführung umzustellen. In diesem Sinne steigerte Speer zwischen 1942 und der Mitte des Jahres 1944 die Organisation und Effizienz der deutschen Rüstungsproduktion und modernisierte zusammen mit den neuen „Managern der Kriegswirtschaft" (R.-D. Müller), an der Spitze mit seinem Planungschef Hans Kehrl, die Kriegswirtschaft, ohne freilich das auch für diesen Bereich des „Dritten Reiches" charakteristische Chaos beseitigen zu können.

Überlieferte Kompetenzen konkurrierten jetzt mit „Neuen Machtzentren" (W. Naasner). Das Wehrwirtschafts- und Rüstungsamt unter Thomas wachte nach wie vor eifersüchtig über seine Belange, obwohl Speer diese Dienststelle seinem Ministerium einzugliedern verstand. Formell war er selbst als „Generalbevollmächtigter für Rüstungsaufgaben im Vierjahresplan" dem an Einfluss mehr und mehr verlierenden „Wirtschaftszaren" des „Dritten Reiches", Hermann Göring, unterstellt, der sich als Oberbefehlshaber der Luftwaffe im Bereich der Luftrüstung der Speer von Hitler erteilten Generalvollmacht immer wieder zu entziehen verstand. Entsprechendes galt für den Sektor der Marinerüstung, zumindest solange Raeder Oberbefehlshaber war (bis 30. Januar 1943). Der von Hitler am 21. März 1942 zum „Generalbevollmächtigten für den Arbeitseinsatz" ernannte und für die Beschaffung der Fremdarbeiter zuständige Gauleiter von Thüringen, Fritz Sauckel, entwickelte sich immer mehr zum Gegenspieler Speers, bis er zusammen mit dem nach Heß' Englandflug (10. Mai 1941) zum Leiter der Parteikanzlei ernannten, in der Innenpolitik des kriegführenden Deutschland immer mächtiger werdenden Martin Bormann diesen 1944/45 in den Hintergrund drängte.

Speer favorisierte vor allem in der Großindustrie ein organisatorisches Prinzip weitgehender wirtschaftlicher Selbstverwaltung. Schließlich ging der damit erfolgreiche Minister sogar so weit, dass er sich im Rüstungsstab, den er im August 1944 einsetzte, zu der Notwendigkeit bekannte, „zumindest bei den internen Entscheidungsprozessen, den ‚parlamentarischen Staat' wieder einzuführen, weil sich nicht alles nach militärischen Prinzipien regeln lasse und Ventile geschaffen werden müssten, um Fehler, die der Führerstaat produziere, wieder zu eliminieren" (B. Kroener/R.D. Müller/H. Umbreit). Alles in allem gelang dem neuen Favoriten Hitlers, ein „Rüstungswunder" zu inszenieren, nämlich zwischen 1942 und 1944 trotz der Zerstörungen durch Fliegerangriffe die Produktion an Rüstungsgütern ständig zu steigern. Dennoch hielt diese keinen Vergleich mit derjenigen der alliierten Mächte aus und war in Deutschland und Japan zusammen im Jahre 1942 zweieinhalbmal geringer als im Lager der „unnatürlichen Allianz". Insgesamt war Speer bestrebt, nicht kriegswirtschaftlich genutzte Zweige der deutschen Wirtschaft aufzusaugen und für die Notwendigkeiten der „totalen" Kriegführung bereitzustellen.

Nach seiner sich schleichend vollziehenden Entmachtung nahm dann jedoch in den letzten Monaten des Krieges – im Zusammenhang mit einer während dieser Schlussphase des „Dritten Reiches" allgemein einhergehenden Wiederbelebung der nationalsozialistischen Parteiorganisation, die sich nicht zuletzt in der „Zusammenarbeit von Partei und Wehrmacht" (Erlass Hitlers vom 13. Juli 1944) bei den „Vorbereitungen für die Verteidigung des Reiches" (Keitel am 19. Juli 1944) niederschlug und vor allem die Position der in den bedrohten Ost- und Westprovinzen Deutschlands zu „Reichsverteidigungskommissaren" ernannten Gauleiter stärkte – die NSDAP erneut, wie bereits zwischen 1936 und 1939/41, stärkeren Einfluss auf die Wirtschaft.

Die effizienter und industriefreundlicher orientierte „Ära Speer", die mit der Einführung eines Mindestmaßes an rationellem Wirtschaften die Kriegführung im Zeichen des Abnutzungskrieges zu ermöglichen half, ging zu Ende, und die Drohung der Partei mit Verstaatlichung von Wirtschaftzweigen nahm wiederum zu. Die Existenz und Planungen der nationalsozialistischen Sozialpolitik im Zweiten Weltkrieg verweisen auf die – vom Regime initiierten, geförderten und ausgehenden – gesellschaftlichen Tendenzen und Ziele der wohlfahrtsstaatlichen Diktatur, die den klassischen Individualkapitalismus vergangener Jahrzehnte zu überwinden trachtete.

Die Tendenz einer Bevormundung der Wirtschaft durch NSDAP und Staat, welche die Geschichte des „Dritten Reiches" begleitete, im „antikapitalistischen" Flügel der „Bewegung" frühzeitig sichtbar geworden war und sich mit Ausnahme der „Ära Speer" mehr und mehr durchsetzte, kann rückblickend ebenso wenig übersehen werden, wie nicht zu verkennen ist, dass der Krieg im Gegensatz zur nationalsozialistischen Ideologie dazu beitrug, den Konzentrationsprozess innerhalb der Industrie zu Lasten mittelständischer Unternehmen zu verstärken.

In diesem Bereich wurde den Erfordernissen der Kriegsproduktion die Weltanschauung vorläufig geopfert. Dies festzustellen, darf indessen nicht darüber hinwegtäuschen, dass die Großindustrie trotz hoher Gewinne nicht mehr als ein der Kommandogewalt des Regimes unterworfenes Instrument darstellte, um auf militärischem Wege eine Sozial- und Herrschaftsordnung etablieren zu helfen, die letztlich auch ihre eigene Existenz prinzipiell in Frage gestellt hätte. Damit sind die politischen Ziele des „Dritten Reiches" erneut in den Mittelpunkt der Betrachtung gerückt, die sich nicht zuletzt in der Besatzungs- und Rassenpolitik des Regimes zusammenzogen.

Als erstes erobertes Land bekam Polen, die „harte Hand der deutschen Herrschaft" (Hans Frank) zu spüren. Das Ziel der nationalsozialistischen Volkstumspolitik war es, vor allem die „Eingegliederten Ostgebiete" einer rigorosen Germanisierungspolitik zu unterwerfen. Von Hitler mit dieser Aufgabe betraut wurde der am 7. Oktober 1939 zum „Reichskommissar für die Festigung des deutschen Volkstums" ernannte Himmler. Er ging daran, die rein polnischen Einwohner deportieren, vertreiben oder ausrotten zu lassen und die „Eindeutschung" des Territoriums durch Assimilation der deutsch-polnischen Mischbevölkerung sowie durch „Einsiedelung" von Deutschen aus den der Sowjetunion zufallenden baltischen Staaten zu betreiben. Die Polen wurden ihrer bürgerlichen Rechte fast gänzlich beraubt und zu so genannten „Schutzangehörigen" des Reiches gemacht. Während in den „Eingegliederten Ostgebieten" ein Vernichtungskampf gegen das polnische Volk, namentlich gegen die Vertreter seiner Intelligenz und seiner Kultur, sofort eingeleitet wurde, der den polnischen Charakter dieser Gebiete auszulöschen suchte und in vielen Zügen bereits auf die spätere Besatzungspolitik in der Sowjetunion verwies, unterschied sich die Lage im „Generalgouvernement" davon zumindest vorläufig.

Gegenüber diesem polnischen „Reststaat" stand anfangs die wirtschaftliche Ausbeutung im Vordergrund der deutschen Besatzungspolitik. Aber auch hier begann die Himmler allein unterstehende Polizei schon recht bald damit, durch Terror und Mord die nationalsozialistische „Volkstumspolitik" zu verwirklichen. Die Ausrottung der polnischen Führungsschicht setzte hier ebenso ein wie die Verfolgung der polnischen Juden, die während des Zeitraumes von 1939–1940 in großen Ghettos konzentriert wurden. Anders als im Westen des eroberten Kontinents wurde im besetzten Polen, was das Verhältnis von Wehrmacht und Zivilverwaltung auf der einen Seite sowie von SS und Sipo auf der anderen Seite angeht, ein Muster der Zusammenarbeit praktiziert, das sich vom Sommer 1941 an in den eroberten Territorien der Sowjetunion wiederholen und steigern sollte.

Gewiss, vor Beginn des polnischen Feldzuges verfügte Hitler im Hinblick auf die vorgesehene Vernichtung der polnischen Eliten noch ausdrücklich „er wolle ... das Heer [nicht] mit den notwendigen Liquidationen belasten, sondern [sie] ... durch die SS vornehmen lassen". Allein, diese zweifelhafte Unschuld, die der Wehrmacht am Beginn des Russlandfeldzugs nicht mehr gewährt wurde, hatte auch im unterworfenen Polen kaum Bestand und wich einer mehr oder minder intensiven Kooperation. Zweifellos wurde gerade von militärischer Seite gegenüber dem unmenschlichen Vorgehen der Verbände Himmlers mutiger Protest vorgetragen, der jedoch nicht darüber hinwegsehen lassen kann, dass sich der Gegensatz zwischen den traditionellen und revolutionären Elementen in der Politik und Kriegführung des nationalsozialistischen Deutschland zunehmend verwischte: Der „blutigrote Faden" (J. Fest), der die Geschichte des „Dritten Reiches" durchzieht, band das Alte und das Neue so eng zusammen, dass Wehrmacht sowie vor allem deutsche Zivilverwaltung und Judenverfolgung im Generalgouvernement schließlich nicht mehr voneinander zu trennen waren. Jenseits der alten deutsch-polnischen Grenze begann der Osten, ein „gesetzloses Gebiet ... wo der kleine Mann einmal Gott spielen konnte" (M. Burleigh). Damit hob sich die deutsche Besatzungspolitik in Polen erheblich von der in Skandinavien und in Westeuropa geübten Praxis ab.

In Dänemark etwa blieb die Regierung bis Ende August 1943 im Amt. Als „Reichsbevollmächtigter" fungierte der deutsche Gesandte Cécil von Renthe-Fink, der auf diesem Posten am 5. November 1942 durch Werner Best abgelöst wurde. Als der Widerstand gegen das Besatzungsregime im dänischen Volk in den letzten Kriegsjahren zunahm, trat Best im August 1943 an die Spitze der Verwaltung des Landes, und der deutsche Wehrmachtbefehlshaber, General Hermann von Hanneken, übernahm die vollziehende Gewalt. Am 29. August 1943 wurde der Ausnahmezustand erklärt, das dänische Heer wurde entwaffnet, während sich die Flotte selbst versenkte.

Dagegen wichen die norwegische Regierung und König Haakon am 7. Juni 1940 nach England aus, bildeten dort eine Exilregierung und organisierten von London aus den Widerstand gegen die deutschen Okkupanten. Im Land selbst war nur eine Minderheit, die Nasjonal-Samling des ehemaligen Kriegsministers Vidkun Quisling, bereit, mit den Deutschen zusammenzuarbeiten. Trotz seiner Sympathien für den Nationalsozialismus hat Quisling niemals eine Zusage Hitlers erhalten, dass Norwegen in einem künftigen, vom Reich geführten „Bund der germanischen Völker" seine Unabhängigkeit würde bewahren können. Wenn Quisling auch am 1. Februar 1942 eine Regierung bildete und die norwegische Verfassung außer Kraft setzte, so war er doch niemals mehr als eine Marionette Josef Terbovens, des ehemaligen Gauleiters von Essen, den Hitler am 24. April 1940 zum Reichskommissar für die besetzten norwegischen Gebiete ernannt hatte.

In seinem Bemühen, die „nationalsozialistische Revolution in Norwegen" (H.-D. Loock) einzuleiten, hatte sich Terboven in einem chaotisch anmutenden Kampf widerstreitender Institutionen und Ämter zu behaupten. Vor allem musste er sich der Proteste erwehren, die der deutsche Wehrmachtbefehlshaber in Norwegen, Generaloberst Nikolaus von Falkenhorst, und der Kommandierende Admiral in Norwegen, Generaladmiral Hermann Boehm, gegen die Maßnahmen der Zivilregierung und der Polizei erhoben. Die Versuche Großadmiral Raeders, Boehm zum Reichskommissar avancieren zu lassen und Norwegen in erster Linie dem Einfluss der Marine zu unterstellen, die sich teilweise mit den aus den dreißiger Jahren stammenden Plänen Alfred Rosenbergs und seines Außenpolitischen Amtes trafen, Norwegen in eine „nordische Schicksalsgemeinschaft" einzufügen, blieben letztlich ergebnislos, da Hitler zu keiner eindeutigen und endgültigen Entscheidung über die Zukunft Norwegens zu bewegen war und Terboven trotz wachsender Kritik von Seiten des Auswärtiges Amts, seit Ende 1941 aber auch von Seiten des SD im Kompetenzenkampf schließlich immer wieder die Oberhand behielt.

Auch in den Niederlanden amtierte nach einer kurzen Zeit der militärischen Verwaltung eine Zivilverwaltung, als der österreichische Nationalsozialist und ehemalige Reichsstatthalter der „Ostmark" (1938–1939), Arthur Seyß-Inquart, am 18. Mai 1940 als Reichskommissar eingesetzt worden war und sich bei seiner Regierung auf ein aus niederländischen Staatssekretären gebildetes Gremium stützte. Demgegenüber blieb Belgien unter einer Militärverwaltung mit General Alexander Freiherr von Falkenhausen an der Spitze, der auch die beiden französischen Departements Nord und Pas-de-Calais unterstanden. Der erst am 13. Juli 1944 ergangene Befehl zur Umwandlung der Militärverwaltung Belgien-Nordfrankreich in eine von der Partei abhängige Zivilverwaltung unter dem als Reichskommissar vorgesehenen Gauleiter Josef Grohé wurde aufgrund des Zusammenbruchs der deutschen Front in Frankreich nicht mehr verwirklicht. In Luxemburg bemühte sich Gauleiter Gustav Simon als Hitler direkt unterstellter Chef der Zivilverwaltung darum, das „alte Deutsche Reichsland" zurückzugewinnen und geriet dabei in dauernden Konflikt mit den zuständigen Wehrmachtbehörden. Am 6. August 1940 wurde die Auflösung des Landes verfügt, das dem Gau Moselland angeschlossen und am 30. August 1942 de facto in das Reich eingegliedert wurde.

Das mit Frankreich am 22. Juni 1940 vereinbarte Waffenstillstandsabkommen teilte das besiegte Land in eine Zone, die von der Wehrmacht besetzt wurde, und in eine andere, die bis zum 11. November 1942 unbesetzt blieb. Zum besetzten Frankreich gehörten unter Einschluss von Paris und des nordfranzösischen Industriegebietes zwei Drittel des französischen Territoriums. Es erstreckte sich vom Norden bis etwa zur Loire und zog sich als breiter Gebietsstreifen an der Kanal- und der Atlantikküste bis zur spanischen Grenze hin. Unterstellt war das besetzte Frankreich dem in Paris residierenden Militärbefehlshaber, General Otto von Stülpnagel (ab Februar 1942 dessen Vetter Karl Heinrich), während die Regierung des unbesetzten Frankreich unter Marschall Pétain ihren Sitz in den mittelfranzösischen Badeort Vichy verlegte.

Das Deutsche Reich bemühte sich darum, Pétains autoritären Staat für ein Zusammengehen gegen Großbritannien zu gewinnen, zeigte ihm deshalb in gewissem Maße Entgegenkommen und ließ ihm die Hoheit über das französische Kolonialreich. Gefördert wurde damit auf französischer Seite die Tendenz zum Zusammenwirken mit dem siegreichen Hegemon, den anfangs nicht wenige Franzosen in machtpolitischer und weltanschaulicher Perspektive als die führende Macht im zukünftigen Europa ansahen. Das bestärkte die Neigung zur „Staatskollaboration" (B. Zielinski) ebenso wie zur ideologischen Annäherung an den Nationalsozialismus, der unter anderem auch ehemalige Kommunisten bevorzugt anheimfielen – „der lediglich rassistisch gewendete utopische Egalitarismus der Nazis erleichterte den Wechsel von der einen Partei der Neider und radikalen Umstürzler zur anderen" (M. Burleigh). Obwohl sich hier wie in anderen Territorien Europas die Kooperation mit den Okkupanten sogar bis zur Beteiligung am Holocaust erstreckte, „Kollaboration und Massenmord" (K. Stang) also ineinander übergingen, darf darüber nicht die unterschiedliche Qualität und Verantwortung der Besatzer und der Besetzten verkannt werden, die gleichwohl beim Vollzug dieser Untat zusammenwirkten.

Einer dauerhaften Verständigung zwischen Frankreich und dem „Dritten Reich" standen allerdings jene deutschen Bemühungen krass entgegen, die darauf zielten, auch das französische Wirtschafts-, Rüstungs- und Arbeitskräftepotential so weit wie möglich für die deutsche Wehrwirtschaft verfügbar zu machen und vor allem in den verschiedenen „Sauckel-Aktionen", der zunehmenden unfreiwilligen Rekrutierung französischer Fremdarbeiter, ihren Niederschlag fanden. Mehr noch: Die De-facto-Rückführung von Elsass-Lothringen in das Reich trug gleichfalls nicht dazu bei, Pétains attentistische Haltung zugunsten eines Kriegseintritts auf der Seite Deutschlands zu ändern.

Bei der „Neuordnung" Südosteuropas überließ das Deutsche Reich seinem italienischen Juniorpartner in Griechenland bis auf wenige Reservate das Besatzungsregime. Auf dem Territorium Jugoslawiens, dessen staatsrechtliches Ende von Deutschland und Italien gemeinsam am 8. Juli 1941 erklärt worden war, entstand der bereits am 10. April 1941 von dem kroatischen Ustascha-Führer Sladko Kvaternik ausgerufene „Unabhängige Staat Kroatien" unter dem „Poglavnik" (Staatsführer) Ante Pavelić. In Abhängigkeit von Mussolinis Italien nahm der autoritäre Ustascha-Staat einen grausamen Nationalitäten- und Religionskampf auf, der vor allem gegen die auf kroatischem Gebiet lebenden orthodoxen Serben zielte.

Dagegen wurde in Serbien eine deutsche Militärverwaltung eingerichtet, während die unter ihrer Aufsicht im August 1941 gebildete serbische Regierung unter dem früheren Kriegsminister General Nedić nur in sehr bescheidenem Maße Autorität besaß. Montenegro wurde unter italienischem Protektorat die „Unabhängigkeit" gewährt und Slowenien zwischen Deutschland und Italien geteilt, wobei die Untersteiermark und Teile von Krain zum Reich kamen.

In Skandinavien, in Westeuropa und in Südosteuropa ließen Tatsache und Praxis der Besatzungspolitik ebenso wie die seit 1942 das gesamte deutsch beherrschte bzw. beeinflusste Europa ergreifende Judenverfolgung nationale Widerstandsbewegungen entstehen, deren Bedeutung beständig wuchs und die die Kriegführung des Deutschen

Reiches mehr und mehr belasteten. Während in Polen von Beginn der deutschen Herrschaft an der so genannte nationalsozialistische „Volkstumskampf" einsetzte, dominierte im Rahmen der deutschen Besatzungspolitik in Skandinavien und Westeuropa bis in das Jahr 1944 hinein noch die wirtschaftliche Ausbeutung über die spezifisch nationalsozialistische Rassenpolitik.

Ihre Ideen, die für die Zukunft des „Großgermanischen Reiches" bestimmend werden sollten, waren jedoch stets vorhanden und wurden auch teilweise verwirklicht. Mit den Vorbereitungen und mit dem Beginn des Russlandfeldzuges erreichte die deutsche Kriegführung und Besatzungspolitik – über die bekannten Formen der beispielsweise in besonderem Ausmaß in der Ukraine praktizierten ökonomischen Ausbeutung hinaus – eine neue Qualität, die sich im Begriff vom „rassischen Vernichtungskrieg" niederschlug: „Dieser Krieg ist nicht der zweite Weltkrieg", umschrieb Hermann Göring die Doppelnatur der militärischen Auseinandersetzung: „Dieser Krieg ist der große Rassenkrieg".

Bereits Hitlers Ansprache vor über zweihundert höheren Offizieren am 30. März 1941 forderte als ein Kriegsziel für den Feldzug gegen die Sowjetunion die „Vernichtung der bolschewistischen Kommissare und der kommunistischen Intelligenz". Ferner wurde in ihr verlangt, Kommissare und GPU-Leute, die „Verbrecher" seien, „als solche" zu behandeln. Insgesamt prognostizierte der Diktator, der bevorstehende „Kampf werde sich unterscheiden vom Kampf im Westen. Im Osten sei Härte mild für die Zukunft." Dementsprechend wurden Befehle erlassen, die sich über geltendes Kriegsrecht und überlieferte Moral hinwegsetzten. Bekannt und berüchtigt wurden etwa die Richtlinien für die Behandlung politischer Kommissare, der so genannte „Kommissarbefehl" vom 6. Juni 1941, der vorschrieb, die politischen Kommissare der Roten Armee, „wenn im Kampf oder Widerstand ergriffen, grundsätzlich sofort mit der Waffe zu erledigen".

Solche Weisungen, an deren Entstehung ranghohe Offiziere der Wehrmacht ihren Anteil hatten, machen klar, „dass die im ... Westkrieg noch durchgehaltene Trennung von Militär- und SS-Bereich nunmehr vollends zu einer Fiktion geworden und ihre wechselseitige Durchdringung mit dem Durchbruch zu den ‚Endzielen' verbunden war" (A. Hillgruber).

Zusammen mit dem Angriff auf Russland – sowohl im Zeichen des sich zwischen Juni und August/September scheinbar abzeichnenden Sieges als auch danach im Banne des drohenden Scheiterns des Unternehmens „Barbarossa" – erreichte die nationalsozialistische Rassenpolitik ihren Höhepunkt. Einen Tag nachdem Hitler dem japanischen Botschafter Oshima am 14. Juli 1941 seine ausgreifenden machtpolitischen Pläne im Zenit der Siegeszuversicht offenbart hatte, legte der Leiter des Planungsamtes im Stabshauptamt des „Reichskommissariats für die Festigung des deutschen Volkstums", Konrad Meyer-Hetling, den Entwurf des „Generalplans Ost" vor, der am 24. Juni 1941 vom „Reichsführer-SS" in Auftrag gegeben worden war, verschiedene Entwicklungstadien durchlief und am 12. Juni 1942 in modifizierter Form von Himmler schließlich gebilligt wurde. Meyer-Hetling schlug vor, Polen, das Baltikum, Weißruthenien und Teile der Ukraine innerhalb von 30 Jahren mit Deutschen zu besiedeln, während 31 Millionen der dort ansässigen Bevölkerung nach Westsibirien vertrieben werden und 14 Millionen so genannter „Gutrassiger" bleiben sollten: In einer kaum vorstellbaren Größenordnung setzte das nationalsozialistische Regime – „teilweise in engem Zusammenspiel mit Stalin" (B.J. Wendt) – einen Kontinent und seine Menschen zwangsweise und gewaltsam in Bewegung.

Am 16. Juli 1941, einen Tag später also, entwickelte Hitler seine Vorstellung über die Errichtung der vier „Reichskommissariate" in Russland: Ukraine, Ostland, Moskowien und Kaukasien, von denen nur die beiden ersten eingerichtet wurden. Vor Göring, Keitel, Rosenberg, Bormann und Lammers, den mit Ausnahme von Himmler versammelten Spitzen aus Wehrmacht, Partei und Staat, fasste er seine Vorstellungen über das künftige Schicksal der Sowjetunion so zusammen: „Die Bildung einer militärischen Macht westlich des Ural darf nie wieder in Frage kommen". Am 17. Juli 1941 erließ der „Reichsminister für die besetzten Ostgebiete", Rosenberg, Richtlinien für die „Verwaltung der neubesetzten Ostgebiete". Viel entscheidender wurde aber, dass Himmler am gleichen Tag „die polizeiliche Sicherung der neubesetzten Ostgebiete" übertragen wurde und damit die Stellung der SS im eroberten „Lebensraum" Osteuropas von Anfang an dominierend war.

Wiederum nur wenige Tage später, im sicheren Gefühl des Sieges über die Sowjetunion, äußerte sich Hitler im Gespräch mit dem kroatischen Verteidigungsminister Kvaternik über die „Judenpolitik" des nationalsozialistischen Deutschland und sprach davon, die jüdische Bevölkerung aus Europa heraus „nach Sibirien oder nach Madagaskar" deportieren zu wollen: „Denn, wenn auch nur ein Staat aus irgendwelchen Gründen eine jüdische Familie bei sich dulde, so würde diese der Bazillenherd für eine neue Zersetzung werden. Gäbe es keine Juden mehr in Europa, so würde die Einigkeit der europäischen Staaten nicht mehr gestört werden". Am 31. Juli 1941 beauftragte sodann Göring im Namen des „Führers" Heydrich damit, „unter Beteiligung der dafür in Frage kommenden deutschen Zentralinstanzen alle erforderlichen Vorbereitungen für eine Gesamtlösung der Judenfrage im deutschen Einflussbereich in Europa zu treffen". Sie sollte sich nunmehr über die bereits angelaufenen Tötungsaktionen der Einsatzgruppen des SD und der Sipo in der Sowjetunion hinaus nicht mehr allein auf Osteuropa, sondern auch auf den Westen des Kontinents erstrecken.

Die „Judenpolitik" des „Dritten Reiches" vollzog sich mit zunehmender Radikalisierung in verschiedenen, zeitlich voneinander getrennten Phasen, die jedoch teilweise ineinander übergingen und mit ihren charakteristischen Erscheinungsformen auch nebeneinander bestanden. Der ersten Phase nationalsozialistischer „Judenpolitik", die vom Jahre 1933 bis zum Kriegsausbruch andauerte und sich in ihren verschiedenen Stadien als rechtliche Diskriminierung, wirtschaftliche Entmachtung und persönliche Bedrohung verwirklichte, folgte im Zeichen des siegreichen Krieges eine zweite Phase: Im besiegten Polen wurde die jüdische Bevölkerung in Großghettos eingesperrt und im Zeichen des siegreich verlaufenden Westfeldzuges der Gedanke einer „territorialen Endlösung" ins Auge genommen. Dabei dominierte anfangs die Idee, die von Frankreich zur Verfügung zu stellende Insel „Madagaskar für die Juden" (M. Brechtken) Europas im Zuge von Deportation und Gefangenschaft zu nutzen.

Der „Madagaskar-Plan" knüpfte in gewissem Sinne an Deportationsvorhaben an, die im Kreise der über die Behandlung der „Judenfrage" keineswegs einigen nationalsozialistischen Führungsspitze während der Jahre 1938/39 erwogen worden waren. Als Idee von Hitler am 18. und am 20. Juni 1940 in Gesprächen mit Mussolini und Raeder erwähnt, entstand er im Zuge der Vorarbeiten für einen künftigen Friedensschluss als „Aufzeichnung des Legationssekretärs Rademacher" von der „Abteilung Deutschland" des Auswärtigen Amts. In diesem am 3. Juli 1940 als „Lösung der Judenfrage" entwickelten Plan schwang wesentlich noch die zweckrationale Überlegung mit, die „nach Madagaskar deportierten Juden", die dort unter SS-Bewachung gestellt werden sollten, „als Faustpfand in deutscher Hand" im Rahmen einer zukünftigen Weltmachtdiplomatie des Deutschen Reiches benutzen zu können.

Die Aktualität des „Madagaskar-Plans" war angesichts der Niederlage Frankreichs und der damit in Reichweite gerückten Möglichkeit gegeben, die Insel von Frankreich für diesen Zweck zu erhalten. Er verlor völlig an Bedeutung, als sich für Hitler im Russlandfeldzug machtpolitisches Kalkül und weltanschauliches Dogma in zeitlicher und räumlicher Kongruenz zu realisieren schienen. Formal wurde der „Madagaskar-Plan" zwar erst am 10. Februar 1942 ad acta gelegt, als den verantwortlichen Stellen im Auswärtigen Amt der „Entschluss" des „Führers" mitgeteilt wurde, „dass die Juden nicht nach Madagaskar, sondern nach dem Osten abgeschoben werden sollen", da „der Krieg gegen die Sowjetunion ... inzwischen die Möglichkeit gegeben" habe, „andere Territorien für die Endlösung zur Verfügung zu stellen". Zwar sprach Hitler noch am 29. Mai 1942 im Kreise seiner Tafelrunde im Führerhauptquartier davon, es sei am besten, die Juden Westeuropas nach Afrika in ein für Europäer unverträgliches Klima zu transportieren und hatte den „Madagaskar-Plan" auch zuvor während des „rassischen Vernichtungskrieges" noch als eine Möglichkeit der „Lösung" der „Judenfrage" erwähnt.

Dennoch ist nicht zu übersehen, dass der „Madagaskar-Plan" mit dem Beginn des Russlandkrieges, der in Hitlers Vorstellung stets aufs engste mit einer Vernichtung von Bolschewismus und Judentum zusammenhing, in den Hintergrund der Überlegungen der deutschen Führung geriet. Im Rahmen der „territorialen Endlösung" wurde nunmehr vage erwogen, Europas Juden nach Sibirien zu vertreiben. Dabei wurden schon vorab die hohen physischen Verluste in Rechnung gestellt, die mit der Vertreibung der jüdischen Bevölkerung in die unwirtlichen Gebiete östlich des Ural einhergehen würden.

Neben dieser Idee, die Hitler Kvaternik gegenüber am 22. Juli 1941 erwähnte, lief aber bereits eine dritte Phase nationalsozialistischer „Judenpolitik" an. Sie ging über die territoriale und letztlich auch bereits auf „Liquidation" großer Teile des europäischen Judentums abhebende Deportation nach Madagaskar oder Sibirien hinaus und leitete zur direkt und systematisch betriebenen „physischen Endlösung" über, die ihrerseits verschiedene Entwicklungsstadien der Radikalisierung und territorialen Ausweitung durchlief: von den Erschießungsaktionen, die sich gegen das russische Judentum richteten, bis zur Ermordung durch Gas, die sich auf das Judentum ganz Europas erstreckte. Neben der gleichzeitig erwogenen und geplanten „territorialen (Madagaskar-Sibirien) Lösung" begannen unmittelbar am 22. Juni 1941 die Mordaktionen der Einsatzgruppen des SD und der Sipo im eroberten Russland, an denen zukünftig auch – wie bereits in Polen – „Ganz normale Männer" (Ch.R. Browning) aus Polizeikontingenten teilnehmen sollten. Von nun an handelte es sich überhaupt nicht mehr darum, Juden beispielsweise von bestimmter Herkunft und aus gewissen Schichten zu verfolgen, sondern das Kriterium der systematischen Erschießungsaktionen war jetzt allein das Merkmal, Jude zu sein.

Zur gleichen Zeit im Juni 1941 befahl Himmler unter Berufung auf Hitler dem Kommandanten des Konzentrationslagers von Auschwitz, für die Bereitstellung von Vergasungsanlagen mit vergleichsweise großer Kapazität zu sorgen. Damit erreichte die „physische Endlösung" ihre letzte Ausprägung, die endlich mit technischer Perfektion vom Dezember 1941 an dazu beitrug, dass etwa sechs Millionen europäischer Juden ermordet wurden. Diese letzte Steigerung der nationalsozialistischen „Judenpolitik" zur technisch durchgeführten „physischen Endlösung", eine Radikalisierung der von Hitler möglicherweise schon im Zusammenhang mit der Vorbereitung des Krieges gegen die Sowjetunion gefassten Entscheidung zur physischen „Liquidation" des Judentums schlechthin, fiel in jenen Zeitabschnitt des Krieges im Osten, in dem ein Scheitern der militärischen Pläne bereits abzusehen war. Die im Zuge des so genannten „Euthanasieprogramms", das insbesondere nach Protesten von kirchlicher Seite aus im August 1941 auf Befehl Hitlers erst einmal angehalten wurde, in „wilder" Form unter größter Geheimhaltung freilich seinen mörderischen Fortgang nahm, erprobten Einrichtungen der Gaskammern und ihr Bedienungspersonal wurden jetzt dem dafür zuständigen SS-Brigadeführer Odilo Globocnik, dem früheren Gauleiter von Wien, zur Verfügung gestellt. Die gegenüber den russischen Juden durch die Erschießungskommandos eingeleitete „physische Endlösung" wurde nunmehr auf die westeuropäischen Juden ausgedehnt.

Die Weisungen, die dazu schließlich auf der „Wannsee-Konferenz" am 20. Januar 1942 den Staatssekretären der wichtigsten deutschen Ministerien vom Chef des Reichssicherheitshauptamtes, Heydrich, erteilt wurden, und die das Mittel der so genannten „Evakuierung" der europäischen Juden in den Osten als Teil der bereits im wesentlichen überholten „territorialen Endlösung" noch immer erwähnten, ließen im übrigen gar keinen Zweifel daran, dass die Ankündigung „anderer Maßnahmen" und Formulierungen wie „natürliche Verminderung" oder „entsprechende Behandlung" der jüdischen Bevölkerung allein die rhetorische Verharmlosung der biologischen Vernichtung darstellten, die nunmehr anlief.

Die „Endlösung" der „Judenfrage" ist mit ihrer vom Jahresende 1941 an verwirklichten Methode nicht direkt und schlüssig aus Hitlers Programmschrift „Mein Kampf" nachzuweisen. Dennoch ist sie auch in ihrer radikalen Form im Keim in der Gedankenbildung des Diktators, in seiner Weltanschauung und in seinem Herrschaftsentwurf angelegt. Die Vernichtung der Juden Europas war das zentrale Ziel seiner Politik, das schon zu Beginn seiner Karriere feststand, als er am 16. September 1919 „unverrückbar die Entfernung der Juden überhaupt" forderte, und das ihn bis zum letzten Satz seines Testaments vom 29. April 1945 begleitete, in dem er seine „Gefolgschaft ... zum unbarmherzigen Widerstand gegen den Weltvergifter aller Völker, das internationale Judentum" aufrief.

Die Entscheidung, von den auf den Osten beschränkten Erschießungen der jüdischen Bevölkerung zur systematischen Ermordung der europäischen Juden überzugehen, hat Adolf Hitler getroffen, auch wenn ein schriftlicher Befehl dazu nicht vorzuliegen scheint. Ohne Zweifel haben ganz unterschiedliche Bedingungen im regionalen und lokalen Zusammenhang ebenso wie überschießender Judenhass und vorauseilender Gehorsam nachgeordneter Personen und Instanzen nicht selten in maßgeblichem Ausmaß dazu beigetragen, dass sich die Dynamik des Holocaust zu verselbständigen schien. Ausschlaggebend war und blieb aber, dass „die entscheidenden Impulse zum Judenmord ... aus Berlin" (D. Pohl) kamen: „Hitlers Rolle war entscheidend und unverzichtbar auf dem Weg zur ‚Endlösung'" (I. Kershaw). Gewiss hatten Entstehung und Entwicklung des Holocaust auch mit den spezifischen Bedingungen von Bevölkerungspolitik und Ernährungsengpässen zu tun und wirkten in dieser Hinsicht „als ein Mittel zur Rationalisierung der Wirtschaft": „Es ging darum, die ‚toten Kosten' zu verringern, die gesamtgesellschaftliche Produktivität zu steigern" (G. Aly/S. Heim).

Insofern mögen gewisse Zusammenhänge zwischen sozialen Herausforderungen und mörderischen Entschlüssen, zwischen situativen Zwängen und improvisierter Tötung bestanden haben, die das Gesamte als „Kalkulierte Morde" (Ch. Gerlach), als Wirtschafts- und Vernichtungspolitik erscheinen lassen. Verursacht wurde das, was intendiert, in Gang gesetzt und eingeleitet worden ist, freilich nicht durch solche Umstände und Zwänge, die den Vorgang allerdings bis zur scheinbaren Autonomie radikalisiert haben. Der Entschluss aber, mit technischer Perfektion die letzte Stufe der systematischen Ermordung aller Juden Europas zu verwirklichen, geht ohne Zweifel auf Hitler selbst zurück, ja es ist „fast undenkbar, dass das grüne Licht für das Anlaufen der ‚Endlösung' nicht von ihm persönlich gekommen sein sollte" (M. Burleigh).

Wann der Diktator sich freilich dazu entschieden hat, auch die westeuropäischen Juden, die er vor allem im Hinblick auf die Haltung der Vereinigten Staaten von Amerika bis in das Jahr 1941 hinein als Geiseln betrachtete, um die Amerikaner von einem Kriegseintritt abzuschrecken, der Vernichtung anheimzugeben, der die osteuropäischen Juden längst zum Opfer fielen, ist schwer feststellbar. Der vom Herbst des Jahres 1941 an stockende Vormarsch der Wehrmacht verwies den Diktator ebenso auf die Priorität seines rassischen Endziels, wie die Tatsache einer Koalition der Angelsachsen und der Sowjets, in der er die ideologische Verkörperung des „Weltjudentums" erblickte, ihn gleichfalls in seiner Entschlussbildung bestärkt hat.

Insgesamt entscheidend wurde in diesem Zusammenhang das Verhältnis zu den Vereinigten Staaten von Amerika: In dem Maße, in dem Präsident Roosevelt Front gegen das „Dritte Reich" machte – von der Landung amerikanischer Truppen in Island am 7. Juli 1941 über die Atlantik-Charta vom 14. August 1941 und über den Schießbefehl des amerikanischen Präsidenten gegen Schiffe der „Achsenmächte" in den von den USA beanspruchten Seegebieten vom 11. September 1941 bis zum Kriegseintritt der USA am 8. Dezember 1941 – schwanden in Hitlers Gedankenbildung die bis dahin vorwaltenden Rücksichten, die Juden Westeuropas aus taktischen Gründen zu schonen. Im Dezember 1941 konnte er endlich „den europäischen Juden gegenüber tun, was er schon seit langem tun wollte... Seit dem Kriegseintritt der USA waren alle Juden, deren Deutschland habhaft werden konnte, ebenso zu liquidieren, wie man dies bislang schon mit Hunderttausenden von Juden in der Sowjetunion getan hatte" (H.A. Winkler).

Für den Diktator gewann der „Rassenkrieg" gegenüber dem „Waffenkrieg" mehr und mehr an Bedeutung, beherrschte und störte das Rassendogma zunehmend die Politik und Kriegführung des „Dritten Reiches". Während des andauernden Weltkrieges bekannte der Diktator sich wiederholt und öffentlich zu dem in globalem Sinn nach Weltherrschaft strebenden Rassendogma seines „Programms", wenn er beispielsweise am 24. Februar 1942 ausführte: „Meine Prophezeiung wird ihre Erfüllung finden, dass durch diesen Krieg nicht die arische Menschheit vernichtet, sondern der Jude ausgerottet werden wird. Was immer auch der Kampf mit sich bringen oder wie lange er dauern mag, dies wird sein endgültiges Resultat sein". Und Joseph Goebbels notierte einen Monat später unter dem Datum des 27. März 1942: „Die Prophezeiung, die der Führer ihnen [den Juden K. H.] für die Herbeiführung eines neuen Weltkrieges mit auf den Weg gegeben hat, beginnt sich in der furchtbarsten Weise zu verwirklichen".

Während das „Dritte Reich" in der zweiten Hälfte des Weltkrieges militärisch vor der Übermacht der gegnerischen Koalition beständig an allen Fronten zurückwich, wurde die so genannte „Endlösung" der „Judenfrage" weiter vorangetrieben. Zuweilen gewinnt man tatsächlich den Eindruck, als korrespondierten den militärischen Niederlagen der Wehrmacht die rassischen „Siege" Hitlers. Offensichtlich wollte der Diktator wenigstens eines seiner ruchlosen Ziele verwirklichen, nämlich das europäische Judentum als Voraussetzung einer rassischen Neugestaltung Deutschlands und Europas vernichten.

Klar ausgesprochen wurde diese rassistische Zielsetzung des Nationalsozialismus, die das Geschehen in der zweiten Kriegshälfte maßgeblich bestimmte, den Widerstand der kämpfenden und unterjochten Völker immer wieder anstachelte und die Aussicht auf Frieden mehr und mehr schwinden ließ, in Himmlers berüchtigter Rede vor den SS-Gruppenführern in Posen am 4. Oktober 1943, in der er „in aller Offenheit ... ein ganz schweres Kapitel" erwähnte, nämlich „die Ausrottung des jüdischen Volkes". Diese der SS zufallende und von ihr durchgeführte Aufgabe bezeichnete Himmler als „ein niemals geschriebenes und niemals zu schreibendes Ruhmesblatt ihrer Geschichte". Und in der zwei Tage darauf, am 6. Oktober 1943, gehaltenen Ansprache vor den Reichs- und Gauleitern, nahm Himmler als „der eigentliche Verwalter [der] innersten Idee" Hitlers und des „Dritten Reiches" erneut „in diesem allerengsten Kreise" zur „Judenfrage" Stellung. Auch was in diesem Zusammenhang zur Sprache kam und was „in Himmler und in der SS zutage trat, war nie etwas anderes als der Vollzug dessen, was Hitler ausdrücklich gewollt oder was in der Konsequenz seines Willens lag" (J. Fest).

In diesem Sinne verkörperte die SS das Programm des Regimes, wenn Himmler über die Forderung: „Die Juden müssen ausgerottet werden" ausführte: „Ich bitte Sie, das, was ich Ihnen in diesem Kreise sage, wirklich nur zu hören und nie darüber zu sprechen. Es trat an uns die Frage heran: Wie ist es mit den Frauen und Kindern? – Ich habe mich entschlossen, auch hier eine ganz klare Lösung zu finden. Ich hielt mich nämlich nicht für berechtigt, die Männer auszurotten – sprich also umzubringen (!) oder umbringen zu lassen – und die Rächer in Gestalt der Kinder für unsere Söhne und Enkel groß werden zu lassen. Es musste der schwere Entschluss gefasst werden, dieses Volk von der Erde verschwinden zu lassen. Für die Organisation, die den Auftrag durchführen musste, war es der schwerste, den wir bisher hatten. Er ist durchgeführt worden, ohne dass – wie ich glaube sagen zu können – unsere Männer

und unsere Führer einen Schaden an Geist und Seele erlitten hätten...
Damit möchte ich die Judenfrage abschließen. Sie wissen nun Bescheid,
und Sie behalten es für sich. Man wird vielleicht in ganz später Zeit
einmal überlegen können, ob man dem deutschen Volke etwas mehr
darüber sagt. Ich glaube, es ist besser, wir – wir insgesamt – haben das für
unser Volk getragen, haben die Verantwortung auf uns genommen (die
Verantwortung für eine Tat, nicht nur für eine Idee) und nehmen dann
das Geheimnis mit in unser Grab". Mit diesem Triumph des Dogmas
über das Kalkül hatten in der Tat „Realität und Irrealität des Nationalsozialismus in der Judenvernichtung ihren furchtbaren Ausdruck erreicht"
(K.D. Bracher).

Auch im Hinblick auf den Mord an Europas Juden war der Zweite Weltkrieg, in dessen Gefolge sich der Holocaust vollzog, nicht nur
„Hitlers Krieg", sondern der Diktator war in direkter und indirekter Art
und Weise auf zahlreiche Mitwirkung angewiesen, die sogar „Ärzte als
Hitlers Helfer" (M.H. Kater) umfasste. Neben überzeugten Schergen aus
dem weltanschaulichen Orden der SS und gewöhnlichen Soldaten, Po-
lizisten und Beamten, die aktiv daran mitgewirkt haben, waren ein weit
verbreiteter Antisemitismus und der tägliche Kampf um das Überleben
im Zweiten Weltkrieg dafür verantwortlich, dass die sichtbaren Verfol-
gungen und Deportationen der Juden nicht selten mit Gleichgültigkeit
und Distanz zur Kenntnis genommen wurden. Angst vor Repressionen
des Regimes und dessen strikte Geheimhaltungspolitik trugen in entscheidendem Maße dazu bei, dass die begrenzte, diffuse Kenntnis vom
Holocaust nicht zu entschiedenen Reaktionen geführt hat.

„Anders als die Euthanasie-Morde", beurteilt der Historiker Ulrich
von Hehl den außerordentlich vielschichtigen Sachverhalt, „löste die
Verfolgung der Juden (und Zigeuner) keine allgemeine Unruhe in der
deutschen Bevölkerung aus. Freilich blieben Tatsache, Ausmaß und
Einzelheiten der ‚Endlösung' auch weitgehend unbekannt. Auch kam
die Masse der Opfer nicht aus dem Gesichtskreis der Deutschen. Dennoch spielten sich die Deportationen vor aller Augen ab, und zahlreiche
Fronturlauber müssen von Massenerschießungen oder anderen Verbrechen gewusst haben. So fehlte es nicht an Ahnungen und Gerüchten,
doch besaßen nur wenige den Mut, den Geschehnissen fern im Osten
nachzuspüren. Ohnehin waren die Juden so total und nachhaltig aus
der deutschen Gesellschaft ausgegrenzt, dass sie des Schutzes einer
Solidargemeinschaft entbehrten. Und neben der Abstumpfung durch
die psychischen und physischen Belastungen des Krieges sorgte ein
allgegenwärtiger Terror des Regimes für angepasstes Wohlverhalten.

‚Auschwitz', so scheint es, wurde erst wahrgenommen, als der Krieg zu Ende war" (U. v. Hehl). Und die Notwendigkeit, erst einmal den Krieg gegen Hitlers Deutschland in militärischer Hinsicht zu gewinnen, hat die Kräfte der Alliierten derart gebunden und dazu beigetragen, dass – obwohl „die Welt vom Holocaust erfuhr" – die „Verbrechen der Nazis von den Alliierten toleriert" wurden (R. Breitman).

Neben dem Völkermord an Europas Juden, der nicht mehr mit der Kategorie des gegen einen politischen Gegner gerichteten Terrors zu begreifen und auch nicht mit den auf allen Seiten im Weltkrieg begangenen Kriegsverbrechen zu vergleichen, sondern als „Ausmerzung" von „lebensunwertem Leben" und als dogmatischer Rassenkrieg im Zusammenhang mit der Züchtung eines neuen, biologisch höherstehenden „germanischen" Menschen zu sehen ist, liefen andere „Maßnahmen" des Regimes auf dem Gebiet der Rassenpolitik an, die insgesamt das hybride Experiment unternahm, Geschichte durch Rasse, historischen Wandel durch biologische Dauerhaftigkeit zu ersetzen. Abgesehen von den nach wie vor zu wenig erforschten Bemühungen des nationalsozialistischen Staates um die biologische Heranzüchtung einer neuen Elite, die sich beispielsweise in den Heiratsvorschriften für Angehörige der SS andeuteten oder sich in den „blutsmäßigen Fischzüge[n] in der germanischen Bevölkerung Frankreichs" (K.D. Bracher) und deren vorgesehener „Aufnordung" niederschlugen, ist in diesem Rahmen auch auf das Programm der so genannten „Euthanasie" hinzuweisen, die zutreffender als Lebensvernichtung zu bezeichnen ist.

Hitler ordnete in einem an den Leiter der „Kanzlei des Führers", Philipp Bouhler, und an seinen Begleitarzt, Karl Brandt, gerichteten Führererlass vom Oktober 1939, der auf den Tag des Kriegsbeginns, den 1. September 1939, zurückdatiert war, an, „die Befugnisse namentlich zu bestimmender Ärzte so zu erweitern, dass nach menschlichem Ermessen unheilbar Kranken bei kritischster Beurteilung ihres Krankheitszustandes der Gnadentod gewährt werden kann". Zu den Beurteilungsmerkmalen dieser das „Gesetz zur Verhütung erbkranken Nachwuchses" noch steigernden Aktion gehörten neben dem Krankheitsbild auch die „Rasse" und die „Arbeitsleistung" der betroffenen Menschen. Die durch ausführende Tarnorganisationen verschleierten „Maßnahmen" wurden gerüchteweise in der deutschen Öffentlichkeit bekannt und riefen vor allem den ganz entschiedenen Widerstand von Vertretern beider Kirchen wie des Grafen von Galen, Bischof von Münster, und des Pastors von Bodelschwingh, Leiter der Anstalten der Evangelischen Inneren Mission in Bethel, hervor. Ihr Protest erreichte, dass die Nationalsozialisten ihr Vorhaben gegen Ende des Jahres 1941 zumindest wesentlich einschränkten.

Gerade angesichts dieses Widerstandes gegen das so genannte „Euthanasieprogramm" aus den Kreisen der Bevölkerung bemerkte Hitler erbost und resigniert zugleich, das deutsche Volk sei eben noch nicht reif für die von ihm entworfene Politik. Sein Missmut über diese Haltung trug seit den Rückschlägen im Osten dazu bei, immer häufiger und hasserfüllt davon zu sprechen, wenn die Deutschen ihm auf dem Weg zum Sieg nicht zu folgen bereit seien, dann müssten sie eben untergehen.

Resümee

Fasst man zusammen, was über die Geschichte Deutschlands im Zweiten Weltkrieg während der Jahre von 1939 bis 1942 ausgeführt wurde, so ergeben sich folgende Befunde und Konsequenzen:

Mit dem militärischen Angriff auf Polen am 1. September 1939 verwirklichte das „Dritte Reich" trotz der von Hitler als „verkehrt" empfundenen Frontstellung gegen die Westmächte, insbesondere gegen Großbritannien, eines der ihm vom Diktator gesetzten Ziele. Im Zuge kriegerischer Expansion strebte es nach der europäischen Hegemonie und trachtete danach, den als notwendig erachteten „Lebensraum" im Osten des Kontinents zu erobern. Mit Kriegsbeginn wurden aber auch die zerstörerischen Triebkräfte in der nationalsozialistischen Weltanschauung und im „Programm" des Diktators in besonderem Maße wirksam. Sie hatten über lange Zeit in einer Symbiose mit den Mitteln und Vorstellungen der überlieferten Großmachtpolitik des Deutschen Reiches für die Dynamik und den Erfolg des nationalsozialistischen Staates gesorgt, verselbständigten sich sodann in zunehmendem Maße und trieben endlich mit einer gewissen Notwendigkeit die Zerstörung des „Dritten Reiches" voran. Durch die Entfaltung der ideologischen Komponente des Nationalsozialismus trat im Krieg das für die Geschichte des „Dritten Reiches" so charakteristische, einander bedingende und doch widersprechende Verhältnis von Tradition und Revolution aufs neue und akzentuierter als in den zurückliegenden Jahren hervor.

Unter den spezifischen Bedingungen der sich im Dezember 1941 zum Weltkrieg erweiternden europäischen Auseinandersetzung schienen das politisch-strategische Kalkül und das weltanschaulich-rassische Dogma in Hitlers Staat eine gewisse Zeitlang miteinander vereinbar zu sein, existierten nebeneinander und schlossen sich schließlich doch gegenseitig aus. Ihre zunehmend deutlicher werdende Unverträglichkeit blockierte schließlich Politik und Kriegführung des Reiches. Existenz und Entfaltung des weltanschaulichen Dogmas, das Eigenmacht entwickelte und dessen Dominanz über das politisch-militärische Kalkül sich abzeichnete, trugen zu einem weit über Deutschland hinausreichenden Widerstand der europäischen Völker und der alliierten Staaten bei und wirkten mithin in internationalem Maßstab zerstörerisch auf das Deutsche Reich zurück.

Während der Friedensjahre des Regimes hatten sich diese beiden Grundpfeiler des „Dritten Reiches" ergänzt, und ihre Gegensätze waren in der Dynamik des nationalsozialistischen Staates aufgegangen. Durch die wirtschafts- und innenpolitischen, nicht zuletzt aber auch durch die außenpolitischen Erfolge des nationalsozialistischen Regimes wurden sie überbrückt und durch den Terror als Drohung und Praxis der Diktatur immer wieder verdeckt. In diesem Sinne halfen die Repräsentanten des alten Deutschland, die Hitler zu Beginn seiner Herrschaft freiwillig unterstützt hatten und danach von den Nationalsozialisten Zug um Zug entmachtet worden waren, geraume Zeit mit, diese innen- und außenpolitischen Erfolge des Diktators zu ermöglichen.

Auch in den ersten Kriegsjahren arbeiteten traditionelle Führungsschichten und die neue Elite des Regimes, Offizierkorps und Partei, erst einmal scheinbar reibungslos und sichtbar erfolgreich zusammen. Nach wie vor verkörperten sie das dynamische Miteinander der eher rationalen und prinzipiell dogmatischen, der strategischen und weltanschaulichen Seite des nationalsozialistischen Staates. Nach dem besonders in Kreisen der alten Elite kaum erwarteten militärischen Triumph des Deutschen Reiches über Frankreich avancierte Hitler sowohl für weiteste Teile der deutschen Bevölkerung als auch für viele Repräsentanten des traditionellen Deutschland, die ihm gegen Ende der dreißiger Jahre mit wachsender Reserve, mit innerer Distanz und auch bereits mit politischer Opposition begegnet waren, zum anerkannten, unumstrittenen und bewunderten „Führer".

Doch militärisch-politische Notwendigkeiten und weltanschaulich-rassische Zielsetzungen des Regimes brachen ungeachtet des gar nicht zu verkennenden Zusammenwirkens beim Judenmord zwischen SS und SD auf der einen, Wehrmacht, Polizei und Zivilverwaltung auf der anderen Seite gerade in dem Augenblick auseinander und gaben das zutiefst abstoßende Wesen des nationalsozialistischen Regimes, das rassische Proprium seiner verwerflichen Existenz, schonungslos zu erkennen, als Hitler seinem Selbstverständnis nach mit dem Beginn des „Lebensraum"-Krieges in der Sowjetunion das „Kernstück" seines weitgespannten macht- und rassenpolitischen „Programms" verwirklichen wollte: Nicht zuletzt der Widerstand der Besiegten und Besetzten wurde dadurch, weil es für viele von ihnen buchstäblich um Leben und Tod ging, immer wieder bis zum Äußersten angefacht. Die Übermacht des nationalsozialistischen Dogmas trug dazu bei, das Reich auf seinem – ihm von Hitler vorgezeichneten, in internationaler und innenpolitischer Perspektive letztlich zerstörerischen – Weg immer rascher voranzutreiben und in den Abgrund zu stürzen.

In diesem Zusammenhang ist daher – über die innenpolitische Entwicklung der nationalsozialistischen Diktatur und die europäische Besatzungspolitik des „Dritten Reiches" hinaus – Hitlers Rassenpolitik als das zentrale Element seines Regimes zu beurteilen, deren Qualität durchaus singuläre Züge aufwies: Sie wurde für den Verlauf der deutschen Entwicklung ebenso wie für den Gang der europäischen Geschichte in einem bis dahin weitgehend unbekannten und bis heute wirksamen Maße bestimmend und geschichtsmächtig. Ihre Existenz ist nicht vorstellbar ohne die Absicht und den Auftrag, ohne den Willen und die Gestaltung, zumindest aber nicht ohne die Billigung und die Tolerierung des Diktators, der auch das deutsche Volk im Zeichen der heraufziehenden militärischen Niederlage in den Untergang zu führen beabsichtigte, da es seiner radikalen Überzeugung gemäß bei seinem Kampf um die Weltmacht versagt hatte.

„Weltmacht oder Untergang"
(1943–1945)

„Endsieg" – Hoffnungen im „Totalen Krieg"

Von der Jahreswende 1942/43 an war das Deutsche Reich in der Kriegführung auf die Defensive zurückgeworfen. Hitler, der Gefangene seiner eigenen Doktrin und Aktionen, erklärte sich zum Verteidiger der „Festung Europa". Dabei war die europäische Akzentuierung, die das „Dritte Reich" seinem Kampf nunmehr verstärkt zu verleihen bemüht war, indem es behauptete, den alten Kontinent gegen die westlichen Plutokratien, vor allem aber gegen den sowjetischen Bolschewismus zu verteidigen, kaum mehr als eine schlechte Tarnung seiner eigentlichen Eroberungsabsichten. Sie fand daher auch nur sehr beschränkten Widerhall in den von Deutschland besetzten Territorien Europas. Denn in den vorhergehenden Jahren war zu offenkundig geworden, dass es Hitler um nichts anderes als um die Errichtung einer brutalen Fremd- und Rassenherrschaft ging. In Russland wurden die Möglichkeiten, nach der Invasion im Sommer 1941 beispielsweise die ukrainische Bevölkerung für sich zu gewinnen, die zu Anfang die deutschen Truppen als Befreier vom stalinistischen Joch begrüßt hatte, töricht und verbrecherisch zugleich vertan. Inzwischen war den Völkern der Sowjetunion längst klar geworden, dass die neuen Herren zumindest ebenso grausam, wenn nicht schlimmer herrschten als Stalins Schergen. Der angefachte Patriotismus ließ sie sodann in der Wahl zwischen zwei Übeln gegen den Aggressor, der kein Befreier war, im „Großen Vaterländischen Krieg" für die eigene Diktatur eintreten.

Zunehmend stärker sahen sich die Völker Ost-, Ostmittel- und Südosteuropas in der zweiten Hälfte des Krieges – anders als im Westen Europas, wo die Sowjets nicht unmittelbar vor der Tür standen und sich die collaboration" mit den Besatzern mehr und mehr zur „résistance" gegen die Deutschen wandelte – vor die dilemmahafte Wahl gestellt, zwischen Hitler und Stalin entscheiden zu müssen, wirkten aus Angst vor der Roten Armee, teilweise wenigstens, noch widerwillig mit den deutschen Okkupanten zusammen und hatten sich schließlich, nicht weniger widerwillig, mit der sowjetischen „Befreiung", der neuen Okkupation, zu arrangieren. Fadenscheinig blieben die im Angesicht des militärischen Scheiterns zunehmenden Appelle der Deutschen, das andauernde Ringen im Sinne der antibolschewistischen Parole als eine europäische Aufgabe zu begreifen. Denn es blieb nicht verborgen, dass die „voll durchgesetzte Vormachtstellung des Großdeutschen Reiches" nach der am 5. April 1943 von Außenminister von Ribbentrop erhobenen Forderung dafür die unaufgebbare Voraussetzung bildete: „Wer Europa besitzt", bekannte Hitler in diesem Sinne am 8. Mai 1943, „der wird damit die Führung der Welt an sich reißen".

Während die nationalsozialistische Europa-Propaganda mit wenig Erfolg darum bemüht war, Freiwilligenverbände aus allen Regionen des Kontinents für die Auseinandersetzung im Osten zu gewinnen, zeigte sich insgesamt, dass die in der Politik und Kriegführung des „Dritten Reiches" stets vorhandene nationalsozialistische Doktrin mehr und mehr hervortrat. Das wurde nicht zuletzt darin sichtbar, dass Staat um Staat in Hitlers Europa aufgefordert wurde, sich am Völkermord gegen die Juden zu beteiligen. Zu keiner Zeit wurde das weltanschauliche Dogma im Sinne europäischer Gemeinsamkeit und zur Steigerung der militärischen Schlagkraft rationellen Zweckmäßigkeitserwägungen in maßgeblicher Art und Weise zum Opfer gebracht. Hitlers Endziele waren in seiner Gedankenbildung und in der Räson des Regimes stets so dominant, dass sie letztlich die gesamte Welt herausforderten und unerreichbar bleiben mussten. „Die Idee des Jahrhunderts", über die das „Dritte Reich" scheinbar so vorteilhaft verfügte und die man nach der Vorstellung von Repräsentanten des Auswärtigen Amts „der Menschheit" nur richtig „verkaufen" müsse, wirkte inzwischen alles andere als werbend, sondern rundum abstoßend.

Es war das Dogma von der Überlegenheit des deutschen Volkes und der germanischen Rasse, das Hitler und die deutsche Führung dazu bestimmte, die eigenen Möglichkeiten permanent zu überschätzen, die der anderen Nationen – vielleicht mit Ausnahme des als Partner ins Auge gefassten England – aber stets gering zu achten. Die Überschätzung der eigenen und die Geringschätzung der gegnerischen Kräfte sowie die Fixierung auf die rassische Doktrin ließen Hitler und das deutsche Heer im Grund auch am Problem der Koalitionskriegführung scheitern. Erst zu später Zeit und in bedrängter Lage, mitten im Kampf um Stalingrad, war der Diktator am 21. Januar 1943 ebenso widerwillig wie erfolglos dazu bereit, den japanischen Alliierten um einen Entlastungsangriff in Russland zu ersuchen.

In dem Maße, in dem die Verbündeten des „Dritten Reiches" nach und nach von ihrer Vormacht abfielen, aus dem an der Seite Deutschlands geführten Krieg austraten oder zum Gegner übergingen, sah sich Hitler – wollte er die von ihm stets abgelehnte Alternative einer Kapitulation nicht doch ins Auge nehmen – gezwungen, seine Herrschaft auf weitere Territorien, wie beispielsweise im November 1942 auf Vichy-Frankreich, im September 1943 auf Italien oder im März 1944 auf Ungarn auszudehnen, um in hastiger Improvisation die „Festung Europa" vor Einbrüchen an ihrer Peripherie zu bewahren. „Wie und wann [allerdings K. H.] das Ende des Krieges herbeigeführt werden könne", bekannte er zu Anfang des Jahres 1943 gegenüber dem rumänischen Staatschef Antonescu, das wisse er noch nicht.

Im Zuge dieser Entwicklung wurde die Führung des Deutschen Reiches 1943 zu folgenden strategischen Grundentscheidungen gezwungen:

1. Alle Überlegungen Hitlers im Hinblick auf die zweite überseeisch-atlantische Stufe seines „Programms" wurden nach der Kriegs-Wende vor Moskau zurückgestellt und 1942/43 endgültig aufgegeben. Kolonien und Stützpunkte als defensive und offensive Ausgangspositionen einer über Europa hinausgreifenden Weltpolitik lagen für das Reich, das im Osten des Kontinents der Sowjetunion, im Westen Europas, in Afrika und im Atlantik Großbritannien und den USA gegenüberstand, in weiter Ferne.

2. Hitlers Kriegführung beschränkte sich (deutlich sichtbar nach dem Abbruch der Geleitzugbekämpfung durch die deutsche U-Boot-Waffe im Nordatlantik am 24. Mai 1943) allein noch auf die „Festung Europa", die der Diktator „fanatisch" bis zu dem der Bevölkerung von der Propaganda pausenlos verheißenen „Endsieg" zu halten gedachte. Dabei konnte er den riesigen Nachteil nur ohnmächtig hinnehmen, der darin bestand, dass diese so genannte „Festung" nach den Worten des amerikanischen Präsidenten Roosevelt kein Dach besaß, da die (west)alliierten Luftwaffen drückend überlegen waren.

3. Den erhofften Umschwung des Krieges erwartete Hitler von einem als sicher angesehenen Auseinanderbrechen der „unnatürlichen Koalition" zwischen der Sowjetunion und den Westmächten: „Wenn Deutschland erledigt würde", lautete, am 16. März 1944 vor den Mitgliedern des bulgarischen Regentschaftsrates entworfen, Hitlers unrealistische Spekulation auf den britischen Frontwechsel, „so würden die Engländer völlig unfähig sein, Widerstand gegen die Sowjetpläne zu leisten. Das gleiche gelte für Amerika...".Realitätsverloren überschätzte der Diktator die machtpolitischen und ideologischen Spannungen zwischen Ost und West, die eben erst nach Kriegsende, als die Her-

ausforderung des „Dritten Reiches" nicht mehr länger existierte, in den „Kalten Krieg" einmündeten. Mit seiner illusionären Hoffnung auf den Zerfall des gegnerischen Bündnisses stand Hitler freilich nicht allein: „Diese Dissonanzen" in der west-östlichen Allianz, äußerte der inzwischen als deutscher Botschafter beim Vatikan tätige Ernst von Weizsäcker am 11. Februar 1944, „sind nicht nur deutsche Wunschträume. Nur eines ist unsicher, nämlich: wann sie zu Taten reifen. Das zu beschleunigen, ist wohl der politische Sinn der hinhaltenden Verteidigung der Festung Europa".

Die tollkühne Erwartung knüpfte im Prinzip an eine außenpolitische Tradition der jüngeren deutschen Geschichte an, die in der wilhelminischen Ära den machtpolitischen Gegensatz zwischen Großbritannien und Russland stets zu hoch veranschlagt, die Eigenmacht des Deutschen Reiches im Urteil der übrigen Mächte dagegen als zu gering eingeschätzt und letztlich vergeblich auf den internationalen (nach 1917 dann auch ideologischen) Systemzwang gehofft hatte, der Ost und West zum deutschen Vorteil gegeneinander führen werde. Gewiss, der Streit zwischen den Alliierten über Stalins Forderungen nach der zweiten Front und die Auseinandersetzungen um die sowjetischen Ansprüche auf Bestätigung der 1939 von Russland in Ostmitteleuropa eroberten Gebiete waren auch nach der Moskauer Konferenz zwischen Churchill, Harriman und Stalin vom 12.-16. August 1942 nicht ausgeräumt worden und spitzten sich seit der Teheraner Konferenz (28. November – 1. Dezember 1943) weiter zu. Doch selbst ein Ereignis, das die polnisch-sowjetisch-britischen bzw. die sowjetisch-amerikanischen Beziehungen erheblich belastete, wie die Entdeckung der Massengräber mit den Leichen von über 4100 polnischen Offizieren bei Katyn am 13. April 1943, die dem Befund neutraler Sachverständiger zufolge im Frühjahr 1940, also vor dem deutschen Einmarsch in die UdSSR, von den Sowjets erschossen worden waren, führte letztlich nicht zum Auseinanderbrechen der alliierten Koalition, das Hitler immer einseitiger als umfassende Lösung aller seiner Probleme ansah und zunehmend ungeduldig herbeiwünschte.

Es waren nicht zuletzt die rassen-, besatzungs- und bevölkerungspolitischen Untaten des „Dritten Reiches", welche die übrige Welt zusammenhielten. Das Reich kam schon aufgrund seines machtpolitischen Anspruchs auf Hegemonie und Eroberung den Westalliierten stets gefährlicher vor als Stalins ausladende Territorialforderungen. Angesichts dieser deutschen Gefahr für Europa und die Welt wird unter anderem auch verständlich, warum Roosevelt und Churchill während der Konferenz von Jalta (4.-11. Februar 1945) und danach in gewissem Sinne auch Truman und Attlee während der Potsdamer Konferenz (17. Juli – 2. August 1945) bereit waren, dem sowjetischen Diktator Konzessionen zu machen und auf Formelkompromisse einzugehen: Deutschland, das längst schon nicht mehr zu siegen imstande war, besaß eben auch nicht mehr die Freiheit, die noch kurz vor Kriegsende mit geradezu illusionärem Optimismus im Vatikan dem deutschen Botschafter von Weizsäcker gegenüber beschworen wurde, sich nämlich „seinen Besieger auswählen" zu können.

4. Hitlers monomane Hoffnung auf einen Zerfall der gegnerischen Koalition, der Deutschland erneut Bewegungsspielraum verschaffen werde, ist auch im Zusammenhang mit seinen programmatischen Ideen zu beurteilen. In diesem Sinne äußerte er während der zweiten Hälfte des Krieges wiederholt, zukünftig doch noch zusammen mit England die Welt in die Schranken zu weisen. Insofern hielt er an seiner bündnispolitischen Grundidee fest, Großbritannien zu sich herüber zu ziehen und sozusagen in letzter Minute doch noch gemeinsam gegen die Sowjetunion zu kämpfen. Neben dieser Lieblingsidee, die ihn nach wie vor beherrschte, wurde während der letzten Wochen des März und April 1945 in der „unterweltlich entrückten Szenerie" des Berliner „Führerbunkers" im Zuge der „ins Chimärische hochgeredeten Siegeshoffnungen" (J. Fest) sogar auf die darüber hinausgehende Lösung spekuliert, nämlich zusammen mit den Vereinigten Staaten von Amerika gegen Russland Krieg zu führen.

Ja, in diesen letzten Tagen des „Tausendjährigen Reiches" näherte Adolf Hitler sich sogar – parallel zu den von Goebbels seit 1943 ventilierten Überlegungen und in einem inzwischen allerdings illusionären Eingehen auf frühere, von Stalin in taktischer und/oder ernsthafter Absicht ausgestreckte Friedensfühler – der von ihm erstmals im März/ April 1944 halbherzig erwogenen Möglichkeit, die freilich längst schon keine mehr war, sich nämlich mit seinem ideologischen und auch machtpolitischen Hauptfeind, der Sowjetunion, gleichsam in Wiederholung der dramatischen Wendung vom 23. August 1939 noch einmal zu arrangieren, um gegenüber den Westmächten auftrumpfen und überleben zu können.

Bis zum Jahr 1944 aber hatte Hitler alle Friedenssondierungen mit der Sowjetunion abgelehnt, weil er wie die Mehrheit der Deutschen davon überzeugt war, „dass man mit Russland irgendwie schon würde fertigwerden – hatte man dies nicht auch im Ersten Weltkrieg geschafft?" (M. Salewski) Dagegen waren die Versuche, einen Separatfrieden im Westen zu schließen, auf den beispielsweise im Januar 1943 Antonescu den italienischen „Duce" nachdrücklich hingewiesen hatte, ohne Erfolg geblieben. Immer mehr Repräsentanten des nationalsozialistischen Regimes schickten sich jetzt an zu retten, was noch zu retten war: Allein, ihre geheimen Friedensfühler blieben ohne Resonanz. Dass es die Existenz des „Dritten Reiches" an sich war, die den fortwährenden Grund für das Misslingen aller dieser Bemühungen darstellte, entging ihnen einfach. Hinzu kam, dass Hitler immer wieder bremste und brüsk abwinkte, selbst dann noch, als Himmler, in ganz später Stunde, die deutsche Polenpolitik neu zu formieren und auf Kurs gegen die Sowjetunion zu bringen versuchte. Nachdem der Warschauer Aufstand niedergeschlagen worden war und die polnische „Heimatarmee" am 2. Oktober 1944 kapituliert hatte, wollte er deren Truppen für den Kampf gegen die Russen gewinnen: Hitler dagegen befahl die Zerstörung Warschaus.

Angesichts der immer drückenderen alliierten Überlegenheit wurden die Friedenshoffnungen vom Jahre 1943 an zu Illusionen schlechthin: Das machte nicht zuletzt die auf der Konferenz von Casablanca (14.–26. Januar 1943) von Roosevelt verkündete Forderung nach „bedingungsloser Kapitulation" deutlich. Längst hatten die Amerikaner Verständnis gezeigt für Stalins ausladende Forderungen nach territorialen Gewinnen in Ost- und Ostmitteleuropa sowie gegenüber dem Deutschen Reich, die der sowjetische Diktator den Westmächten seit dem Besuch Edens in Moskau im Dezember 1941 beständig vortrug. Insgesamt entsprangen sie der Existenz eines unabhängig von Hitlers Politik und Kriegführung vom sowjetischen Diktator eigenständig entworfenen, durch den deutschen Angriff auf die Sowjetunion Plausibilität und Scheinlegitimation gewinnenden, weit gespannten Kriegszielprogramms der stalinistischen Ära. Unterdessen legten die Bomberflotten der Westmächte Deutschland in Schutt und Asche, und die Vergeltungsaktionen nationalsozialistischer Besatzungspolitik, die sich mit den Namen von Lidice (10. Juni 1942) und Oradour (10. Juni 1944) verbinden, sorgten immer wieder dafür, dass die betroffenen Völker das Motiv ihres Kampfes gegen den Nationalsozialismus und die Deutschen nicht vergaßen.

Alles in allem wurde seit der anglo-amerikanischen Landung in Nordafrika (7./8. November 1942) und insbesondere seit der Kapitulation der 6. Armee in Stalingrad (31. Januar – 2. Februar 1943) auch der deutschen Bevölkerung trotz pausenloser „Endsieg"-Propaganda und trotz eines erstaunlich festen Glaubens an die Führung des Reiches klarer, dass Deutschland den Krieg kaum noch gewinnen könne. Doch trotz ungeheurer Verluste, die sie insbesondere in Russland erlitt, gelang es der deutschen Wehrmacht während des Jahres 1943, die Front im Osten nochmals einigermaßen zu konsolidieren.

Hitler versuchte jetzt zum letzten Mal, die Initiative gegenüber der Sowjetunion wiederzugewinnen, als er am 5. Juli 1943 das mit großen Erwartungen begleitete Unternehmen „Zitadelle", den Sturm auf den Frontbogen bei Kursk, anlaufen ließ. Nachdem der Angriff innerhalb weniger Tage ins Stocken geraten war, plante er, die einmal gebildeten Frontverläufe um jeden Preis starr zu halten und sich in Russland auf einen Abnutzungskrieg einzurichten. Dem Atlantikwall im Westen, in dessen Schutz die erwartete Invasion der Briten und Amerikaner abgewehrt werden sollte, vergleichbar, schwebte Hitler vor, einen „Ostwall" zu bauen, um sich in der „Festung Europa" mit ihren Tausende von Kilometern umfassenden Fronten einzuigeln, dem „Feind...[die] Nutzlosigkeit seiner Angriffe" vor Augen zu führen und den Westen zum Einlenken zu zwingen.

Während die sowjetischen Armeen zwischen dem August 1943 und dem April 1944 die Ukraine zurückeroberten, entschloss sich Hitler, den Schwerpunkt seiner militärischen Abwehr vorerst auf den Westen zu verlagern. „Der harte und verlustreiche Kampf der letzten zweieinhalb Jahre gegen den Bolschewismus", begründete der Diktator diese weitreichende Entscheidung am 3. November 1943 in seiner „Weisung Nr. 51", „hat die Masse unserer militärischen Kräfte und Anstrengungen aufs Äußerste beansprucht. Dies entsprach der Größe der Gefahr und der Gesamtlage. Diese hat sich inzwischen geändert. Die Gefahr im Osten ist geblieben, aber eine größere im Westen zeichnet sich ab: die angelsächsische Landung! Im Osten lässt die Größe des Raumes äußersten Falles einen Bodenverlust auch größeren Ausmaßes zu, ohne den deutschen Lebensnerv tödlich zu treffen. Anders der Westen! Gelingt dem Feinde hier ein Einbruch in unsere Verteidigung in breiter Front, so sind die Folgen in kurzer Zeit unabsehbar. Alle Anzeichen sprechen dafür, dass der Feind spätestens im Frühjahr, vielleicht aber schon früher, zum Angriff gegen die Westfront Europas antreten wird. Ich kann es daher nicht mehr verantworten, dass der Westen zu Gunsten anderer Kriegsschauplätze weiter geschwächt wird. Ich habe mich daher entschlossen, seine Abwehrkraft zu verstärken, insbesondere dort, von wo aus wir den Fernkampf gegen England beginnen werden." Durch Demonstration der deutschen Schlagkraft an der westlichen Front ging es ihm vor allen Dingen darum, die Briten für seinen ursprünglichen Bündnisplan zu gewinnen, sie zumindest aber von der großen Koalition mit den Vereinigten Staaten von Amerika und der Sowjetunion abzusprengen.

Die Idee eines Separatfriedens im Westen fand sowohl im Heer als auch in Himmlers SS Zustimmung. Dagegen dachte Goebbels eher daran, sich mit Stalins – dem Herrschaftssystem des Nationalsozialismus so verwandter – totalitärer Diktatur zu arrangieren, während von Ribbentrop, seinem bekannten Konzept entsprechend, darauf spekulierte, mit Japans militärischer oder diplomatischer Hilfe dem Kampf in Russland ein Ende zu setzen. Hitler sah die letzte ihm noch verbleibende Chance darin, im Westen – bei der Abwehr der erwarteten Invasion der Briten und Amerikaner – eindrucksvolle Erfolge zu erringen, um sich letztlich doch noch mit England arrangieren zu können.

Unter diesem Gesichtspunkt wird auch die prima vista unverständliche Reaktion Hitlers auf die westalliierte Landung in der Normandie am 6. Juni 1944 verständlich, die er schon lange erwartet hatte: Sie wurde nämlich mit unverkennbarer Erleichterung aufgenommen, sollte sie doch die Chance bieten, die Schlagkraft des Reiches vor allem gegenüber den Engländern noch einmal unter Beweis zu stellen. Eine angelsächsische Invasion abzuwehren, würde Deutschland zum Vorteil gereichen, erläuterte er seine neue Strategie, die auf altem Kalkül beruhte, dem rumänischen Staatschef Antonescu gegenüber am 26. Februar 1944: „Die Schockwirkung eines fehlgeschlagenen Unternehmens dieser Art im Verein mit den bestimmt zu erwartenden riesigen Verlustzahlen auf die öffentliche Meinung in England und Amerika könnte gar nicht hoch genug veranschlagt werden und würde voraussichtlich einen Wendepunkt des Krieges bilden. Es würden dann mit einem Schlage größere Kräftegruppen frei werden, die im Osten nicht nur zu einer Stabilisierung der Front, sondern zur Aufnahme offensiven Vorgehens gegen die Russen eingesetzt werden könnten."

In der sich immer aussichtsloser gestaltenden Gesamtkriegslage – in Ostasien waren im Juni 1944 die amerikanischen Truppen auf Saipan gelandet, und in Russland setzte am 22. Juni 1944 die von einer bislang beispiellos vorbereiteten Partisanentätigkeit eingeleitete gewaltige Sommeroffensive der Roten Armee ein – klammerte sich der Diktator an die illusionäre Hoffnung, mit einem demonstrativen Schlag seiner konventionellen Streitkräfte gegen den Westen das Blatt doch noch in seinem Sinne wenden zu können. Dagegen hatte er schon an der Jahreswende 1941/42 die Entwicklung der Atombombe ebenso zurückstellen lassen, wie er nach den nur sehr begrenzt erfolgreichen Einsätzen der V1-Raketen auch den Bau der V2-„Wunderwaffe" nicht mehr weiter verfolgen ließ, auf deren angeblich kriegsentscheidende Wirkung die deutsche Bevölkerung gleichwohl ihre noch vorhandenen „Endsieg"-Hoffnungen gründete.

Zu diesem Zweck wurde auch die letzte große Offensive an der Westfront, die Ardennen-Offensive, von Hitler unternommen. Inzwischen waren Rumänien durch die von König Michael am 23. August 1944 befohlene Einstellung des Kampfes gegen die Rote Armee und Finnland durch den am 19. September 1944 unterzeichneten Waffenstillstand mit der Sowjetunion aus dem Krieg an der Seite Deutschlands ausgeschieden. Im gleichen Monat besetzten sowjetische Truppen Bulgarien, bis zum 2. November 1944 zog sich die deutsche Wehrmacht aus Griechenland (mit Ausnahme von Rhodos, Westkreta, Milos und einigen kleineren Inseln) zurück, und das am 19. März 1944 von deutschen Truppen besetzte Ungarn unternahm am 15. Oktober 1944 den freilich von den Deutschen vereitelten Versuch, einen Waffenstillstand mit der UdSSR zu erreichen, deren militärische Verbände am Jahresende 1944 in die Vorstädte von Budapest eindrangen.

Nachdem in Nordafrika die letzten deutschen Truppen bereits am 13. Mai 1943 kapituliert hatten und die Alliierten am 10. Juli 1943 auf Sizilien gelandet waren, brach Mussolinis Regime am 25. Juli 1943 zusammen, und der neue Ministerpräsident Italiens, Marschall Badoglio, unterzeichnete am 3. September 1943 einen allerdings erst fünf Tage später bekanntgegebenen Sonderwaffenstillstand mit den Alliierten. Daraufhin wurden die italienischen Streitkräfte von der deutschen Wehrmacht entwaffnet, die nunmehr in Italien die Aufgabe übernahm, sich dem Vormarsch der Briten und Amerikaner entgegenzustellen. Am 4. Juni 1944 besetzten die Alliierten Rom und rückten nach Norditalien bis zur Apenninen-Stellung vor, wo die Kämpfe bis zum 29. April 1945 andauerten.

Auch im Westen Europas war der Vormarsch der Alliierten nicht mehr aufzuhalten, am 25. August 1944 zog General de Gaulle an der Spitze französischer Verbände in das von den Deutschen geräumte Paris ein, und bereits im September 1944 erreichten die Briten und Amerikaner die Westgrenze des Deutschen Reiches, während die Russen im Oktober 1944 in Ostpreußen eindrangen und Japan auf dem ostasiatischen Kriegsschauplatz in der bis dahin größten Seeschlacht der Weltgeschichte im Golf von Leyte (22.–25. Oktober 1944) entscheidend von den Vereinigten Staaten von Amerika geschlagen wurde.

Hitler aber plante, wie bereits angedeutet, im Gegensatz zu den führenden Militärs der Westfront, die nur bis zur Maas vorzustoßen und dort abzuwarten vorschlugen, wie die Lage sich entwickeln werde, im Rahmen der vorgesehenen Ardennen-Offensive bis Antwerpen vorzudringen, um den Alliierten die nach wie vor scheinbar ungebrochene Kraft der deutschen Wehrmacht vor Augen zu führen und England zum Einlenken zu bewegen. „Ist man selbst zur Abwehr, zur Defensive gezwungen", erläuterte er die Motive seines Plans vor den Kommandeuren der Wehrmachtverbände, die für das militärische Unternehmen bereitstanden, „dann ist es erst recht die Aufgabe, von Zeit zu Zeit durch rücksichtslose Schläge dem Gegner wieder klarzumachen, dass er trotzdem nichts gewonnen hat, sondern dass der Krieg unentwegt weitergeführt wird. Ebenso ist es wichtig, diese psychologischen Momente dadurch noch zu verstärken, dass man keinen Augenblick vorübergehen lässt, um [ohne?] dem Gegner klarzumachen, dass, ganz gleich, was er auch tut, er nie auf eine Kapitulation rechnen kann, niemals, niemals... Wenn ihm das durch die Haltung eines Volkes, einer Wehrmacht und zusätzlich noch durch schwere Rückschläge, die er bekommt, klargemacht wird, dann wird er am Ende eines Tages einen Zusammenbruch seiner Nervenkraft erleben."

Der am 16. Dezember 1944 begonnene Vormarsch kam jedoch schon vier Tage darauf zum Stehen. Nachdem der Diktator alle Mahnungen – nicht zuletzt auch die des von den Nationalsozialisten inzwischen am 14. Oktober 1944 zum Selbstmord gezwungenen Generalfeldmarschalls Erwin Rommel –, den verlorenen Krieg zu beenden, verworfen hatte, klammerte er sich an die immer illusionärer werdende Aussicht, als „Spinne im Netz" der Mächte für den Fall eines Auseinanderbrechens der alliierten Koalition die Initiative doch wieder zu gewinnen.

Allein, der Vormarsch der Alliierten ging an allen Fronten, wenn auch schleppend und von Stockungen begleitet, etappenweise voran. Im Februar und März 1945 eroberten sie die linksrheinischen Gebiete Deutschlands. Nachdem amerikanische Truppen am 7. März bei Remagen und britische Einheiten am 24. März bei Wesel den Rhein überschritten hatten, rückten die Amerikaner (zusammen mit der 1. französischen Armee) nach Süddeutschland vor. Sie besetzten auch Vorarlberg, Tirol bis zum Brenner, das Salzkammergut, Oberösterreich und den Westen Böhmens bis zur Linie Karlsbad-Budweis-Linz.

Im Norden erreichten die Engländer am 19. April 1945 die Elbe bei Lauenburg, während amerikanische Verbände ins Zentrum des Reiches vorstießen und am 25. April 1945 mit den Sowjets bei Torgau zusammentrafen. Für Hitler, der jeden Bezug zur Wirklichkeit vollends verloren hatte, stellte sich die symbolische Vereinigung der triumphierenden Sieger in der Mitte des zerfallenden Reiches so dar, als lasse er die Sowjets und Angelsachsen gezielt „aufeinanderprallen". „Wer von den beiden zuerst an mich gelangt", hatte er einige Tage zuvor über den erwarteten „Bruch der Allianz zwischen den Russen und den Angelsachsen" phantasiert, „mit dem werde ich mich gegen die anderen verbünden." Aus politischen und militärischen Gründen hatte der amerikanische Oberbefehlshaber General Eisenhower weiterzumarschieren abgelehnt, da er sich mit der Masse seiner Streitkräfte der Eroberung des deutschen „Alpen-Reduit", einem von den Alliierten ernstgenommenen Propagandaprodukt der Nationalsozialisten, zuwenden wollte.

Der Osten des Reiches wurde im Zeitraum vom Januar bis zum Mai 1945 von der sowjetischen Armee erobert, vor der Millionen von Deutschen unter unsagbaren Leiden nach Westen zu fliehen versuchten. Ja, von den deutschen Territorien einmal ganz abgesehen, ergoss sich aus dem Raum zwischen Ostsee und Karpaten eine „riesige Menschenlawine" flüchtend nach Westen; aus Angst vor Mord, Vergewaltigung und Deportation schwoll der große Treck zu einer neuen Völkerwanderung an; Millionen von Menschen aus den von der Roten Armee eroberten Ländern Ostmittel- und Südosteuropas sowie aus den Gebieten des deutschen Ostens suchten, zu Wasser und zu Lande, dem gefürchteten Zugriff der Sowjets zu entkommen. Vor diesem Hintergrund schützten die Reste des deutschen Ostheeres „in einem ganz elementaren Sinne die Menschen in [den] preußisch-deutschen Ostprovinzen" (A. Hillgruber) vor der furchtbaren Rache der heranrückenden Truppen der Sowjets und trugen, damit unauflöslich verbunden, doch gleichzeitig dazu bei, die Existenz des nationalsozialistischen Unrechtsregimes zu verlängern.

In dieser Zeit wurde auch das mit schlesischen Flüchtlingen überfüllte Dresden am 13./14. Februar 1945 von alliierten Bombern grausam angegriffen und völlig zerstört. Die Zahl der Toten wurde nicht genau ermittelt. Manche Schätzungen gehen bis zu 245 000 Opfern, Berechnungen des Statistischen Bundesamtes nennen 60 000 Tote, während Götz Bergander in seiner 1977 veröffentlichten, sehr eingehenden Untersuchung über „Dresden im Luftkrieg" eine „Größenordnung" von 35 000 Toten errechnet. Das Massaker von Dresden war der Höhepunkt jener zur Demoralisierung der deutschen Zivilbevölkerung unternommenen Bombenangriffe der Alliierten, die ihre Luftüberlegenheit demonstrierten und damit der nationalsozialistischen Propaganda leichte und willkommene Handhabe boten, die so genannten „Terrorangriffe" der Engländer und Amerikaner anzuprangern und an den Durchhaltewillen der Deutschen zu appellieren.

Kurz nach dem Selbstmord Hitlers am 30. April 1945 kapitulierte am 2. Mai 1945 die Reichshauptstadt Berlin, und die nachfolgende Regierung Dönitz/Schwerin von Krosigk bemühte sich vor allem darum, einer möglichst großen Zahl deutscher Soldaten den Übergang aus dem sowjetischen Bereich in denjenigen der Westalliierten zu ermöglichen. Dabei war nicht zuletzt der gegen Ende des Krieges von Hitler ebenso wie von der Mehrzahl der führenden Repräsentanten und Schichten in Deutschland vertretene Gedanke, sich mit den Westmächten gegen die Sowjetunion zu verbünden, für die Regierung des Großadmirals Dönitz maßgeblich. Sie bezeichnete es nach wie vor als europäische Mission des Reiches, die UdSSR aus Mitteleuropa fernzuhalten. „Es ist klar", entwarf Dönitz in seiner Abschiedsbotschaft an die Wehrmacht ein außenpolitisches Programm, das über die Kapitulation hinaus vom Streit der Sieger zu profitieren beabsichtigte, „dass wir mit den Westmächten zusammengehen und mit ihnen in den besetzten Westgebieten zusammenarbeiten müssen, denn nur durch Zusammenarbeit mit ihnen können wir hoffen, später unser Land von den Russen wiederzuerlangen". Aufgrund dieser entschiedenen Position von Dönitz und Schwerin von Krosigk gegenüber der Sowjetunion bezog Stalin verschärft Stellung gegen die neue Regierung, die sich geweigert hatte, ihren Sitz nach Berlin zu verlegen, sondern aus offensichtlichen Gründen im britischen Machtbereich blieb.

Am 7. Mai 1945 unterzeichnete Generaloberst Jodl die Gesamtkapitulation der deutschen Wehrmacht im Hauptquartier General Eisenhowers in Reims in Anwesenheit eines sowjetischen Vertreters. Sie trat am 9. Mai 1945 um 00.01 Uhr in Kraft. Wiederholt wurde der Akt am 9. Mai durch Generalfeldmarschall Keitel, Generaloberst Stumpff und Generaladmiral von Friedeburg im sowjetischen Hauptquartier in Berlin-Karlshorst um eine Minute nach Mitternacht. In Europa war der von Hitler entfesselte Krieg beendet. In seiner Rundfunkansprache vom 8. Mai 1945 umschrieb Großadmiral Dönitz die Lage des besetzten Deutschen Reiches, die im Hinblick auf das Ausmaß der „bedingungslosen Kapitulation" in der neueren Geschichte einzigartig ist, mit folgenden Worten: „Mit der Besetzung Deutschlands liegt die Macht bei den Besatzungsmächten".

Nationalsozialistischer Terror
und deutscher Widerstand

Vor dem Hintergrund der militärischen Niederlagen nahmen während des Zeitraums von 1943 bis 1945 der nationalsozialistische Terror gegenüber der Bevölkerung und die Ideologisierung aller Bereiche des öffentlichen und privaten Lebens beständig zu. Um für den „Endsieg" alle Kräfte „zur höchstmöglichen Entfaltung zu bringen" hatte schon eine Verordnung vom 27. Januar 1943 den Arbeitseinsatz aller Männer vom vollendeten 16. bis zum vollendeten 65. Lebensjahr und aller Frauen vom 17. bis zum 45. Lebensjahr verfügt. Das gehörte zum Kriegsalltag, der durch Bombenalarm und Entbehrungen, durch Familientrennung, „Kinderlandverschickung" und Evakuierung, durch Flucht und Vertreibung gekennzeichnet war. Die Last des alltäglichen Überlebenskampfes an der so genannten „Heimatfront" trugen vor allem die Frauen: zwischen durchwachten Nächten im Luftschutzkeller und ständiger Sorge um ihre als Soldaten im Felde stehenden Ehemänner und Söhne, zwischen langen Warteschlagen vor den Geschäften, um die rationierten Lebensmittel zu ergattern, und möglichen Dienstverpflichtungen, deren Arbeitsplätze angesichts der Bombardierung von Verkehrsmitteln oft schwer erreichbar waren.

Angesichts dieser Belastungen, die sich in der zweiten Kriegshälfte häuften, überzeugte die ohnehin fragwürdige Parole von der „Volksgemeinschaft" immer weniger, obwohl eine aus der ebenso allgemeinen wie alltäglichen Notlage resultierende Solidarität und Hilfsbereitschaft ausgeprägter waren als in normalen Zeiten. Allein, die unterschiedlichen Lebensverhältnisse in den Großstädten und auf dem Land sorgten, teilweise noch stärker als die gleichfalls fortexistierenden Klassenschranken, die auch durch das gemeinsame Erlebnis der Bedrohung im Luftschutzkeller nicht eingeebnet wurden, für Unmut und Zerwürfnisse. „Es war eben doch ein erheblicher Unterschied", urteilt der Historiker Bernd Jürgen Wendt, obwohl manche Gegenden Deutschlands, wie Bayern beispielsweise, gleichsam zum „Luftschutzkeller des Reiches" (K. Klee) für die bombengeplagten Großstädter wurden, über diesen nicht selten für Leben und Tod maßgeblichen Gegensatz zwischen Stadt und Land, „ob die Familie des Industriearbeiters in den Ballungsräumen von den kargen Lebensmittelrationen satt werden musste und Nacht für Nacht von den Sirenen in den Keller getrieben wurde oder ob eine Familie auf dem Lande entweder als

‚Selbstversorger' vom eigenen Hof oder doch von einer ländlichen Ne-
benerwerbsstelle oder einem Garten leben konnte und die nächtlichen
Bomberpulks mit ihrer zerstörerischen Last nur Richtung Großstadt
über sich hinwegfliegen und sich ihren Weg durch die Leuchtspur von
‚Tannenbäumen' markieren sah."

Dagegen vermochte Joseph Goebbels, der ideologische Vorkämpfer
eines nationalen Sozialismus, gerade dem Schrecken der alliierten
Bombardierungen die von ihm erwünschten sozialrevolutionären
Wirkungen abzugewinnen. Unvorhergesehen schienen die alliierten
Luftangriffe dem gesellschaftspolitischen Umsturzwillen des Nationalsozialismus Schubkraft zu verleihen, versprachen ihn geradezu
wiederzubeleben. Weil der „Bombenterror ... weder die Wohnstätten
der Reichen noch die der Armen" verschone, so lautete die perverse
Philosophie des Reichspropagandaministers, müssten jetzt „vor den Ar-
beitsämtern des totalen Krieges ... die letzten Klassenschranken fallen."
Die um sich greifende Zerstörung Deutschlands ging, wie Goebbels mit
Genugtuung feststellte, in eine Abrechnung mit der verhassten Bürger-
welt über: „Unter den Trümmern unsrer verwüsteten Städte sind die
letzten sogenannten Errungenschaften des bürgerlichen neunzehnten
Jahrhunderts endgültig begraben worden... Zusammen mit den Kultur-
denkmälern fallen auch die letzten Hindernisse zur Erfüllung unserer
revolutionären Aufgabe. Nun, da alles in Trümmern liegt, sind wir gezwungen, Europa wiederaufzubauen. In der Vergangenheit zwang uns
Privatbesitz bürgerliche Zurückhaltung auf. Jetzt haben die Bomben,
statt alle Europäer zu töten, nur die Gefängnismauern geschleift, die sie
eingekerkert hatten... Dem Feind, der Europas Zukunft zu vernichten
strebte, ist nur die Vernichtung der Vergangenheit gelungen, und damit
ist es mit allem Alten und Verbrauchten vorbei".

Und in seiner Propaganda nahm Goebbels jetzt die Casablanca-For-
derung Roosevelts und Churchills nach „bedingungsloser Kapitulation"
auf, um ihr auf demagogische Art und Weise die Forderung nach dem
„totalen Krieg" entgegenzusetzen. Bereits in seiner Rede am 30. Januar
1943, dem zehnten Jahrestag der nationalsozialistischen „Machtergreifung", hatte er, im Zeichen des Untergangs der 6. Armee in Stalingrad,
jeden Gedanken an Kapitulation zurückgewiesen und den Fanatismus
der Bevölkerung aufzustacheln versucht.

In der berühmt-berüchtigten Berliner Sportpalast-Versammlung
vom 18. Februar 1943 war er darum bemüht, dem Eindruck der Nie-
dergeschlagenheit, der sich im deutschen Volk nach der Katastrophe
in Stalingrad ausbreitete, entgegenzuwirken, indem er in propagan-

distische und rhetorische Steigerungen flüchtete, die in der Frage kulminierten: „Wollt Ihr den totalen Krieg? Wollt Ihr ihn, wenn nötig, totaler und radikaler, als wir ihn uns heute überhaupt noch vorstellen können?" Seine Fragen wurden mit frenetischem Jubel bejaht, und Goebbels benutzte die Versammlung als Quasi-Repräsentanz der Nation, indem er folgerte und fortfuhr: „Ich habe euch gefragt, ihr habt mir eure Antwort gegeben. Ihr seid ein Stück Volk, durch euren Mund hat sich damit die Stellungnahme des deutschen Volkes manifestiert". Wenn es Goebbels auch in erster Linie darum ging, den Schock der Kapitulation von Stalingrad propagandistisch zu überwinden, so mussten die Alliierten durch den Beifall der Sportpalast-Versammlung in der Richtigkeit ihres Verlangens nach „bedingungsloser Kapitulation" noch einmal bestärkt werden.

In diesem Sinne wirkte aber nicht nur das Kampfinstrument der Propaganda in einem nicht zu unterschätzenden Maße kriegsverlängernd, sondern zumindest ebenso stark auch das Machtmittel des Terrors. Er richtete sich beispielsweise im Rahmen der „Aktion Gewitter" Mitte August 1944 gegen rund 5 000 ehemalige Minister, Bürgermeister, Parlamentarier, Parteifunktionäre und politische Beamte der Weimarer Republik, unter denen sich auch Konrad Adenauer und Kurt Schumacher befanden, die verhaftet und festgesetzt wurden. Offensichtlich ging es der nationalsozialistischen Führung im Zeichen der heraufziehenden Niederlage darum, die für einen Regierungswechsel möglicherweise zur Verfügung stehende „politische Reserve Deutschlands" (S. Haffner) auszuschalten, um „bis fünf Minuten nach zwölf" weiterkämpfen zu können.

Die inzwischen umfassende Kontrolle der SS über das Deutsche Reich schlug sich nunmehr auch in formaler Hinsicht darin nieder, dass ihr Reichsführer Himmler am 24. August 1943 gleichzeitig Reichsinnenminister wurde. Angesichts der militärischen Rückschläge galt jetzt bereits der vorsichtig geäußerte Zweifel am „Endsieg" als ein todeswürdiges Verbrechen, und im Berliner Witz fand diese bedrückende Stimmung nach einer Tagebucheintragung Ulrich von Hassells vom 13. März 1944 ihre makabre Ausprägung: „Ick will lieber an den Sieg jlooben, als ohne Kopp rumloofen!"

Auch die allerletzten Reservate, beispielsweise in der Wehrmacht, wurden, wie die Einführung des „NS-Führungsoffiziers" am 22. Dezember 1943 zeigen mag, mehr und mehr beseitigt. Dadurch, dass die Gauleiter das Amt von Reichsverteidigungskommissaren übernahmen, sollte der Vorrang der Partei gegenüber der Wehrmacht noch stärker zum Ausdruck kommen. Eine weitere Steigerung fand diese Entwicklung zur totalen Kriegführung, als im Oktober 1944 alle waffenfähigen deutschen Männer zwischen 16 und 60 Jahren zum „Deutschen Volkssturm" und am 12. Februar 1945 die deutschen „Frauen und Mädchen" zum Hilfsdienst für den Volkssturm aufgerufen wurden. Endlich wurde am 2. April 1945 noch die Bildung des „Werwolfs" proklamiert, der als Untergrundarmee in einem militärisch besiegten Deutschland bis zum „Endsieg" weiterkämpfen sollte. Dieser Plan wurde allerdings niemals verwirklicht und ebenso wie die Schimäre einer angeblich im Süden des Reiches ausgebauten Alpenfestung lediglich von den alliierten Gegnern ernst genommen.

Schließlich sahen Hitlers letzte Weisungen vom März 1945, insbesondere sein Befehl „Verbrannte Erde" (so genannter „Nero-Befehl"), der am 19. März 1945 den militärischen und zivilen Stellen übermittelt wurde, vor, die für die Zukunft des deutschen Volkes lebensnotwendigen Grundlagen vor dem Rückzug der deutschen Truppen zu vernichten: „Alle militärischen, Verkehrs-, Nachrichten-, Industrie- und Versorgungsanlagen sowie Sachwerte innerhalb des Reichsgebietes, die sich der Feind für die Fortsetzung seines Kampfes irgendwie sofort oder in absehbarer Zeit nutzbar machen kann, sind zu zerstören". Allein, sie wurden von der Wehrmacht im Einverständnis und Zusammenwirken mit verantwortungsbewussten Repräsentanten des Staates, der Partei und der Wirtschaft nicht mehr ausgeführt. „Wir haben kein Recht dazu", hatte Speer in einer Denkschrift vom 15. März 1945, die den Zusammenbruch der deutschen Wirtschaft binnen ein bis zwei Monaten prognostizierte, den Diktator beschworen, „in diesem Stadium des Krieges von uns aus Zerstörungen vorzunehmen, die das Leben des Volkes treffen könnten".

Als die Gewissheit der Niederlage die Erwartung des Sieges verdrängt hatte, wurde vor allem „in den Vorständen der Großunternehmen" damit begonnen, „sich mit den Nachkriegsproblemen zu befassen". Deutlich wurde in diesem Zusammenhang, so urteilt der Historiker Ludolf Herbst, „dass man ohne Kooperation mit den Behörden Nachkriegsvorsorge nur unzureichend treffen kann. So fühlt Rohland bei Speer vor, wendet sich Stahl an das RWM [Reichswirtschaftsministerium] und an Ohlendorf. Die Reichsgruppe Industrie und andere Selbstverwaltungsorgane, deren führende Repräsentanten wie Zangen oder Stahl zugleich Konzernchefs sind, spielen die vermittelnde Rolle. Die zuerst tastende Fühlungnahme stößt auf Behörden, die einerseits den totalen Krieg propagieren, aber andererseits meinen, der kommende Friede könne ohne sie nicht gestaltet werden. Die Kooperation gleitet allmählich, je aussichtsloser der Krieg wird, desto mehr, in eine stillschweigende Sabotage der sinnlosen Kriegsanstrengungen über. Versteckt seit November 1944 und offen seit Januar/Februar 1945 durchkreuzen nennenswerte Teile der Industrie in enger Zusammenarbeit mit Reichsministern wie Speer, Funk, Backe, Dorpmüller, Schwerin von Krosigk und mit der Mehrzahl der Gauleiter die Zerstörungswut Hitlers und der ihn umgebenden Führungsclique".

Vor diesem historischen Hintergrund beschrieb „Hitlers Götterdämmerungspathetik" für „moderne" Repräsentanten des Nationalsozialismus vom Schlage eines Speer oder Dönitz, die den „Vernichtungsvorsatz" und „Untergangswillen" des Diktators ablehnten, nicht mehr uneingeschränkt die sich in gewisser Hinsicht augenscheinlich wandelnde „Räson des Nationalsozialismus", „wie die ‚jungen' Leute der ‚Bewegung' ihn verstanden. Zwar dachten auch Speer und Dönitz in rassistischen Vorstellungen, sie gingen aber nicht so weit wie die Vertreter der ‚alten Garde' in der Partei. Dönitz wusste, dass das deutsche Volk auch nach der Niederlage weiterexistieren würde, und wenn Speer schon im Spätherbst 1944 unauffällig, aber wirksam auf dem wirtschaftlichen Sektor die Weichen für die Nachkriegszeit zu stellen begann, so sorgte Dönitz dafür, dass es nicht zu der von Hitler gewünschten demographischen Katastrophe, eben nicht zu einem Holocaust an den Deutschen kam" (M. Salewski). Der Diktator erreichte mithin keine der ihn programmatisch leitenden Alternativen ganz: Er führte Deutschland weder zur Weltmacht noch in den Untergang, doch verfehlte er beide Ziele in den Jahren 1940/41 bzw. 1944/45 nur knapp.

Denn im Banne der sich abzeichnenden militärischen Niederlage stiegen er und sein Regime insbesondere in der Reaktion auf das misslungene Attentat vom 20. Juli 1944, was die Intensität der innenpolitischen Herrschaft angeht, zu einer bis dahin niemals zuvor so ohne Maß und Grenze praktizierten Macht auf. Grausam dokumentierte sie sich in teilweise atavistischen Formen wie beispielsweise in der am 1. August 1944 verfügten und gegen die Familien der Männer des 20. Juli verhängten Sippenhaft. Gerade die Maßlosigkeit des nationalsozialistischen Terrors gegenüber den Mitgliedern des deutschen Widerstandes und ihren Angehörigen verweist auf die Bedeutung der Tat des 20. Juli 1944. Denn sie zog sowohl die Behauptungen des nationalsozialistischen Regimes als auch die der alliierten Propaganda, Hitler mit dem deutschen Volk zu identifizieren, grundlegend und für die Zukunft Deutschlands wegweisend in Zweifel.

Es gab im „Dritten Reich" keine einheitlich auftretende und handelnde deutsche Widerstandsbewegung. Nicht zuletzt deshalb bereitet es erhebliche methodische und sachliche Schwierigkeiten abzugrenzen, was Widerstand damals war, wo er anfing und in welchen Formen er sich vollzog. Nicht jeder, der den Organisationen der nationalsozialistischen Partei fernblieb, zählte zum Widerstand, und mancher, der in diesen Organisationen wirkte, fand allmählich zu ihm bzw. näherte sich der Partei überhaupt nur oder in erster Linie in der Absicht, im oppositionellen Sinn wirken zu können. Die Übergänge zwischen „privatem Nonkonformismus, oppositioneller Gesinnung, aktivem Widerstand und direkter Verschwörung zum Sturz Hitlers" (K.D. Erdmann) erscheinen gleitend. Das gilt beispielsweise für die Haltung der beiden großen Kirchen, deren Positionen zum Regime durch viel Anpassung, zunehmende Distanz und mutigen Widerstand gekennzeichnet waren.

Den entschiedensten, freilich ganz spezifischen, nämlich nicht politischen Widerstand leisteten in diesem Zusammenhang jeweils diejenigen, die sich aus religiöser und weltanschaulicher Überzeugung dem totalitären Geltungsanspruch des Nationalsozialismus grundsätzlich verweigerten und dafür Verfolgung und Martyrium in Kauf nahmen – die Zeugen Jehovas sind dafür das charakteristische Beispiel. Inwieweit sich die Abwendung von der Diktatur und die Auflehnung gegen ihre Normen bei unterschiedlichen Gruppierungen nonkonformistischer Jugendlicher wie „Edelweißpiraten", „Swings" oder „Junge Garde" tatsächlich zum Widerstand entwickelt hat, bleibt dagegen der Beurteilung des Einzelfalls überlassen.

Dass ziviler Ungehorsam auch in der Diktatur des „Dritten Reiches" Erfolg zu haben vermochte, demonstriert der „Aufstand der Berliner Frauen in der Rosenstraße" (N. Stoltzfus), die als nichtjüdische Ehepartner ihre zur Deportation bereits eingesperrten jüdischen Männer im Kriegsjahr 1943 mitten in der Reichshauptstadt Berlin durch ihren mutigen Protest gerettet haben. Allein, diesen besonderen Fall zu verallgemeinern und ihn als die Norm für ein mögliches Verhalten im Widerstand gegen die braunen Machthaber zu begreifen, übersieht und missversteht das Spezifische einer totalitären Diktatur, das in ihrer Unberechenbarkeit liegt. Daher beschreibt Kollaboration eher die Regel des Verhaltens als Widerstand; verführen die verlockenden Gelegenheiten des Regimes zum Mitmachen; gilt alles in allem das, was ist, als das Richtige, das Zeitgemäße, ja als das Überlegene.

Gewiss, von vornherein zu aktivem Widerstand entschlossen waren die ihrerseits vom totalen Herrschaftsanspruch der eigenen Ideologie geleiteten Kommunisten, der totalitäre Zwilling des Nationalsozialismus. Wenn sie auch von der „Machtergreifung" Hitlers überrascht wurden und auf einen offen geführten Massenwiderstand ebenso wenig vorbereitet waren wie auf konspirative Tätigkeit im Untergrund, so gingen sie doch unmittelbar daran, vor allen Dingen gegen das Regime gerichtete agitatorische Aktivität zu entwickeln und konspirative Zellen und Gruppen aufzubauen. Gelenkt wurde ihre Arbeit weitgehend aus dem Ausland, und abhängig war die Führung der deutschen Kommunisten von den Weisungen des Exekutivkomitees der Kommunistischen Internationale. Schwächend auf die Arbeit in Deutschland wirkten sich darüber hinaus die stalinistischen Säuberungen während der dreißiger Jahre aus. Ihnen sind, so wird geschätzt, mehr führende deutsche Kommunisten zum Opfer gefallen als dem nationalsozialistischen Terror.

Ein entscheidender Rückschlag für die kommunistische Widerstandsarbeit trat durch den Abschluss des „Hitler-Stalin-Paktes" vom 23. August 1939 ein, der die Tätigkeit der Kommunisten vielfach lähmte. Erst mit dem Überfall des Deutschen Reiches auf die UdSSR gewannen machtpolitisches Interesse und ideologische Frontstellung der Sowjetunion und der deutschen Kommunisten erneut Übereinstimmung. Die in Deutschland gegen das nationalsozialistische Regime kämpfenden Kommunisten, die teilweise auch während der Zeit zwischen dem 23. August 1939 und dem 22. Juni 1941 Widerstand geleistet hatten, wurden nach Beginn des Russlandfeldzuges mehr und mehr von ihren Kommandozentralen im Ausland abgeschnitten. Ihre mit ungefähr 20 000 Menschenopfern bezahlte Widerstandstätigkeit ließ sie gegenüber der Moskauer Zentrale des Weltkommunismus zeitweise eine gewisse Selbständigkeit erlangen, die freilich nach Kriegsende von der aus der Sowjetunion zurückkehrenden deutschen Parteileitung rasch wieder eingeebnet wurde.

Mit den Kommunisten in Verbindung stand eine Widerstand leistende und Spionage treibende Gruppe um den Oberregierungsrat im Reichswirtschaftsministerium, Arvid von Harnack, und den Oberleutnant im Luftfahrtministerium, Harro Schulze-Boysen, die sich mit sozialistischen Gedankenexperimenten für die Gestaltung der Zukunft beschäftigte. Teilweise hatten ihre Mitglieder Nachrichtenkontakt zur Sowjetunion, spekulierten auf ein künftiges Zusammengehen des Deutschen Reiches mit der UdSSR, verstanden sich aber, zumeist Künstler und Intellektuelle, keineswegs als orthodoxe Kommunisten Moskauer Provenienz. Nach ihrer Aufdeckung im August 1942 wurde ihnen der Prozess gemacht, dessen Verlauf sie als „Rote Kapelle" bekannt werden ließ. Dieser Prozess endete für viele ihrer Mitglieder mit dem Todesurteil.

Zu den „umstrittensten Manifestationen des Widerstands" gehört neben der „Roten Kapelle" das „Nationalkomitee ‚Freies Deutschland'", das im Juli 1943 auf unmittelbare Initiative Stalins begründet wurde und sich damals aus 25 kriegsgefangenen deutschen Offizieren und Soldaten sowie 13 kommunistischen deutschen Emigranten zusammensetzte, zu denen auch Wilhelm Pieck, Walter Ulbricht und Wilhelm Florin gehörten. Ob die gegen das „Dritte Reich" gerichteten Aktivitäten des NKFD zum deutschen Widerstand gegen Hitler gezählt werden können, ist umstritten; sicher ist dagegen, dass die „Koalition auf Zeit" zwischen kriegsgefangenen Wehrmachtoffizieren und kommunistischen Emigranten sich schon vor Kriegsende als das erwies, „was sie war: nur eines von vielen Instrumenten sowjetischer Deutschlandpolitik" (H. Mehringer).

Unter dem Eindruck der Enttarnung der „Schulze-Boysen-Gruppe" hat es zum ersten Mal seit den dreißiger Jahren wieder Bemühungen darum gegeben, zu einer Zusammenarbeit zwischen Kommunisten und Sozialisten zu gelangen. Diese vorsichtige Annäherung in der zweiten Hälfte des Krieges markierte einen neuen Versuch, das seit den Jahren der Weimarer Republik stets schwierige und sich zwischen Ablehnung und Zusammenarbeit bewegende Verhältnis beider Parteien zueinander angesichts des übermächtigen nationalsozialistischen Feindes neu zu ordnen. Ungeachtet ideologischer Gemeinsamkeiten waren bis dahin die Gegensätze zwischen denen, welche die Demokratie von Weimar verteidigt hatten, und denen, welche diese durch die „Diktatur des Proletariats" zu ersetzen versucht hatten, unüberbrückbar geblieben.

Wenn auch die innerhalb Deutschlands arbeitende sozialistische Gruppe „Neu Beginnen", anders als die sozialdemokratische Parteileitung, mit den Kommunisten stets Kooperation suchte und wenn nunmehr in der zweiten Hälfte des Krieges aus dem Kreisauer Kreis heraus die Sozialdemokraten Julius Leber und Adolf Reichwein Kontakte zu Kommunisten knüpften, so ist für die Haltung der SPD insgesamt eher kennzeichnend, dass sie nicht wie die KPD konspirierte, agitierte oder die Gemeinsamkeit des Kampfes gegen das „Dritte Reich" mit den Kommunisten in den Vordergrund ihrer Tätigkeit stellte. Vielmehr pflegte sie einerseits den personellen Zusammenhalt ihrer Mitglieder, an den sie 1945 erfolgreich anknüpfen konnte. Zum anderen wirkte sie in Widerstandskreisen wie dem Kreisauer Kreis mit bürgerlichen und aristokratischen Gegnern des Regimes zusammen, um Hitler zu stürzen. Damit legte sie im innenpolitischen Bereich entscheidende Grundlagen für eine Zusammenarbeit der Parteien nach dem Ende des „Dritten Reiches" und bereitete sich nicht zuletzt durch die Erarbeitung von Grundsätzen, beispielsweise für eine „Demokratische Außenpolitik für Deutschland", auf die Zukunft nach Hitler vor.

Neben dem geraume Zeit übersehenen liberalen Widerstand gegen Hitler gelten die Mitglieder der Goerdeler-Beck-von Hassell-Gruppe auf der einen und die Vertreter des Kreisauer Kreises um Helmuth James Graf von Moltke und Peter Graf Yorck von Wartenburg, die sich auf dem schlesischen Gut Kreisau des Grafen Moltke zusammenfanden, auf der anderen Seite als führende Repräsentanten des deutschen Widerstandes. Seit der Jahreswende 1941/42 rückten beide Gruppierungen, die eher konservativ orientierte der „Honoratioren" um Goerdeler und die weltanschaulich eher in christlich-sozialistischem Sinne ausgerichtete der Kreisauer näher zusammen. Es ist schwierig, ihre jeweiligen gemeinsamen oder unterschiedlichen Zielvorstellungen für die Zukunft zu beschreiben. Denn keiner ihrer Entwürfe war definitiv, und nichts war letztlich verbindlich, was führende Vertreter des deutschen Widerstandes in ganz unterschiedlichen Situationen formulierten.

Zu konstatieren ist jedoch, dass die Kreisauer lange Zeit vor einer Gewaltanwendung gegen den Tyrannen zurückschreckten, während Goerdeler von Anfang an die Beseitigung Hitlers als Voraussetzung für eine Neuorientierung ansah. Seiner Auffassung schlossen sich die Kreisauer später an. Diese Entscheidung hielt jedoch beispielsweise ihren führenden Kopf, den Grafen Moltke, nicht davon ab, auch weiterhin die völlige Niederlage des Deutschen Reiches als Bedingung für einen Neuanfang Europas anzusehen. Darüber hinaus wird erkennbar, dass maßgebliche Repräsentanten der Kreisauer in ihren innenpolitischen Vorstellungen einen von unten nach oben konstruierten Staatsaufbau bevorzugten und in wirtschaftlicher sowie gesellschaftlicher Hinsicht einem undogmatisch und christlich orientierten Sozialismus anhingen. Ihre Idee eines über allen Klassengegensätzen stehenden neuen Menschenbildes bestimmte auch ihre außenpolitischen Vorstellungen von einem vereinigten, sich aus kleinen, gleichberechtigten Selbstverwaltungskörperschaften zusammensetzenden Europa. Diese Friedensmacht sollte sich endlich von den Regeln des Jahrhunderte lang hin- und hergehenden Wettstreites um Hegemonie und Gleichgewicht befreien. In diesem Rahmen würde das Deutsche Reich den von ihm angegriffenen und unterjochten Völkern bußfertig entgegenkommen.

Wie weit diese moralische Sicht der Welt mit ihren Realitäten vereinbar war, ist immer wieder und nicht zuletzt gerade von Goerdeler, der sich – für Vertreter des konservativen Deutschland nicht untypisch – vom „Systemträger zum Systemgegner" (I. Reich) entwickelte sowie von dem Diplomaten Ulrich von Hassell und von dem preußischen Finanzminister Johannes Popitz, die zum Kreis des konservativen Widerstandes gehörten, als Frage aufgeworfen worden. Ihnen schwebte ein eher in der Tradition des Bismarckreiches stehender starker, ja autoritärer Staat vor, der jedoch als Rechtsstaat berechenbaren Schutz gewähren und soziale Verpflichtungen anerkennen sollte, der angesichts der Herkunft und Erziehung der Mitglieder dieses Kreises allerdings nicht die parlamentarische Demokratie als Ziel ihrer Wünsche anvisierte.

In dem für ihr Bewusstsein entscheidenden außenpolitischen Bereich sahen die Konservativen das Reich wie selbstverständlich als Ordnungsmacht, ja als natürliche Vormacht Europas. Angesichts des überschätzten englisch-sowjetischen Weltgegensatzes hofften sie darauf, Großbritannien werde es als in seinem Interesse liegend betrachten, Deutschland die Führung Kontinentaleuropas zu überlassen, um sich auf diese Art und Weise gegen die aus dem Osten drohende sowjetische Gefahr schützen zu können. Dabei erkannten die Vertreter des konservativen Widerstandes nicht, dass es gerade ihre außenpolitischen Hegemonialziele und die sich allzu leicht ins Grenzenlose verlierende Idee vom Reich waren, durch die sie aus britischem Blickwinkel in die Nähe des objektiv weit von ihnen entfernten Hitler rückten und durch die sie den Engländern und Amerikanern damals gefährlicher als die stalinistische Sowjetunion erschienen. Das Gemeinsame zwischen Tyrannis und Widerstand zog sich in dem unabgegrenzten Anspruch des Imperiums zusammen: Seine Existenz stand zwischen Deutschland und Europa, weil der Reichsbegriff aus beiden eins zu machen drohte.

Wie man rückblickend auch immer über Chancen und Scheitern der Pläne beider Widerstandsgruppen urteilen mag, ihre Legitimation bezogen sie nicht aus ihren diversen Planungen für die Zukunft. Sie bestand vielmehr in ihrem Eintreten gegen Hitler und in ihrem Opfer, das sie brachten und das über alle Zweckmäßigkeitsüberlegungen hinaus letztlich ethisch begründet war. Auch in den Erörterungen der konservativen Offiziere trat die anfangs stark im Vordergrund stehende Erwägung militärischer oder politischer Opportunität am Ende gegenüber der moralischen Aufgabe zurück. Einer der führenden Repräsentanten des militärischen Widerstandes, Henning von Tresckow, 1. Generalstabsoffizier der Heeresgruppe Mitte und zuletzt Chef des Stabes der 2. Armee, hat diese Einsicht im Sommer 1944 von der Ostfront aus an Graf Stauffenbergs Adresse so formuliert: „Das Attentat muss erfolgen coûte que coûte. Sollte es nicht gelingen, so muss trotzdem in Berlin gehandelt werden. Denn es kommt nicht mehr auf den praktischen Zweck an, sondern darauf, dass die deutsche Widerstandsbewegung vor der Welt und vor der Geschichte den entscheidenden Wurf gewagt hat. Alles andere ist daneben gleichgültig".

Es war in erster Linie der militärische Widerstand, der aufgrund der ihm zur Verfügung stehenden Machtmittel das Regime in entscheidendem Maße bedrohen konnte. Dies festzustellen bedeutet keineswegs, die Opposition und den Widerstand anderer Personen oder Gruppen geringschätzen zu wollen, wie beispielsweise die mutige Tat von Georg Elser, der als Einzelgänger Hitler durch Zündung einer Zeitbombe im Münchener Bürgerbräukeller am 8. November 1939 zu töten plante, oder die bis in den Tod konsequente Haltung des Österreichers Franz Jägerstätter, der aus christlichen Motiven zu den Kriegsdienst- und Eidesverweigerern des Regimes zählte, oder die Aktionen der „Weißen Rose", einer studentischen Widerstandsgruppe um Hans und Sophie Scholl, Christoph Probst, Willi Graf, Alexander Schmorell und den Philosophieprofessor Kurt Huber aus bildungsbürgerlicher und jugendbewegter Tradition, die vornehmlich mit Flugblättern gegen den Nationalsozialismus kämpften und die 1943 fast alle hingerichtet wurden.

Bezeichnenderweise war es jedoch das Attentat des Obersten Claus Graf Schenk von Stauffenberg, Chef des Stabes des Befehlshabers des Ersatzheeres, am 20. Juli 1944, welches das Regime am empfindlichsten traf. Ihm ging eine vergleichsweise lange Vorgeschichte voraus, die bis ins Jahr 1938 zurückreicht. Sie demonstriert, dass es sich bei Stauffenbergs Attentat nicht in erster Linie um einen Verzweiflungsakt weniger Offiziere im Angesicht der sich abzeichnenden militärischen Niederlage handelte.

Schon im Jahre 1938 hatten hohe Offiziere zusammen mit Diplomaten und Staatsbeamten versucht, sich gegen Hitler zu erheben und den Diktator abzusetzen. Als Motiv trieb sie die Erkenntnis, dass Hitlers außenpolitischer Kriegskurs die ganze Welt gegen Deutschland aufbringen müsse und daher in einer vernichtenden Niederlage des Deutschen Reiches enden werde. Entsprechende Sondierungen bei der englischen Regierung, von Seiten Londons aus Hitler entschieden entgegenzutreten und somit der deutschen Widerstandsbewegung für den Fall eines außenpolitischen Rückschlages des Diktators eine reelle Handlungschance einzuräumen, mussten angesichts der Interessen und Möglichkeiten englischer Politik erfolglos bleiben.

Dem konservativen britischen Premierminister Neville Chamberlain erschienen gerade die Vertreter des misstrauisch angesehenen alten Preußen, aus denen sich der damalige konservative Widerstand weitgehend rekrutierte, in keiner Weise vertrauenswürdiger als Hitler, den er als legitimen Regierungschef anerkannte. Als dann die britische Regierung in das Münchener Abkommen vom 29. September 1938 einwilligte, war der erste Versuch eines Staatsstreiches zunächst einmal unmöglich geworden, da Hitler, Sieger und Friedensbewahrer in einem, in Deutschland von einer Welle der Popularität getragen wurde. Neue Versuche der militärischen Verschwörer, im Sommer 1939 den drohenden Krieg zu verhindern, scheiterten ebenso wie die Bemühungen im Winter 1939/40, den bevorstehenden Angriff auf Frankreich zu verhindern. Dabei schlug die vorgesehene Verhaftung Hitlers im Zuge eines geplanten Besuches des „Führers" in einem der Armeehauptquartiere fehl, weil der Diktator sein Erscheinen in letzter Minute absagte. Es war wiederum eine jener zahlreichen Gelegenheiten in den Jahren zwischen 1939 und 1944, bei denen Hitler sich wie durch ein Wunder den gegen ihn gerichteten Plänen der Verschwörer entzog.

Nach dem siegreichen Westfeldzug war an ein Losschlagen überhaupt nicht mehr zu denken. Diese Feststellung gilt ungeachtet der Tatsache, dass führende Vertreter des konservativen Widerstandes wie Beck und Goerdeler sich auch durch den Triumph über Frankreich nicht blenden ließen und ihre Distanz zum Nationalsozialismus zu keiner Zeit aufgaben. Ein aktives Vorgehen gegen „Führer" und Regime konnte erst wieder erwogen werden, wenn Hitlers Ansehen durch mögliche militärische Rückschläge in der Zukunft erschüttert sein würde.

In eben dieser Überlegung wird aber das furchtbare Dilemma des deutschen Widerstandes deutlich, das ihn grundsätzlich von den übrigen europäischen Résistancebewegungen abhob. Um das Vaterland retten zu können, mussten ihm die Verschwörer als notwendige Voraussetzung schwere Niederlagen wünschen. In diesem Sinne waren alle ihre Kontakte mit den alliierten Regierungen über die Schweiz, den Vatikan oder mit dem Bischof von Chichester stets umgeben von dem Odium, im Krieg mit dem Feind hinter dem Rücken der eigenen Führung zu konspirieren. Und selbst diese umstrittenen Bemühungen und die damit vage verknüpften Hoffnungen wurden hinfällig, nachdem die Alliierten in Casablanca die Formel von der „bedingungslosen Kapitulation" auf ihre Fahnen geschrieben hatten und damit, bis zu einem gewissen Grade jedenfalls, die einmal geäußerte Ansicht bestätigten, wonach Kriegführende ihre Eigenschaften austauschen.

Erst nach der auch für die Bevölkerung deutlich spürbaren Wende des Krieges im Jahre 1943 setzte die Tätigkeit des Widerstandes erneut verstärkt ein. Doch alle Attentatspläne und -versuche kamen nicht zur Ausführung oder scheiterten an einer manchmal nur schwer erklärbaren, Hitler begünstigenden Verkettung von Umständen. Dieser Sachverhalt trifft im Grunde auch auf den letzten Versuch zu, als Graf Stauffenberg es auf sich nahm, sowohl den Diktator in dessen ostpreußischem Hauptquartier zu töten als auch den Ablauf des Staatsstreiches in Berlin zu leiten.

Stauffenberg war, nachdem er aufgrund seiner schweren Verwundungen als Chef des Stabes zum Befehlshaber des Ersatzheeres abkommandiert worden war, der „Generalstabschef des Widerstandes" geworden und hatte aufgrund seiner Funktion Zutritt zu den Lagebesprechungen in Hitlers Führerhauptquartier in Rastenburg. Als durch die Verhaftungen von Leber und Reichwein sowie durch die Fahndung nach Goerdeler im Juli 1944 der Verschwörerkreis entdeckt zu werden drohte, musste möglichst rasch gehandelt werden.

Am 20. Juli 1944 zündete Stauffenberg die in seiner Aktentasche deponierte Bombe während einer Lagebesprechung im Hauptquartier. Doch wiederum verhinderten zwei kaum vorhersehbare Umstände den Tod Hitlers: Einmal fand die Besprechung nicht im Bunker des Führerhauptquartiers statt, sondern wurde in eine leicht gebaute, für ein erfolgreiches Bombenattentat nicht allzu geeignete Unterkunft verlegt, und zum anderen wurde die Aktentasche, nachdem Stauffenberg den Raum verlassen hatte, so verstellt, dass Hitler vor einem größeren Schaden durch die Explosion bewahrt wurde.

Hinzu kam, dass wegen eines Missverständnisses bzw. eines Fehlers in der Nachrichtenübertragung zwischen Ostpreußen und Berlin der Staatsstreich in der Reichshauptstadt erst anlief, als Stauffenberg dort bereits wieder eintraf. Das Führerhauptquartier und der nur leicht verletzte Hitler regierten inzwischen schon wieder, und das unter dem Kommando von Major Otto-Ernst Remer stehende Berliner Wachbataillon, welches das Regierungsviertel abriegeln und besetzen wollte, wurde durch ein von Goebbels mit Hitler hergestelltes Telefongespräch auf den Diktator verpflichtet. Nachdem in der Reichshauptstadt immer klarer wurde, dass Hitler lebte, brach der Putsch im Verlauf des Nachmittags bis zum Abend des 20. Juli 1944 zusammen.

Auch in Paris, wo die entschlossen handelnden Verschwörer unter Führung des Militärbefehlshabers Frankreich, General Karl Heinrich von Stülpnagel, rasch die Polizei-, Gestapo-, SS- und SD-Quartiere besetzt hatten, kam die erfolgreich angelaufene Aktion schließlich zum Erliegen. Denn als der stets schwankende Oberbefehlshaber West, Feldmarschall Günther von Kluge, erfuhr, dass Hitler noch lebte, verlangte er die Rücknahme aller gegen Partei und SS gerichteten Schritte. Auch diese Anordnung konnte ihn allerdings nicht vor der Anklage der Mitverschwörerschaft retten, der er sich am 18. August 1944 durch Selbstmord entzog.

Für den inneren Kreis des Widerstandes zählte jedoch die Tat als solche, und die Gewissheit, das Richtige getan zu haben, nahmen sie auch im Scheitern und in den Tod mit: „Ich halte Hitler nicht nur für den Erzfeind Deutschlands", gab von Tresckow dieser Empfindung Ausdruck, „sondern auch für den Erzfeind der Welt. Wenn ich in wenigen Stunden vor den Richterstuhl Gottes treten werde, um Rechenschaft abzulegen über mein Tun und Unterlassen, so glaube ich mit gutem Gewissen das vertreten zu können, was ich im Kampf gegen Hitler getan habe. Wenn einst Gott Abraham verheißen hat, er werde Sodom nicht verderben, wenn auch nur zehn Gerechte darin seien, so hoffe ich, dass Gott auch Deutschland um unseretwillen nicht vernichten wird. Niemand von uns kann über seinen Tod Klage führen. Wer in unseren Kreis getreten ist, hat damit das Nessushemd angezogen. Der sittliche Wert eines Menschen beginnt erst dort, wo er bereit ist, für seine Überzeugung sein Leben hinzugeben".

Gegen die Verschwörer und ihre Familien begann jetzt ein furchtbares Morden, das die SS sowie das Reichssicherheitshauptamt unter SS-Gruppenführer Ernst Kaltenbrunner organisierten. Einen hohen Blutzoll zahlte der in der Verschwörung führende Adel, allen voran die preußischen Aristokraten. Zusammen mit der im Zuge der nationalsozialistischen Revolution bereits eingeleiteten Egalisierung und mit der sich anschließenden Zerschlagung ihres Besitzes im Osten des Deutschen Reiches durch Stalins Rote Armee und die nachfolgende kommunistische Herrschaft trug ihr Tod im Angesicht der sich abzeichnenden Katastrophe mit zu der „deutschen Revolution" bei, die der Nationalsozialismus – teilweise beabsichtigt und zu einem noch größeren Teil wohl ungewollt – herbeiführte und die für die Entstehung und Entwicklung der Bundesrepublik Deutschland maßgeblich werden sollte.

Entscheidend wurde in diesem Zusammenhang, dass sich im Verlauf des Krieges Teile der Aristokratie, die sich zusammen mit anderen gesellschaftlichen Gruppen 1933 daran beteiligt hatten, Hitler zur Macht zu verhelfen, ehe sie erkannten, dass sie im totalitären nationalsozialistischen Staat ebenso rechtlos waren wie beispielsweise der von ihnen zuvor bekämpfte Vierte Stand, dazu bereit fanden, Seite an Seite mit Repräsentanten aller Schichten, auch mit Sozialisten und Kommunisten, deren Abseitsstehen bzw. deren Aktionen zum Untergang der Weimarer Republik gleichfalls beigetragen hatten, gegen Hitler aufzustehen. Angesichts gemeinsamer Erfahrungen konservativer, bürgerlicher und sozialistischer Verschwörer im Kampf gegen den Nationalsozialismus bot die 1945 anbrechende neue Zeit, am Maßstab der im „Dritten Reich" geächteten Menschenwürde gemessen und über längst fragwürdig gewordene gesellschaftliche Schranken hinausweisend, in der Tat, wie Ernst Nolte einmal sinngemäß formuliert hat, die Chance, das Bürgertum gegen totalitäre Überanstrengungen zu immunisieren und dem kommunistischen Gegner die Möglichkeit eines Wandels nahezulegen. In der Bundesrepublik Deutschland, die als Resultat des Zweiten Weltkrieges und des Kalten Krieges entstand und durch die Ergebnisse der „deutschen Katastrophe" und der „deutschen Revolution" gleichermaßen geformt wurde, hat sich die eine Erwartung längst erfüllt, und auf die Verwirklichung der anderen besteht seit der großen Zeitenwende des Jahres 1989 in nationaler und internationaler Perspektive eine freilich alles andere als ungefährdete Hoffnung.

Resümee

Als Resultate und Schlussfolgerungen unserer Darstellung über die Geschichte des „Dritten Reiches" im Zeitraum von 1943 bis 1945 seien festgehalten:

Für den zeitgenössischen Beobachter schien die Kriegslage im Sommer 1942 erneut offen zu sein, als die deutschen Armeen in einem vorläufig siegreichen Wettlauf gegen die Zeit bis in den Kaukasus und nach Ägypten vorstießen. Die im Grunde schon im Dezember 1941 vor Moskau eingetretene Kriegswende konnte den Miterlebenden nicht so bewusst werden, wie wir sie heute rückblickend zu erkennen vermögen. Doch seit der Kapitulation der 6. Armee in Stalingrad zu Anfang des Jahres 1943 ging das „Gespenst eines Kriegsverlusts" (M. Salewski) um. Jetzt wurde auch der Bevölkerung allmählich klar, dass Hitler nicht mehr länger der Stärkere war, „der die Schwächeren und Unvorbereiteten beinahe nach Belieben zu Boden warf". Ununterbrochene Niederlagen stellten in dieser sich lang hinziehenden Endphase des Krieges vielmehr eine Symmetrie zu den Jahren zwischen 1939 und 1941 her, die nicht mehr, wie Ernst Nolte es umschrieben hat, „Ausgleich und Versöhnung, sondern totalen Untergang bedeutete".

Dazu trugen nicht nur die vorrückenden feindlichen Armeen bei, die sich, neben der eigenständigen Existenz ihrer Kriegsziele, zudem durch Hitlers kriegerische Überfälle und durch den Terror der nationalsozialistischen Besatzungs- und Rassenpolitik provoziert, ihrerseits gleichfalls zu teilweise grausamen Ausschreitungen gegen deutsche Kriegsgefangene und gegen die Zivilbevölkerung, insbesondere im Osten des Reiches, hinreißen ließen. Hitler selber sprach in diesen Jahren immer wieder davon, er werde für den Fall einer Niederlage dafür sorgen, „dass das deutsche Volk diese Schmach nicht überleben wird". In dem Augenblick, in dem seine ehrgeizigen macht- und rassenpolitischen Vorhaben scheiterten, richtete sich sein dem vulgärdarwinistischen Rassendogma entspringender Hass gegen das eigene Volk, das er nunmehr dem Untergang weihte.

Dem Ende des „Dritten Reiches" ging eine Steigerung des Schreckens in der totalitären Diktatur voraus, der die Nation vor allem in der zweiten Hälfte des Jahres 1944 fester als je zuvor in die Kontrolle der nationalsozialistischen Führung brachte. Je furchtbarer die Niederlagen an allen Fronten wurden, so hat ein Historiker die Einführung des so genannten „Deutschen Grußes" am 23. Juli 1944 in der Wehrmacht als Reaktion auf das misslungene Attentat vom 20. Juli 1944 kommentiert – und diese Feststellung lässt sich verallgemeinernd auf die deutsche Geschichte jener Zeit übertragen –, „desto siegreicher die Nazipartei" (G. Mann). Die Bevölkerung stöhnte unter dem beständig zunehmenden Terror der Polizei, der SS und der Parteiformationen, deren abstoßendes Handeln durch Spitzel und Denunzianten gefördert wurde.

Immer wieder wurden die „Volksgenossen" jedoch mit eiserner Klammer an das Regime gekettet – aus allgemein verbreiteter Angst vor einer ungewissen Zukunft, aus der im Osten des Reiches grassierenden Furcht vor der heranrückenden Roten Armee und aus ohnmächtiger Wut über die alliierten Bombenangriffe. Alles in allem: Hitlers Diktatur hatte von Anfang an eine populäre Basis, die im Krieg zwar bröckelte, jedoch zu keiner Zeit in die Brüche ging. Angsterfüllt hielt sich die Mehrzahl der Deutschen auch noch im Jahr 1945 an das, was war. Denn ihr waren die Alternativen unbekannt, unvertraut und vor allem

unheimlich. Wo die durchaus breite Zustimmung zum Regime allerdings nicht ausreichte, drohte umgehend der Terror. Zudem wurde der
teilweise wie ein Selbstzweck wirkende Schrecken der alliierten Bom-
bardements von der nationalsozialistischen Propaganda dazu benutzt,
den Widerstandswillen der Deutschen anzufachen, die Zustände im
Inneren vergessen oder Gedanken an die rassenpolitischen Vernich-
tungsaktionen im Osten des nationalsozialistischen Machtbereichs im
einzelnen gar nicht erst aufkommen zu lassen.

Über das mörderische Schicksal, das den deportierten Juden drohte, kursierten in der Bevölkerung, die unter den wachsenden Lasten des
Kriegsalltags litt und in der ein nicht zu verkennender Antisemitismus
grassierte, Gerüchte, die auf mehr oder weniger glaubwürdigen Informationen und ungewissen Ahnungen beruhten, ohne dass die große
Mehrheit der Deutschen vom Verbrechen des Holocaust, dessen Existenz das Regime – soweit es irgend ging – geheimhielt, genau und zwei-
felsfrei, umfassend und verlässlich gewusst hätte.

Und vor dem Hintergrund der Führerdiktatur war es für die Bevölkerung auch keineswegs von vorneherein selbstverständlich, den sich
seit dem Jahre 1943 wieder regenden und aktiver werdenden deutschen
Widerstand zu billigen oder zu unterstützen. Für seine Repräsentanten
ging es im Zeichen der furchtbaren Doppelbelastung zwischen Krieg
und Bürgerkrieg darum, über den äußeren Gegner hinaus die eigene
Staatsführung als Feind betrachten und bekämpfen zu müssen: „Die
Europa zu terrorisieren schienen, lebten selber unter dem gleichen
Terror" (G. Mann). Denn für die Zeitgenossen war der Widerstand
keineswegs nur patriotische Erhebung, sondern stand vielmehr im
Geruch des Hoch- und Landesverrates.

Die Mehrheit der deutschen Bevölkerung vermochte damals nicht
mit der Klarheit zu sehen, was wir heute wissen, dass nämlich der alle
Rechtsnormen in nationaler und internationaler Perspektive zerstö-
rende Unrechtsstaat keinen legitimen Anspruch auf Gehorsam mehr
erheben konnte und Widerstand längst zur moralischen Pflicht geworden war. Damals jedenfalls brachte es beinahe unüberwindlich
große Schwierigkeiten mit sich, angesichts der die Grenzen des Reiches
bedrohenden gegnerischen Koalition in der eigenen Staatsführung den
Feind auszumachen. Während die Mitglieder der europäischen Résistancebewegungen in den besetzten Ländern jeweils in der Bevölkerung
Rückhalt fanden und ihr Widerstand gegen die Besatzungsmacht als
Ausweis ihres Patriotismus galt, war die Lage der Vertreter des deutschen Widerstandes weit weniger eindeutig: Sie gingen „einsam zur

Richtstätte. . ., beschimpft und ausgestoßen aus der Volksgemeinschaft"
(G. Mann).

Daher konnte ein großer Teil der Deutschen das Ende im Mai 1945
auch nicht nur als Befreiung von der nationalsozialistischen Diktatur
empfinden, wie das für die vom „Dritten Reich" unterdrückten Völker
selbstverständlich war, zumal die von der Sowjetunion eroberten Territorien Ostmittel- und Südosteuropas sowie der sowjetisch besetzten
Zone Deutschlands rasch die Fragwürdigkeit ihrer neuen, ihnen von der
UdSSR oktroyierten „volksdemokratischen" Ordnung spürten. Gewiss
herrschte in weiten Teilen aller Schichten des deutschen Volkes Erleichterung über das Ende des inneren Terrors und der äußeren Bedrohung.
Darin mischte sich bald Bestürzung über die zunehmend bekannt werdenden Untaten des Regimes, die im Namen des deutschen Volkes begangen worden waren.

Genugtuung über die neu gewonnene Freiheit und Erschütterung
über die Greuel des Nationalsozialismus konnten zudem nicht darüber hinwegsehen lassen, dass mit dem Untergang des Hitler-Staates
gleichzeitig auch das Ende des 1871 von Bismarck gegründeten kleindeutschen Nationalstaates gekommen war. Friedrich Meinecke gab
mit seinem Wort von der „deutschen Katastrophe" dem Empfinden
weiter Kreise des deutschen Volkes über das Ende des Zweiten Weltkrieges Ausdruck, welche die Befreiung vom Joch der Diktatur dankbar
begrüßten, die rassistischen Untaten des Regimes noch gar nicht voll
begriffen und die Zerstörung des Nationalstaates erst einmal fassungslos
konstatierten. „Erlöst und vernichtet in einem", fand sich die Mehrheit
der Deutschen, nach dem einfühlsamen Urteil von Theodor Heuß, im
Jahr 1945 wieder, als Rausch und Alltag, Ekstase und Banalität der
Diktatur in Verbrechen und Untergang geendet hatten.

Dass mit der Zerstörung des Nationalstaates die zwölf Jahre lang
entbehrte politische Freiheit zumindest in der auf dem Gebiet der
westlichen Besatzungszonen etablierten Bundesrepublik Deutschland wieder einkehrte und sich entwickeln konnte, dafür waren als
Voraussetzungen nicht zuletzt jene unfreiwillig sich einstellenden
Modernisierungsresultate der Geschichte des „Dritten Reiches" in
nicht unbeträchtlichem Maße eine Ursache. In der Katastrophe des
Jahres 1945 wurden die Auswirkungen jener nationalsozialistischen
Revolution nicht sofort sichtbar, die als Bedingungen für die Existenz der deutschen Demokratie relevant wurden. Sie bestanden, bis
zu einem gewissen Maß jedenfalls, in der Tendenz zur Einebnung
sozialer Unterschiede zwischen den verschiedenen Schichten durch die

„Volksgemeinschaft" des „Dritten Reiches", und sie wurden vor allem erheblich in der Zerschlagung des Kernstaates des Deutschen Reiches, Preußen, in der physischen Dezimierung sowie politischen Entmachtung seiner Führungsschicht und in ihrer Vertreibung aus den für die Nachfolgestaaten des Deutschen Reiches teilweise verlorengegangenen Territorien östlich der Elbe.

Gerade ihre – der Weimarer Republik gegenüber nicht eben gewogene – Haltung hatte dazu beigetragen, Hitler als vermeintlichem Büttel die Macht zu übertragen, um die eigene Position in politischer, gesellschaftlicher und wirtschaftlicher Hinsicht noch einmal zu festigen. Dass der, den sie für ihren Knecht hielten, ihr Henker wurde und viele von ihnen dann in der Widerstandsbewegung aktiven Repräsentanten hinrichten ließ, das Deutsche Reich und Preußen zerstörte und im nationalen sowie internationalen Maßstab zum Revolutionär par excellence aufstieg, erkannten sie spät und erlitten die Folgen dieser Einsicht, ohne sie verhindern zu können. Hitler aber wurde tatsächlich zum revolutionären Beweger der deutschen (und der europäischen) Geschichte, indem er unter zweifellos unverhältnismäßig hohen Opfern wie dem Völkermord und der Zerstörung des kleindeutschen Nationalstaates eine politische und soziale Revolution einleitete bzw. verursachte, deren Wirkungen weit über Deutschland hinausgingen und die Geschichte der Welt nach der Zäsur des Jahres 1945 geprägt haben.

Das „Dritte Reich" in der deutschen und europäischen Geschichte

Im Zuge einer letzten Steigerung europäischer Machtpolitik, die angesichts des unübersehbar gewachsenen Einflusses der Flügelmächte der Staatenwelt, der Vereinigten Staaten von Amerika und der Sowjetunion, im Grunde bereits anachronistisch anmutete, versuchte Hitlers Deutschland, sich zum Herrn über den alten Kontinent aufzuwerfen. Es plante, Russland zu überrennen und zu seiner Kolonie zu machen, um sodann für den als sicher erwarteten Kampf gegen die USA gewappnet zu sein. Insgesamt strebte das nationalsozialistische Deutschland danach, die Qualität der inneren und internationalen Politik durch eine – in universalem Maßstab zu verwirklichende – Rassenutopie zu verändern. In ihr sollten die Bedingungen des bislang bekannten Verlaufs der Geschichte ein für alle Mal außer Kraft gesetzt, gesellschaftliche Bewegung im biologischen Mythos der Rassenherrschaft zum Stillstand gebracht und das germanische Großreich zur Weltherrschaft geführt werden. Nicht zuletzt die Hybris dieses Entwurfs und die Radikalität seiner Praxis verurteilten den Grundplan Hitlers und seines Regimes zum Scheitern und ließen „Die deutsche Diktatur" (K.D. Bracher) zu einem der Prototypen jenes „Zeitalters der Tyranneien" (É. Halévy) werden, dessen allgemein verbreitete Gewalttätigkeit von den totalitären Regimen ebenso ausging wie diese davon begünstigt wurden.

Zuvor allerdings trug der Diktator durch seinen ehrgeizigen Versuch, sein „Programm" zu verwirklichen, wesentlich, wenn teilweise auch unbeabsichtigt und teilweise wider Willen, dazu bei, Entwicklungen zum Durchbruch zu verhelfen, die für Deutschland, für Europa und für die Welt revolutionäre Folgen zeitigten. Hitler strebte danach, dem Deutschen Reich den Weg zur globalen Herrschaft zu bereiten, und zerstörte damit die Existenz einer im traditionellen Sinne voll souveränen deutschen Großmacht. Er wollte die Sowjetunion besiegen und den Vereinigten Staaten von Amerika die Stirne bieten und wirkte dadurch daran mit, ein bis an das Ende des zurückliegenden Jahrhunderts andauerndes Zeitalter der weltweiten amerikanisch-sowjetischen Vorherrschaft zu etablieren. Er betrachtete Europa nach wie vor als Regulator des Staatensystems und untergrub endgültig seine Vormacht in der Welt. Er sah die Erde im Prinzip als seine Kolonie an und förderte damit den Durchbruch der Dekolonisation. Er führte einen Vernichtungskampf gegen das Judentum, und am Ende stand die Gründung des Staates Israel.

Die angeführten Beispiele verweisen auf die revolutionäre Paradoxie, die der Geschichte des „Dritten Reiches" und ihren weltweiten Folgen anhaftet. Zwar verfehlte Hitlers Staat in innen- und außenpolitischer Hinsicht das Ziel einer totalen und globalen Revolution, nach der er strebte. Oftmals stellte sich im Bemühen darum sogar das gerade Gegenteil vom ursprünglich Gewollten ein. Und doch erscheinen und wirken die paradox anmutenden Resultate seiner Geschichte revolutionär. Insgesamt demonstrieren die Ergebnisse der letztlich gescheiterten Politik Hitlers und des „Dritten Reiches", dass und wie die Geschichte, die einer Verwirklichung der universal entworfenen nationalsozialistischen Rassenutopie schlechthin zum Opfer gefallen und zum Stillstand gekommen wäre, das „Tausendjährige Reich" überdauerte, wenn auch die menschlichen, sozialen und politischen (Un)Kosten dieses weltweiten Überlebens in einem bis dahin wohl kaum gekannten Ausmaß hoch waren.

Die tiefgreifenden Konsequenzen der revolutionären Politik des nationalsozialistischen Deutschland illustrieren die Tatsache, dass Ambivalenz in vielerlei Hinsicht Kennzeichen und Ausweis der Autonomie des „Dritten Reiches" war, das zu manchen weltanschaulichen, gesellschaftlichen und politischen Kräften durchaus in Beziehung stand, aber keiner von ihnen diente. Denn es war im Grunde weder der politischen Linken noch der politischen Rechten zuzuordnen, es war weder eindeutig revolutionär noch eindeutig reaktionär orientiert, sondern stellte ein Phänomen sui generis dar, das historische Eigenmacht besaß. In diesem Sinne mag die Darstellung seiner Geschichte gezeigt haben, dass es nicht angemessen und möglich ist, das „Dritte Reich" bündig als „traditionell oder revolutionär, konterrevolutionär oder modernistisch, improvisiert oder planvoll" (K.D. Bracher) zu charakterisieren. Der Grundzug seiner historischen Existenz war vielmehr von Beginn an doppeldeutig.

Die totalitäre Diktatur errichtete es im Gewande der „legalen Revolution" und im Rausch der „nationalen Erhebung". Dadurch wurden „enorme Energien und Kräfte freigesetzt" (U. v. Hehl) und trugen zu einer für die nationalsozialistische Bewegung und das „Dritte Reich" charakteristischen Dynamik bei, die den herkömmlichen Staat zunehmend zerstörte. An seine Stelle trat ein verwirrendes Gemisch aus traditioneller Verwaltung und neuen Gewalten, das sich bereits den Zeitgenossen als eine „autoritäre Anarchie" (W. Petwaidic) darstellte. Die Existenz ihrer scheinbaren Polykratie war aber nichts anderes als die Voraussetzung, ja die Bedingung für Hitlers unumstrittene Monokratie.

Lange Zeit verband das „Dritte Reich" kaum unterscheidbar globalen Expansionismus mit überlieferter Revisionspolitik. Es trieb einen für die Zeitgenossen faszinierenden Aufwand an Technik und pflegte gleichzeitig, ja gerade unter Zuhilfenahme technischen Einsatzes die Idee bäuerlicher Siedlungsromantik. Dass dabei das eine Mittel war und das andere Ziel, ließ sich nicht zuletzt deshalb schwer erkennen, weil die sich verselbständigenden Instrumente zuweilen die Oberhand zu gewinnen und die nationalsozialistische Weltanschauung unter der Übermacht technischer und wirtschaftlicher Sachzwänge und Entwicklungen zu verschwinden schien. Überlegungen politischer Zweckmäßigkeit wurden mit der Grundidee seiner rassenpolitischen Doktrin zu einer über Jahre hinweg für sein Selbstverständnis und seine Einschätzung kennzeichnenden, bewunderten und gefürchteten Kraftentfaltung verwoben. Sie erlahmte erst vergleichsweise spät, als das Zusammenwirken von machtpolitischem Kalkül und rassenpolitischem Dogma scheiterte und der Primat der Weltanschauung über sachliche Notwendigkeiten triumphierte.

Durchgehend blieb die Führerdiktatur des „Dritten Reiches", weil „charismatische Herrschaft" die „Anerkennung der Beherrschten" an die „Bewährung" des Führers bindet (M. Weber), in eigentümlicher Instabilität auf den Zwang des Erfolgs angewiesen: Dies erklärt nach dem Urteil des Historikers Ulrich von Hehl „den permanenten Drang des NS-Regimes nach akklamatorischer Bestätigung wie öffentlicher Zelebrierung, ja kultischer Überhöhung seines Herrschaftsvollzugs, während dissentierende oder aus rassischen Gründen stigmatisierte Bevölkerungsgruppen gleichzeitig mit Terror überzogen und ausgegrenzt wurden. Beide Gesichter des Nationalsozialismus, die nationale Verführung und die politische Gewalt, erweisen ihn als eine quasi-religiöse politische Heilslehre mit unbedingtem Unterwerfungsanspruch". Hitlers Diktatur gehört damit zur Gattung der totalitären Regime des 20. Jahrhunderts, die, ohne völlig gleichartig zu sein, einander grundlegend ähnlich waren, die ihren Untertanen, ja der Menschheit den Himmel auf Erden zu bescheren vorgaben und ihnen schließlich die Hölle bereiteten.

Das „Dritte Reich" lebte aus einer bis dahin in dieser Form nicht gekannten Verbindung von Tradition und Revolution, die seit den umwälzenden Veränderungen des 18. Jahrhunderts, seit der Industriellen und der Französischen Revolution, als Gegensätze die europäische und deutsche Geschichte in Bewegung und Unruhe gehalten hatten. Im Widerstreit zwischen „alte[r] Gesellschaft und ... neuen Massen" (F. Meinecke) hatten sie soziale Verwerfungen und politische Spannungen ausgelöst, die sich der Kompromissfähigkeit des alten Staates ebenso wie der des liberalen Parlamentarismus mehr und mehr zu entziehen drohten.

Insbesondere für das Empfinden weiter Kreise der deutschen Bevölkerung versöhnte der Nationalsozialismus endlich die beiden mächtigen, sich immer wieder aneinander brechenden Strömungen der Geschichte des 19. Jahrhunderts miteinander, den Nationalstaat und den Sozialismus, und schien einen dritten, zukunftweisenden Weg zwischen kapitalistischem Liberalismus und marxistischem Kommunismus zu bahnen. Die von dem deutschen Experiment ausgehende Anziehungskraft und seine sozial beabsichtigten, teilweise auch erreichten Wirkungen, Standesunterschiede in der „Volksgemeinschaft" des „Dritten Reiches" zumindest in politischer und sozialpsychologischer Hinsicht zu überwinden, verdeckten dabei über geraume Zeit das eigentliche Bewegungsgesetz des Hitlerschen Nationalsozialismus, die Rassenidee.

Gerade sie aber war, ganz abgesehen von ihrem zeitweise in doppelter Hinsicht wirksamen Charakter als Mittel politischer Integration und Ziel nationalsozialistischer Vernichtungspolitik, Kennzeichen für die präzedenzlose Eigenständigkeit der neuen Weltanschauung und Praxis des „Dritten Reiches". Diese unterschieden sich ebenso radikal vom liberalen Bekenntnis zur Idee der Weltzivilisation wie vom marxistischen Glauben an einen über den Klassenkampf zu erreichenden Zustand irdischer Erlösung, wie sie gleichzeitig gegenüber diesen beiden Phänomenen ihrer Zeit in historischer Tradition bzw. antagonistischer Verwandtschaft existierten und eben solche geschichtliche Verhaftetheit an das Überlieferte und Entgegengesetzte der eigenen Erscheinung total zu überwinden trachteten.

Sie hatten darüber hinaus im Prinzip nichts mehr gemeinsam mit der Nationalstaatsidee der Moderne, welche die nationalsozialistische Diktatur mit ihrer Vision vom rassisch gestalteten und biologisch geordneten Reich radikal verneinte. Eben dieser Tatsache hat Generaloberst Ludwig Beck einmal in einem Gespräch mit Friedrich Meinecke zutreffenden Ausdruck verliehen, als er über Hitler feststellte: „Dieser Mensch hat ja gar kein Vaterland". Und intuitiv erkannte der Historiker Otto Hintze die jeden Glauben und alle Ideologien der Geschichte hinter sich lassende ungeheuerliche Eigenmacht des „Dritten Reiches", die sich in Hitlers archaischem Hass auf jede Art von Tradition zerstörerisch zusammenzog, als er äußerte: „Dieser Mensch gehört ja eigentlich gar nicht zu unserer Rasse. Da ist etwas ganz Fremdes an ihm, etwas wie eine sonst ausgestorbene Urrasse, die völlig amoralisch noch geartet ist" (F. Meinecke).

Erst spät, man ist geneigt zu sagen: in letzter Minute gelang es den radikal herausgeforderten Mächten, der liberalen Weltzivilisation der Angelsachsen und dem sowjetischen Kommunismus, den universalen Herrschaftsanspruch des „Dritten Reiches" zurückzuweisen und zu zerstören. Dass das nationalsozialistische Deutschland zu solcher Macht aufsteigen und zu solchem Erfolg gelangen konnte, lässt sich nicht allein damit erklären, dass es in einem bis dahin nur selten bekannten Maße gewalttätig war, dass die Berechenbarkeit des Rechtsstaates in der Willkür des Unrechtsstaates vernichtet wurde und dass seine innen- und außenpolitischen Partner und Gegner sich unvermutet leicht überspielen ließen.

Daneben ist vielmehr gar nicht zu übersehen, dass es mit seinen vorerst mehr propagierten als praktizierten Losungen von der „Volksgemeinschaft" und dem „Adel der Arbeit" sowie mit seiner Idealisierung rückwärts gewandter Bauernromantik und der Vermittlung des organisierten Massenerlebnisses für den Einzelnen weit verbreiteten Bedürfnissen im deutschen Volk entgegenkam. Mit anderen Worten: Neben unbestreitbaren Leistungen und Erfolgen, die der verbrecherischen Räson des Regimes dienten, neben Unterdrückung und Terror, die zu keiner Zeit seiner Existenz zu übersehen waren, appellierte der Nationalsozialismus mit einem geraume Zeit überwältigenden Erfolg an die Empfindungen der Deutschen, an ihre Sehnsüchte, an lange Vermisstes und Unausgesprochenes: „Die Betonung des Gefühls", fasst der englische Historiker Michael Burleigh den schwer erklärbaren Sachverhalt zusammen, „war vermutlich ... der modernste Zug des Nationalsozialismus ... In dieser Hinsicht war [er] seiner Zeit wahrhaft voraus... Er war Politik als Gefühl".

Im Grunde entsprang diese Stimmungslage vieler Menschen, ihre Anfälligkeit für Verlockung und Gewalt, für das Außeralltägliche und Rauschhafte einer dumpfen Angst vor den Herausforderungen der modernen Zeit. Hitlers Nationalsozialismus versprach davon Heilung, indem er die Moderne schlechthin abzuschaffen plante. Unter virtuoser und perfekter Zuhilfenahme ihrer Instrumente trat er die Flucht nach vorn an, um die Welt zu erobern und rassisch zu erneuern. Am Ende blieb von alledem nichts als das Gegenteil des Erstrebten: Die Geschichte des „Dritten Reiches", das in seinem Wesen und im Vergleich mit der Wertewelt der westlichen Zivilisation ebenso antiemanzipatorisch wie antidemokratisch war, beförderte eine politische, gesellschaftliche und wirtschaftliche Modernisierung, die für die Entwicklung der parlamentarischen Demokratie in der Bundesrepublik Deutschland entscheidend wurde.

Ohne Zweifel fällt das „Dritte Reich" durch die Beispiellosigkeit seiner Verbrechen aus der deutschen und europäischen Geschichte heraus und bleibt doch gleichzeitig „eingebettet in die säkularen Trends der modernen Industriegesellschaft, wurde durch sie erst ermöglicht und geprägt, hat sie teilweise beschleunigt, teilweise gebremst und umgebogen" (B.J. Wendt). Insofern gehört der Nationalsozialismus ungeachtet aller Rückwärtsgewandtheit seiner Weltanschauung in einem spezifischen Sinne zur janusköpfigen Moderne, nämlich als eine ihrer „pathologischen Entwicklungsformen" (D. Peukert).

Wie weit aber war die für das „Dritte Reich" in so vielfacher Hinsicht kennzeichnende Ambivalenz, die es als historische Erscheinung sui generis ausweist, ein Grundzug der „Epoche des Faschismus" überhaupt? Ist Hitlers Nationalsozialismus somit in erster Linie die deutsche Variante eines europäischen Faschismus, oder unterscheidet er sich vielmehr wesentlich von den übrigen Faschismen der Zwischenkriegsära? Das widersprüchliche Miteinander von Tradition und Revolution und die „nichtidentische Identität" von konservativen und faschistischen Elementen in vergleichbaren Bewegungen und Regimen zwischen 1919 und 1945 mögen als Antworten auf die Herausforderungen des Kommunismus und die „Krise des liberalen Systems" (E. Nolte) einen gemeinsamen Kern politischer Erscheinungsform beschreiben, der für die „Geschichte des Faschismus" (St.G. Payne) als eines dritten Weges zwischen Liberalismus und Marxismus konstitutiv werden konnte. Bei eingehender Betrachtung überwiegen jedoch bei weitem die Unterschiede in den Voraussetzungen und in der Entfaltung, in der Ideologie und in der Zielsetzung zwischen zahlreichen – phänomenologisch einander zwar gleichenden und dennoch oftmals arg generalisierend als faschistisch benannten – historischen Erscheinungen der Zwischenkriegszeit. Dieser differenzierende Vorbehalt trifft auch auf die beiden am meisten ausgebildeten Typen des sogenannten Faschismus zu, auf Mussolinis Italien und Hitlers Deutschland.

Gewiss, untersucht man in erster Linie Basis, (in begrenztem Sinne auch) Funktion und Gestalt der beiden Diktaturen, dann sind die Ähnlichkeiten auf manchen Feldern zwischen dem faschistischen Italien und dem nationalsozialistischen Deutschland unübersehbar. Fragt man allerdings nach den außen- und rassenpolitischen Zielen beider Regime, so sind grundsätzliche Unterschiede kaum von der Hand zu weisen. Denn Mussolinis Politik der Restauration des römischen „impero" und seine Forderung nach dem „mare nostro" sind kaum ernsthaft mit der Eroberungs- und Rassenpolitik Hitlers sowie mit seinem universalen Herrschaftsanspruch zu identifizieren. Dem historisch Bekannten kontrastiert dabei die auf Überwindung des geschichtlichen Verlaufs ausgerichtete Utopie, oder mit Friedrich Meineckes in anderem Zusammenhang benutzten Worten sinngemäß umschrieben: „Aber nun kam durch Hitler etwas Neues, zwar nicht absolut, aber doch in seinen Konsequenzen und Zukunftsmöglichkeiten".

Über alle für die Epoche der Weltkriege und Revolutionen charakteristischen Gemeinsamkeiten der europäischen Geschichte hinaus, die dazu geeignet sind, die Entstehung der sogenannten Faschismen bis zu einem gewissen Maße zu erklären – „Krise des liberalen Systems" und Existenz des Kommunismus als prinzipielle Herausforderung an die Gesellschaftsordnung der Nationalstaaten sowie der Staatenwelt, wirtschaftliche Missstände während der zwanziger und beginnenden dreißiger Jahre und Angst vor den Herausforderungen der Modernisierung, Neigung zum Führerstaat und Hang zur Gewaltanwendung – sind wir im Grunde doch auf die Betrachtung der jeweils historischen Vorbedingungen der einzelnen Länder angewiesen, um begreifen zu können, warum beispielsweise das parlamentarische System in Großbritannien unter Wahrung seiner Identität auf die kommunistische und faschistische Herausforderung antwortete, die junge Republik von Weimar ihr hingegen erlag, das heißt: Es gilt einen Blick auf den Verlauf der preußisch-deutschen Entwicklung im 19. und 20. Jahrhundert zu werfen, um den historischen Ort des „Dritten Reiches" in der Geschichte des deutschen Nationalstaates bestimmen zu können.

Angesichts des dominierenden Einflusses der großagrarischen Führungsschicht in Preußen-Deutschland, ihrer Verhaltensnormen auf den Verlauf der modernen deutschen Geschichte und die Entstehung des „Dritten Reiches" ist Hans Rothfels' Feststellung über den zwar verschlungenen, aber unleugbar vorhandenen Weg deutscher Geschichte, der von Bismarck zu Hitler geführt habe, in gewissem Sinne beizupflichten. Diesen Tatbestand zu konstatieren hat allerdings nur Sinn, wenn man an die – in nicht unwesentlichem Maße auch außenpolitisch geprägten – Bedingungen der „Ermöglichung" Hitlers denkt, nicht jedoch, wenn man den Blick auf die seit den zwanziger Jahren festliegenden Endziele seiner Herrschaft richtet, die ab 1936/37 immer bestimmender hervortraten.

Für das Verhältnis von Innen- und Außenpolitik im Rahmen der modernen deutschen Geschichte zwischen 1862 und 1945 bedeutet diese Unterscheidung erst einmal, dass die Politik des Reiches nicht in erster Linie als sozialer Imperialismus, das heißt als eine in konservativem Sinne betriebene Strategie der Ableitung innenpolitischer Schwierigkeiten auf das Gebiet der äußeren Politik begriffen werden kann. Denn der qualitative Unterschied zwischen Bismarcks und Hitlers Politik liegt gerade darin, dass der eine nach der Reichsgründung darum bemüht war, im Zeichen außenpolitischer Friedenserhaltung die bestehende innenpolitische Ordnung im großen und ganzen zu bewahren und der andere im Zuge eines kriegerischen Expansionismus daran ging, eben dieses Gesellschafts- und Herrschaftsgefüge rigoros zu zerstören.

Dabei wird die nationalsozialistische „Machtergreifung" als Bündnis zwischen alten Führungsschichten und nationalsozialistischer „Bewegung" plausibel, wenn die Revolution des Jahres 1933 vor dem Hintergrund der langen Vorherrschaft der großagrarischen Tradition und ihrer weitgehend antiparlamentarischen Politik in Deutschland betrachtet wird. Erst als der Terror des etablierten und sich verselbständigenden nationalsozialistischen Regimes „integrierend", nämlich als eiserne Klammer neben den zuvor wirksamen Nationalismus und den erst am Ende der Tyrannis verblassenden Führerkult getreten war, bemerkten die Mitschöpfer der Diktatur im Lager des konservativen Deutschland, dass sie eigentlich zu den Opfern des Nationalsozialismus zählten bzw. wohl bald zählen würden.

Zwar sollen in diesem Rahmen auf der einen Seite die Ansätze zu einer Parlamentarisierung in der „Ära Bismarck" oder im Wilhelminischen Reich keinesfalls übersehen werden. Und auf der anderen Seite dürfen auch nicht die ihrerseits gleichfalls durch spezifisch krisenhafte Erscheinungen begleiteten Entwicklungen in den westlichen Nationalstaaten allzu stark in normativem Sinn als Vorbilder idealisiert werden. Es ist beispielsweise kaum zu bestreiten, dass sich das Bismarckreich im Hinblick auf seine Industrialisierung außerordentlich leistungsfähig und in Bezug auf die damit anfallenden Kosten im Vergleich mit den nationalen Industrialisierungsvorgängen im England des 18./19. Jahrhunderts oder in der Sowjetunion des 20. Jahrhunderts als relativ human erwies. Nun können an dieser Stelle nicht im einzelnen die Gründe für die lange, ja überlange Vorherrschaft der agrarischen Elite in Preußen-Deutschland erörtert werden, deren historische Berechtigung vor dem Hintergrund der wirtschaftlichen Existenz, der gesellschaftlichen Position und der politischen Macht dieser Sozialgruppe zu beurteilen ist.

Dennoch kann festgestellt werden, dass der nicht zu unterschätzende, erhebliche Einfluss von Repräsentanten des Großagrariertums auf die politische und soziale Verhaltensweise der im Offizierkorps, in der Bürokratie und in der Wirtschaft führenden Schichten für den Weg deutscher Geschichte zu Hitler entscheidend gewesen ist. Im Hinblick auf die Entwicklung im 20. Jahrhundert freilich, als sie schon viel von ihrer Stärke eingebüßt hatten, ist dieser Befund in einem ganz spezifischen Sinn zu ergänzen: Denn jetzt war es auch ihre längst unübersehbare Schwäche, die Vertreter des konservativen Deutschland, weil sie sich ansonsten verloren glaubten, bei Hitler, dem Führer einer Massengefolgschaft, gleichsam Zuflucht suchen ließ.

Damit ist gleichzeitig festgestellt, dass die mitunter angenommene Verbindung kapitalistischer Interessen und nationalsozialistischer „Machtergreifung" als einer Indienstnahme der Politik durch die Wirtschaft nicht zutrifft: Es war keineswegs der Kapitalismus an sich, ja es war, zugespitzt formuliert, sogar der Mangel an Kapitalismus innerhalb eines in maßgeblichen Bereichen noch vormodernen Staates, der als Ursache für Hitlers Aufstieg und als Voraussetzung für den Erfolg des Nationalsozialismus unübersehbar ist. „Fascism was not the ‚last gasp of monopoly capitalism'", charakterisiert John Weiss diesen Aspekt der Faschismusdebatte und fährt fort: „If anything, it was the ‚last gasp of conservatism'". Und Heinrich August Winkler konkretisiert diese Einsicht, wenn er sagt, „dass nicht der Kapitalismus in abstracto, sondern seine Rückversicherungschancen bei vorindustriellen Stützschichten den Erfolg faschistischer Bewegungen" ausmachten, was im Hinblick auf den Nationalsozialismus gewiss richtig ist.

Am Ende zerstörte Hitlers als konservativ missverstandene, im Prinzip revolutionäre Politik, die danach strebte, einen neuen Menschen auf der Grundlage globaler und rassischer Eroberung und Höherzüchtung im Rahmen eines agrarwirtschaftlich organisierten „Großgermanischen Reiches" zu schaffen, den gesellschaftlichen und politischen Einfluss gerade der Großagrarier innerhalb der deutschen Führungsschichten. Wider Willen gebar der spezifisch preußisch-deutsche Konservativismus jenen Revolutionär, der ihm nur scheinbar diente und ihn in Wirklichkeit vernichtete. Lange und erfolgreich wehrten sich maßgebliche Repräsentanten der in Deutschland führenden Schichten gegen die Entscheidung zur politischen Anpassung an Konsequenzen, die beispielsweise die britische Elite im Rahmen des Parlaments und im Zuge einer zwar keineswegs unumstrittenen, jeweils nur behutsam praktizierten, aber niemals prinzipiell zurückgewiesenen Reformpolitik aus den Folgen der industriekapitalistischen Entwicklung ihres Landes gezogen hatte.

Dagegen trug die antiparlamentarische Politik, die vor dem Hintergrund einer Neigung der Krone zum Absolutismus und einer Tendenz der Gesellschaft zur Demokratie praktiziert wurde, im Deutschen Reich zunehmend zu einer krisenhaften Entwicklung bei, die sich in Bismarcks Deutschland bemerkbar machte und im Wilhelminischen Zeitalter verschärfte. Am Ende der Weimarer Republik schienen einflussreichen Repräsentanten der traditionellen Führungsschichten nur noch Hitler und seine „Bewegung" die Gewähr dafür zu bieten, ihre – sei es tatsächlich, sei es vermeintlich – bedrohten politischen, gesellschaftlichen und wirtschaftlichen Positionen zu retten.

Am 30. Januar 1933 kulminierte und endete gleichzeitig diese konservative Politik spezifisch preußisch-deutscher Provenienz. Ihr – sich über Jahrzehnte hinziehender – Versuch, die Parlamentarisierung eher abzulehnen als zu akzeptieren, der bis zum Jahr 1933 angedauert und in diesem Sinne auch die Geschichte der Weimarer Republik als einer parlamentarischen Demokratie nachhaltig beeinflusst hat, mündete endlich, wenn auch keineswegs notwendig, in die nationalsozialistische „Machtergreifung": Damit ermöglichte dieses antiparlamentarische Experiment auf allerdings nur indirekte Art und Weise, für die Repräsentanten des konservativen Deutschland nicht vorhersehbar und im Grunde gegen ihren Willen, die Realisierung jenes von Hitler entworfenen rassen- und außenpolitischen „Programms" mit seiner totalitären und globalen Zielsetzung.

Die mit der Verwirklichung dieser Politik des Diktators verbundenen Drohungen einer rassischen Revolutionierung der Weltgeschichte und einer damit einhergehenden biologischen Veränderung der menschlichen Spezies können selbstverständlich kaum angemessen als historische Folgen der preußisch-deutschen Entwicklung auf ihrem Weg von Bismarck zu Hitler bewertet werden. Denn sie entstanden wider die Absicht und im Prinzip auch fernab von der Vorstellungswelt jener deutschen Führungsschichten, die sich über Gebühr lange und ohne Gespür für den politischen Kompromiss an inzwischen fragwürdige Positionen geklammert und dagegen gesträubt hatten, den im Rückblick anscheinend unumgänglichen Tribut an den Gang der Geschichte in Form von politischen Reformen bzw. ihrer Akzeptierung zu entrichten.

Am Ende dieses deutschen Experiments, mit den Bedingungen der modernen Welt fertig zu werden, nämlich: ihren Erfordernissen zu entfliehen, stand die Katastrophe des Jahres 1945. Entgegen dem Ziel und Willen des dafür verantwortlichen Diktators barg sie ihrerseits durchaus Bedingungen, die den parlamentarischen Neuanfang in der Bundesrepublik Deutschland gefördert haben.

Über den Charakter des Ganzen der Geschichte des „Dritten Reiches" entscheidet zweifellos das Abscheulichste und Gemeinste seiner Untaten, dem die freundlicheren Seiten seiner Entwicklung stets untergeordnet waren. Daher repräsentiert das „Dritte Reich" in seiner historischen Eigenständigkeit insgesamt auch etwas anderes als nur die jakobinische Phase eines lang andauernden revolutionären Vorgangs in Deutschland, da es im Zeichen der „Herrschaft des Schreckens" endete und Wandlungen seiner Gestalt, zumindest von geschichtsmächtiger Qualität, nicht erlebte.

Das „Dritte Reich" „ging aus Gewalt hervor, lebte von terroristischer Gewalt und wurde durch gerechtfertigte Gewalt vernichtet. Im Gegensatz zu anderen mit Waffengewalt errichteten Imperien, die der Menschheit Kunstwerke und Schriften hinterließen, die bis heute breite Bewunderung finden, oder wenigstens Verwaltungsstrukturen, Verfahrensabläufe, Sprachen und Gesetzbücher, die von Europäern wie Nichteuropäern zwischen Irland und Indien bis heute gepflegt werden, hat die verschrobene Antikultur des Nationalsozialismus nichts hinterlassen, das von bleibendem Wert wäre, abgesehen davon vielleicht, dass sein Name zu einem säkularen Synonym für das Böse, zu dem Menschen fähig sind, geworden ist" (M. Burleigh). In einem für die Beurteilung der nationalsozialistischen Diktatur entscheidenden Maße haben wir also festzustellen, dass Hitlers „Drittes Reich" durch seine radikale Revolte gegen alles Bestehende gescheitert ist und sein totaler Protest ihm die Chance echten Überlebens als lebendige Erinnerung und politische Tradition verwehrt hat, weil keine historische Notwendigkeit Ziele und Mittel seiner Politik in ihrer Radikalität des Prinzipiellen und Praktischen zu rechtfertigen vermag.

Im Text zitierte Literatur

Aly, G./Heim, S.: Vordenker der Vernichtung. Auschwitz und die deutschen Pläne für eine neue europäische Ordnung, durchges. Ausg. Frankfurt a. M. 1997.

Aron, R.: Über Deutschland und den Nationalsozialismus. Frühe politische Schriften 1930–1939, hrsg. von J. Stark, Opladen 1993.

Bajohr, F.: Parvenüs und Profiteure. Korruption in der NS-Zeit, Frankfurt a. M. 2001.

Bezymenskij, L.: Der Berlin-Besuch von V.M. Molotovs im November 1940, in: Militärgeschichtliche Mitteilungen 57 (1998), 199–215.

Bracher, K.D.: Die deutsche Diktatur, 7. Aufl. Köln 1993.

Bracher, K.D.: Die Krise Europas. Propyläen Geschichte Europas, Bd. 6, Berlin 1992.

Bracher, K.D.: Zeitgeschichtliche Kontroversen, 5. Aufl. München 1984.

Brechtken, M.: „Madagaskar für die Juden". Antisemitische Idee und politische Praxis 1985–1945, 2. Aufl. München 1998.

Breitman, R.: Staatsgeheimnisse. Verbrechen der Nazis – von den Alliierten toleriert, München 1999.

Broszat, M.: Der Staat Hitlers, 15. Aufl. München 2000.

Browning, Ch.R.: Ganz normale Männer. Das Reserve-Polizeibataillon 101 und die „Endlösung" in Polen, Reinbek 1999.

Burleigh, M.: Die Zeit des Nationalsozialismus, Frankfurt a. M. 2000.

Erdmann, K.D.: Deutschland unter der Herrschaft des Nationalsozialismus, in: Gebhardt, Handbuch der Deutschen Geschichte, Bd. 4, Suttgart 1976.

Falter, J.W./Hänisch, D.: Die Anfälligkeit von Arbeitern gegenüber der NSDAP, in: Archiv für Sozialgeschichte 26 (1986), 179–216.

Farquharson, J.E.: The Plough and the Swastika. The NSDAP and Agriculture in Germany 1928–1945, London 1976.

Fest, J.: Der Untergang. Hitler und das Ende des Dritten Reiches, Berlin 2002.

Fest, J.: Einführung, in: H. Himmler: Geheimreden 1933 bis 1945, hrsg. v. B.F. Smith/ A.F. Peterson, Frankfurt a. M. 1974.

Fest, J.: Hitler. Eine Biographie, Berlin 1996.

Fraenkel, E.: Der Doppelstaat, 2. Aufl. Hamburg 2001.

Friedlander, H.: Der Weg zum NS-Genozid. Von der Euthanasie zur Endlösung, Berlin 1997.

Gehrig, A.: Nationalsozialistische Rüstungspolitik und unternehmerischer Entscheidungsspielraum, München 1996.

Gerlach, Ch.: Kalkulierte Morde. Die deutsche Wirtschafts- und Vernichtungspolitik in Weißrußland 1941 bis 1944, 2. Aufl. Hamburg 2000.

Gruchmann, L.: Justiz im Dritten Reich 1933–1940. Anpassung und Unterwerfung in der Ära Gürtner, 3. verb. Aufl. München 2001.

Haffner, S.: Anmerkungen zu Hitler, München 1998.

Haffner, S.: Von Bismarck zu Hitler, München 1987.

Halévy, E.: L'ère des tyrannies, Paris 1990 (Erstausgabe 1938).

Hehl, U. v.: Nationalsozialistische Herrschaft, 2. Auflage München 2001 (=Enzyklopädie deutscher Geschichte, Bd. 39).

Herbst, L.: Der Totale Krieg und die Ordnung der Wirtschaft, Stuttgart 1982.

Heuel, E.: Der umworbene Stand. Die ideologische Integration der Arbeiter im Nationalsozialismus 1933–1935, Frankfurt a. M. 1989.

Hildebrand, K.: Krieg im Frieden und Frieden im Krieg, in: Historische Zeitschrift 244 (1987), 1–28.

Hillgruber, A.: Der Hitler-Stalin-Pakt und die Entfesselung des Zeiten Weltkrieges, in: Historische Zeitschrift 230 (1980), 339–361.

Hillgruber, A.: Grundzüge der nationalsozialistischen Außenpolitik, in: Saeculum 24 (1973), 328–395.

Hillgruber, A.: Hitlers Strategie. Politik und Kriegführung 1940–1941, 3. Aufl. Bonn 1993.

Hillgruber, A.: Zweierlei Untergang. Die Zerschlagung des Deutschen Reiches und das Ende des europäischen Judentums, Berlin 1986.

Hofer, W.: Die Diktatur Hitlers bis zum Beginn des Zweiten Weltkrieges, Frankfurt a. M. 1969.

Höver, U.: Joseph Goebbels. Ein nationaler Sozialist, Bonn 1992.

Hubert, P.: Uniformierter Reichstag. Die Geschichte der Pseudo-Volksvertretung, Düsseldorf 1992.

Jacobsen, H.-A.: Nationalsozialistische Außenpolitik 1933–1938, Frankfurt a. M. 1968.

Kater, M.H.: Ärzte als Hitlers Helfer, Hamburg 2000.

Kater, M.H.: Die mißbrauchte Muse. Musiker im Dritten Reich, München/Wien 1998.

Kershaw, I.: Hitler, 2 Bde., Darmstadt 1998–2000.

Klee, K.: Im „Luftschutzkeller des Reiches". Evakuierte in Bayern 1939–1953, München 1999.

Kranig, A.: Lockung und Zwang. Zur Arbeitsverfassung im Dritten Reich, Stuttgart 1983.

Kroener, B.R./Müller, R.-D./Umbreit, H.: Das Deutsche Reich und der Zweite Weltkrieg, Bd. 5/II, Stuttgart 1999.

Longerich, P.: Die braunen Bataillone. Geschichte der SA, Augsburg 1999.

Loock, H.D.: Quisling, Rosenberg und Terboven. Zur Vorgeschichte der nationalsozialistischen Revolution in Norwegen, Stuttgart 1970.

Mann, G.: Deutsche Geschichte 1919–1945, Frankfurt a. M. 1973.

Matthias, E./Morsey, R. (Hrsg.): Das Ende der Parteien 1933, Düsseldorf 1984.

Mehringer, H.: Widerstand und Emigration. Das NS-Regime und seine Gegner, 2. Aufl. München 1998.

Meinecke, F.: Die deutsche Katastrophe, 6. Aufl. Wiesbaden 1965.

Müller, R.D.: Der Manager der Kriegswirtschaft. Hans Kehrl, Essen 1999.

Naasner, W.: Neue Machtzentren in der deutschen Kriegswirtschaft 1942–1945, Boppard 1994.

Nolte, E.: Die faschistischen Bewegungen, 9. Aufl. München 1984.

Overy, R.J.: Hermann Göring. Machtgier und Eitelkeit, 2. Aufl. München 1990.

Payne, St.G.: Geschichte des Faschismus, München/Berlin 2001.

Pohl, D.: Nationalsozialistische Judenverfolgung in Ostgalizien 1941–1944, 2. Aufl. München 1997.

Rebentisch, D.: Führerstaat und Verwaltung im Zweiten Weltkrieg, Stuttgart 1989.

Reich, I.: Carl Friedrich Goerdeler, Köln u. a. 1997.

Reichel, P.: Der schöne Schein des Dritten Reiches. Faszination und Gewalt des Faschismus, München 1991.

Rüthers, B.: Entartetes Recht. Rechtslehren und Kronjuristen im Dritten Reich, 2. verb. Aufl. München 1989.

Salewski, M.: Das maritime Dritte Reich, in: Die deutsche Flotte im Spannungsfeld der Politik, Herford 1985, 113–139.

Salewski, M.: Der erste Weltkrieg, in: Revue internationale d'histoire militaire 63 (1985), 169–185.

Schmuhl, H.-W.: Rassenhygiene, Nationalsozialismus, Euthanasie, 2. Aufl. Göttingen 1992.

Schoenbaum, D.: Die braune Revolution. Eine Sozialgeschichte des Dritten Reiches, Berlin 1999.

Schulz, G.: Deutschland seit dem Ersten Weltkrieg 1918–1945, 2. Aufl. Göttingen 1982.

Schweitzer, A.: Big Business in the Third Reich, ND Bloomington 1977.

Spoerer, M.: Von Scheingewinnen zum Rüstungsboom, Stuttgart 1996.

Stadler, P.: Weltgeschichte und Staatstraditionen, in: Ders.: Zwischen Mächten, Mächtigen und Ideologien, Zürich 1990, 357–366.

Stang, K.: Kollaboration und Massenmord. Die litauische Hilfspolizei, das Rollkommando Hamann und die Ermordung der litauischen Juden, Frankfurt a. M. 1996.

Stolleis, M.: Recht im Unrecht. Studien zur Rechtsgeschichte des Nationalsozialismus, Frankfurt a. M. 1994.

Stoltzfus, N.: Widerstand des Herzens. Der Aufstand der Berliner Frauen in der Rosenstraße 1943, Frankfurt a. M./Wien 2000.

Sultano, G.: „Wie geistiges Kokain …" Mode unterm Hakenkreuz, Wien 1995.

Thamer, H.-U.: Verführung und Gewalt. Deutschland 1933–1945, Sonderausgabe Berlin 1994.

Tuchel, J.: Konzentrationslager, Boppard 1991.

Weiss, J.: The Fascist Tradition. Radical Right-Wing Extremism in Modern Europe, New York 1967.

Wendt, B.J.: Das nationalsozialistische Deutschland, Opladen 2000.

Wendt, B.J.: Deutschland 1933–1945, Hannover 1995.

Winkler, H.A.: Der lange Weg nach Westen, Bd. 2, München 2000.

Wolgast, E.: Der deutsche Antisemitismus im 20. Jahrhundert, in: Heidelberger Jahrbücher 33 (1989), 13–37.

Zielinski, B.: Staatskollaboration. Vichy und der Arbeitkräfteeinsatz im Dritten Reich, Münster 1995.

www.ingramcontent.com/pod-product-compliance
Lightning Source LLC
Chambersburg PA
CBHW030809100426
42814CB00002B/55